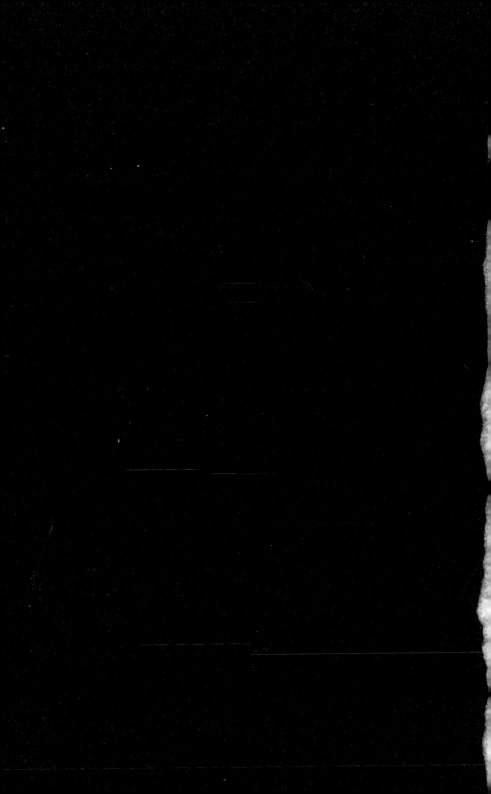

BREV FRÅN NOLLPUNKTEN

PETER ENGLUND

BREV FRÅN
NOLLPUNKTEN

HISTORISKA ESSÄER

ATLANTIS

TIDIGARE UTGIVNING

Poltava 1988
Det hotade huset 1989
Förflutenhetens landskap 1991
Ofredsår 1993

Atlantis, Stockholm
© *Peter Englund* 1996
© *Bokförlaget Atlantis AB* 1996
Omslag och grafisk form: Christer Jonson
Omslagsillustration: Evening after a Push *av Colin Gill*
Andra tryckningen, sextiosjätte tusendet
Tryck: Norbok AS, Gjøvik, Norge 1996
ISBN 91-7486-231-6

INNEHÅLL

Förord

KANSKE är det sant att man aldrig kan delta i någon annans smärta, utan på sin höjd bara bevittna den. Om inte annat är det så idag, då vi tack vare media allt oftare *skådar* lidande, samtidigt som vi alltmer sällan *ser det*. Och en oförmåga att verkligen beröras av det som sker i ens omvärld är ofta betingad av samma fenomen som gör det möjligt att strunta i det som skett i historien: avståndet.

För ett par månader sedan återvände jag från en lång resa, packade upp, packade undan. Jag har alltid funnit att dofter väcker minnen på ett sätt som ord och fotografier sällan förmår, och så var det även den här gången. Lukterna slog emot mig ur ryggsäcken, och med dem följde ett svall av hågkomster och bilder, vissa alltför detaljskarpa. Det skedda kändes fysiskt närvarande, och var det ju också, på sätt och vis. Men så gick det några dagar. Vädringen tog bort doften av kaminrök ur kläderna, och i tvätten försvann den intorkade gyttjan och de små mörka stänk av jod eller blod som jag återfunnit på ett byxben. Och plötsligt började allt det jag sett och hört kännas så fjärran, nästan overkligt, och jag förstod att jag måste ty mig till orden och fotografierna igen.

Inget nytt i detta. En snarlik känsla har kommit över mig nästan varenda gång som jag besökt en så kallad historisk plats. Första gången var då jag för många år sedan stannade till på det ställe där koncentrationslägret Bergen-Belsen en gång låg. Även då drabbades jag av den här känslan av overklighet: skulle denna tomma och tysta hed verkligen ha kunnat vara skådeplatsen för allt det där gräsliga som jag läst om och sett så många gånger på svartvita filmbilder? Det kändes fjärran, overkligt.

Minnet är som vi alla vet ett bräckligt ting, fallet för förenklingar och irrbilder, och avståndet spelar sina spratt med det. Särskilt om man, som jag, är uppväxt i Sverige under rekordåren tror jag att det är lätt att upphöja det egna till norm, skjuta det förflutna ifrån sig och leva som om den inte fanns, 1900-talets avskyvärda gåta, nämligen hur ett sekel så fyllt av löften och rikedom också kunde bli till det våldsammaste och mest tragiska historien känner. För så är det. Det har beräknats att under detta århundrade har 183 miljoner dött till följd av av människor fattade beslut, vilket innebär att fler bragts om livet under 1900-talet än under alla föregående sekel sammantaget.

Våra försök att finna tröst för detta gör att vi belastar alla dessa offer med en mening som ofta inte finns. För det kanske allra mest hjärtskärande med allt detta lidande är att så många av dessa miljoner dog på grund av fantasier, för ingenting; om de skylldes för något var anklagelserna i regel lika grundlösa som bödlarnas egna drömmar var fiktiva. Detta betyder dock inte att plågorna var meningslösa, utan bara att meningen med dem infinner sig först efteråt, i form av insikter som skall förhindra en upprepning.

Återigen tror jag att livet på seklets ljusa sida skapat ett onaturligt stort avstånd till det skedda. Länge tänkte vi att det faktiskt var så att katastroferna under århundradets första hälft bara var tillfälligheter och att deras blotta monumentalitet skulle göra dem svåra att glömma och omöjliga att upprepa. Men nu vet vi tyvärr bättre. Vi har nyligen sett händelser som tvingar oss att undra om dessa stora tragedier kanske inte bara var temporära yttre störningar, utan kanske till dels har samma rötter som våra påtagliga framsteg. Och vi kan nu också skåda betydande försök

att förneka det som skett, en verksamhet som bara finner sin
logiska fullbordan just i återupprepningen. Därför är det idag
viktigare än någonsin att minnas.

Den här samlingen med texter är ett litet bidrag till den upp-
giften. Jag är den förste att erkänna att valet av ämnen inte är
präglat av någon större originalitet, men jag hoppas att deras
angelägenhetsgrad i någon mån ursäktar detta. (Sedan tror jag
också att denna brist till en del kan uppvägas av att dessa stycken
i mycket bygger på ny forskning som kommit de senaste åren
och som gjort bilden av 1900-talets stora katastrofer mer detalj-
rik men också mer komplicerad.) Det bör också påpekas att detta
handlar om stoff som jag på grund av egen okunnighet bara kun-
nat närma mig i essäns form. Ordet essä betyder, som vi alla vet,
»försök«, och dessa stycken är det i ordets båda bemärkelser: de
är skisser, skisser ytterst komna ur egna försök att förstå.

Somt av detta är nyskrivet, annat började en gång som texter
i Expressen, Moderna Tider eller Populär Historia, men har nu
omarbetats. För hjälp, påpekanden och kritik tackas härmed
Torsten Ekbom, Allan Ellenius, Aleksandr Kan, Åsa Karlsson,
Ola Larsmo, Staffan Skott och Henrik Ågren. Jag vill också rikta
ett särskilt tack till Maria Burlin på förlaget, för hundgörat med
att fiska fram många ytterligt svårtillgängliga bilder, till Martin
Ek, för slitet med skisserna, och till Johan Öberg, som tog sig
tid under mina olika exkursioner i Moskvas 30-tal. Det är på sin
plats att här också nämna Björn Nilsson, som dog förra året; han
var den som en gång värvade mig till Expressens kultursida, och
hans nyfikenhet sporrade min egen upptäckarlusta, samtidigt
som hans stöd och uppskattning gjorde det lättare för denna min
lusta att finna nya vägar.

Jag skall inte dölja att tonen i dessa essäer ofta är mörk och att
de erbjuder läsning som bitvis är otäck. Dock tror jag att läsaren
kan uthärda detta, åtminstone om hennes vilja att veta är starkare
än hennes behov att bli kittlad under sina virtuella fotsulor – och

det sistnämnda finns det ju redan så många som gör, om inte bra
så i alla fall gärna. Enligt min åsikt försvarar det otäcka sin plats
här, för tid efter annan är det nödvändigt att stirra detta som vi
i brist på bättre kallar för ondska i synen. Avstånd till det förflut-
nas händelser uppstår nämligen inte enbart till följd av att tiden
går och vi med den. Ibland kan även våra kunskaper lägga sig
emellan.

Ta till exempel den ovan nämnda siffran på 183 miljoner döda.
Besväret med fakta av det slaget är att de sin skenbara exakthet
till trots är abstrakta. För att parafrasera Arthur Koestler, 183 är
en meningsfull siffra för mig: den går att översätta till lika många
platser eller ting eller ansikten; 183 miljoner däremot, det är bara
ett ljud. Och när vi möter det förflutnas plågor är det alltför ofta
i form av dessa ljudande abstraktioner. I en genomsnittlig histo-
riebok blir ett helt folk till intet på en halvsida och en nation går
under i en bisats. Och hålen som uppstått när abstraktionerna
störtat genom vårt medvetande söker vi förgäves fylla med adjek-
tiv:»ohyggligt«,»vidrigt«,»barbariskt« etc. Problemet är bara
att ju mer tiden går och avståndet växer, desto mer»adjektivise-
rade« blir kunskaperna. De laddade orden markerar att det sked-
da visst var horribelt men blir så småningom en ersättning för
riktig insikt. Och sedan, när verkligheten skymts bakom en sky
av siffror och värdeord, kan förnekelsens maskineri börja att
bryta ned allt till en fin mäld som sakta rinner bort mellan våra
fingrar.

Det är alltid på egen risk som vi glömmer.

Uppsala en mulen junidag 1996
PETER ENGLUND

Kretsande runt i allt vidare virvlar
hör falken ej mer falkenerarens röst;
i sär faller tingen, mittpunkten sviktar,
världen har givits det vilda i våld;
tidvattnet löses i blodiga töcken,
oskuldens riter dränkas i blod;
utan all tro är de bästa, de sämsta
fyllda av våldsamma lidelsers eld.

WILLIAM BUTLER YEATS
i tolkning av Erik Blomberg

Vi gör en ny värld

I.

I FÖRSTONE älskade han skyttegravarna. Han hade rest till fronten fylld av förväntan och nyfikenhet, denna goda men lite bedrägliga sinnesstämning som gärna låter det meningslösa bli viktigt och det banala storslaget. Så på vägen dit tuggade hans sinnen i sig mängder av trivialiteter: där noterade han en poänglös konversation, där ett konstigt format stugtak, där hur en äldre fransman bar sin servett. Men allt var inte otålighet. Han hade visserligen tagit värvning redan tidgt på hösten 1914 och hade nu fått vänta i över två år på detta. Men han var också konstnär, och som sådan begåvad med en utvecklad känsla för detaljer och ett starkt behov av nya intryck. Hans namn var Paul Nash.

Kriget väntade honom i St. Eloi, en liten korsväg drygt fyra kilometer söder om Ypres i sydvästra Flandern. Där stod hans förband, Hampshire-regementet, liksom nedhällt i en oöverskådlig labyrint av förbindelsegravar, skyttevärn och jordkulor – en liten del av det gråbruna band av förödelse som denna vår 1917 meandrade sig fram från kanalkusten ända ned till schweiziska gränsen. Nash var 27 år gammal, lång och gänglig med tjockt, mörkt, bakåtkammat hår, örnnäsa, stora utstående öron samt en liten vek mun som antydde hans känsliga och nervösa natur.

Det finns något typiskt över honom: ännu en av dessa entusiastiska och collegeutbildade unga män som reste till fronten med Homeros eller samlingar av fransk 1700-talspoesi nedstoppade i ränseln, redo för Äventyret. För dem och för Nash var kriget ett stort personligt prov; om det är något som en man döms efter här, skrev han hem i ett brev till sin fru, »och förklaras för god eller värdelös, så är det hans uppträdande i fara«. Det går inte heller att ta fel på den lättnad han kände när han förstått att han nog skulle stå rycken. Nash var faktiskt mer än lättad. Han var förtjust. »Jag känner mig mycket lycklig nuförtiden«, skrev han senare, »jag tror faktiskt att jag är lyckligare i skyttegravarna än någon annanstans. Det låter absurt, men livet har här större mening och en ny känsla, och skönheten är mer genomträngande.« Han ville så gärna se denna paradoxala skönhet och tyckte sig också finna den.

Vi som lever idag är vana att se första världskriget som en procession av suddiga, gråmurriga figurer med illasittande benlindor och tillkämpat tappra miner som rör sig Chaplin-spasmodiskt över ett suddigt, gråmurrigt landskap. I Nashs brev finns åtminstone färgerna, och man märker att han ursprungligen var landskapsmålare. Leran hade börjat torka och anta en rosa ton, skriver han, och på skyttegravens bröstvärn och i de spräckta sandsäckarna sköt färskt, grönt gräs upp och vajade i vinden, på vissa ställen blommade gula maskrosor, lila syrener och vit äppelblom. Även granatexplosionerna hade sin speciella lockelse för Nash – andlöst berättade han om »stora fontäner av svart, brunt och orange som skjuter upp i luften inuti en massa av vit rök« –, liksom om de allestädes närvarande ruinerna – »dessa underbara, förstörda former som intresserar mig så mycket«.

Han tecknade så fort han fann tid. Det var i regel märkligt idylliska studier, där naturen bokstavligt talat står i förgrunden och kriget kommer i andra hand. Förstörelsen är nämligen inte iögonfallande, förnekar därför inte skönheten utan förstärker den snarare. (Ett av verken heter också »Chaos Decoratif«.) De bär lite drag av fixeringsbilder: först efter en stund förstår man att träden inte ramlat till följd av ålderdom utan fällts av granater.

Nyheten att hans bataljon skulle avlösas och han själv skulle skickas på en månadslång kurs bakom linjerna utlöste ingen glädje. Snarare tvärtom. »Gud vet när jag får se de härliga gamla skyttegravarna igen«, suckade han. Det är kriget som mandomsprov och som estetisk smakförhöjare. Det är kriget för en som det berört men som inte berörts, som skådat men inte sett. Fronten vid St. Eloi hade nämligen varit lugn. För de svarta, bruna och orange krevaderna till trots hade han ännu inte sett en död människa.

Efter några veckor av drill, solvarmt väder, tecknande bland smörblommor samt tappert supande på mässen – »jag minns tydligt att kompanichefen dansade vals med mig« – var Nash åter vid fronten. Även om en ilning av tvivel nu går att ana i hans brev, var kriget fortfarande något närmast metafysiskt för honom. Han hade också upptäckt den besynnerliga gemenskap som en gemensam uniform och en dito fara ofelbart skapar. »Detta som för män tillsammans för att slåss och lida är, oavsett de ursprungliga eller tillkommande motiven, en mycket stor och hälsosam kraft ... Inga förfärligheter kommer någonsin att kunna skrämma mig till beklaganden.« (Där hade han fel.) Som fänrik och plutonchef var Nash uppriktigt stolt över sina karlar, och han var övertygad om att när det var dags så skulle de alla följa honom *over the top*. Alla kunde också se att något, något stort, höll på att förberedas. Och de skulle vara med. Det var då det hände.

En sen fredagskväll satt han och några kolleger nere i ett skyddsrum och pratade efter middagen. Frontavsnittet var som vanligt lugnt, men ljudet från granatdetonationer borta över de tyska linjerna lockade ut en av officerarna, som strax ropade på Nash. Aningen tankspritt klev han fel i mörkret och försvann handlöst ned i en smal löpgrav, till kollegernas stora förtjusning. När de slutat skratta och hjälpt honom upp visade det sig att Nash brutit ett revben. Han packades iväg hem till England – »ombunden med bandage likt en fet dam iklädd trång korsett«, som han själv beskriver det – och en väntande säng i ett militärsjukhus. Detta felkliv i mörkret räddade med all sannolikhet hans liv. Sådan är nu slumpens geometri.

2.

Intellektuella och konstnärer vill gärna se sig själva som en fri, oberoende kår av sanningssägare, de som stått vid sidan av processionen och ropat ut att kejsaren var naken. Ibland har det också varit så. Under 1900-talet har dock minst lika många, om inte fler, varit sysselsatta med att sy hans kläder. Och visst är det skrämmande att se hur lätt många av dessa de mest förnuftiga, de mest kritiska, de mest känsliga, under detta sekel lät sig förvandlas till vind i någon annans segel. Paul Nashs okritiska och naivt estetiserande syn på kriget var varken udda eller unik. Den var istället något av allmängods inom hans skrå, ja bland stora delar av Europas befolkning.

Vi känner alla bilderna från de heta augustidagarna 1914 i Europa. Jublet, på samma gång barbariskt och oskuldsfullt, vimlet av leende, förväntansfulla ansikten utanför värvningskontoren, vitklädda kvinnor som singlar blommor över soldater som marscherar bort i den låga solen. Det hände att män tog livet av sig när de fick reda på att de inte skulle antas till armén. Och lika otåligt som de sökte efter ett tillfälle att bevisa sin offervilja sökte de efter en fiende. I England plundrades affärer med tyskklingande namn, och i sin hemstad blev den unge Graham Greene vittne till hur en patriotisk folkmassa stenade en tax på huvudgatan – för taxar, de var ju tyska, inte sant?

Det finns drag av naturkraft i det som sker, samtidigt går det inte att komma undan att det också var förberett. Tragedin var det första exemplet på något som senare har kommit att framstå som en av 1900-talets specialiteter: de omsorgsfullt konstruerade men illa styrda katastroferna. I minst tio år före krigsutbrottet hade Europas folk marinerats i krigspropaganda. Populärpressen skedmatade sina växande läsarskaror med olika nationalistiska förenklingar. Mängder av mer eller mindre fantasifulla böcker skrevs om det kommande kriget. Sven Hedins berömda *Ett varningsord* är ett inhemskt exempel på denna populära genre; ett annat känt verk, som fortfarande kommer ut i nya upplagor, är Erskine Childers *Sandbankarnas gåta* från 1903.*

I de flesta stater fanns också högröstade nationalistiska och militaristiska påtryckarorganisationer, till exempel den tyska *Wehrverein* och den brittiska *National Service League*. (Här skulle man faktiskt även kunna nämna pojkscouterna, som också var militärt anstuckna; »var redo« lyder deras motto, »var redo att dö för ditt land« hette det före 1914.) Från en rad olika håll, i en rad olika tonlägen och med en rad olika argument hamrades det in att krig var något bra, krig renade, krig helade, krig var det enda verkningsfulla motgiftet mot den »massiva mänskliga ruttenhet som härskar i våra industriella storstäder«, som den engelske arméchefen lord Roberts sade, med ordentligt stel överläpp kan man tänka. För varje internationell kris som seglade upp, oavsett deras storlek eller verkliga betydelse, så blev rubrikerna fetare och fetare. Gång på gång förutspåddes krig. Det var – ack, detta fasansfulla ord – oundvikligt. Historien erkänner få oundvikligheter. Det finns dock inget som gör händelser så oundvikliga som tron på att de är det.

Det fanns alltså ett tryck uppifrån, i form av en nogsamt uppdriven dödsdrift. Men gensvaret nedifrån var inte bara ett följsamt svar på dessa manipulationer; så kallat vanligt folk går inte att styra hursomhelst vartsomhelst. Orsaken till att krigsutbrottet togs emot med en sådan rödkindad entusiasm av många arbetare och människor i den lägre medelklassen var inte bara eller ens i första hand patriotism. För många bar kriget också på ett löfte om förändring. I 1914 års Europa var klassklyftorna stora, fattigdomen betydande, orättvisorna iögonfallande och det genomsnitt-

---

* Childers blev sedermera avrättad efter att ha deltagit i det berömda påskupproret i Dublin 1916. Vid den tiden hade han alltså förvandlats från brittisk patriot till irländsk dito.

liga livet glädjelöst. Föga förvånande var det många som hatade det gamla, önskade det nya, som ville bort, ville ut. Utopiskt färgade energier fanns i luften. Problemet med sådana är bara att de lätt ändrar riktning – eller kanske borde man säga skiftar våglängd. Krigsyran i augusti 1914 hade också politiska undertoner, inte minst i Tyskland. Många var de som hoppades att kriget skulle leda till efterlängtade sociala förändringar: dels i form av belöning för krigsdeltagandet, dels som en följd av den klassutjämnande »folkgemenskap« som politiker och press så förföriskt vinkade med. En stor del av 1914 års män slogs alltså lika mycket för sig själva som för sitt fosterland. För Vägen till Framtiden gick över ett Slagfält. Se där en tankefigur lika mäktig som förödande.

De intellektuella och konstnärerna lät sig svepas med. I det från allra första början insyltade Österrike-Ungern var stämningen yrt patriotisk. Sigmund Freud skrev att »för första gången på trettio år känner jag mig som en österrikare« och tillade generöst att »min hela libido är skänkt till Österrike-Ungern«. Till dem som sökte sig in under fanorna hörde atonalismens pionjär Arnold Schönberg – detta i trots mot både egen astma och vännernas protester –, hans elev Alban Berg – som hann med en kort tid som officerskadett innan hans hälsa, lika klen som mentorns, kollapsade –, kompositören Anton Webern, dramatikern Hugo von Hofmannstahl, författaren Robert Musil, skaparen av *Mannen utan egenskaper*, den utmärkte men illa alkoholiserade poeten Georg Trakl – död inom fyra månader –, filosofen Ludwig Wittgenstein – som trots elaka magbesvär volonterade som artilleriofficer. En liknande stämning grep omkring sig i Tyskland: den annars så stabile Thomas Mann skrev till exempel om »den känsla av rening, upprymdhet, befrielse« som grep honom när det stod klart att kriget var kommet; han anmälde sig också som frivillig, men bara för att bli hemskickad med en uppmuntrande klapp på axeln. Även i andra inblandade stater spreds yran, om än inte lika överspänd som i de tysktalande länderna.

All söndagsidealistisk patriotism till trots: även för många av dessa finkulturella lejon stod kriget för ett löfte om förändring. De hade berusats av den nietzscheanska drömmen om en allt omstörtande kraft som skulle skölja över hela Europa och svepa bort den gamla fula ruttenheten, den ruttna gamla fulheten, och reda plats för en vackrare, bättre, starkare värld. Och kamp var det element ur vilket en ny och vitaliserad mänsklighet skulle framstiga. En katastrof, javisst, men En God Katastrof, för i förstörelsen fanns hopp. Ty kriget var en moderniserare. Kriget var en omvälvare. Kriget var en revolution och kick på samma gång.

Av alla de konstnärer som talte väl om kriget och njöt av de apokalyptiska gesternas självsmekningar är givetvis futuristerna de mest kända. Vi känner igen trumpetstötarna i Marinettis manifest från 1909: »Vi önskar att glorifiera kriget – världens enda hälsogivare – militarismen, patriotismen, anarkistens destruktiva gest, de vackra idéerna som dödar.« Alla jublande undergångsvisioner till trots var det dock ytterligt sällan som futuristerna skildrade det här vackra kriget. Eller kanske är det fel att säga trots. Det var nog just tack vare att de höll det på manifestlängds avstånd som det lät sig hyllas. Men om futuristerna var tysta om det väntande så var det gott om konstnärer och poeter som lät sig dras med av undergångsstämningen och med njutningsfull pessimism visade upp en värld av storslaget brinnande städer, kometer och gul rök.

Och katastrofen anlände, applåderad.

Många konstnärer tog språnget från teori till praktik. Den tyske impressionisten Max Beckmann trodde att kriget skulle vara något gott, för »instinkterna och drifterna skulle alla åter fokuseras av ett enda intresse«; den engelske målaren Walter Sickert sade att »var man borde nu vara soldat«; bohemen och Wienexpressionisten Oskar Kokoschka sålde en viktig tavla för att ha råd att köpa en tjusig kornblå dragonuniform och drog sedan i fält för att hämnas mordet på ärkehertig Franz Ferdinand i Sarajevo – förresten samme ärkehertig som före kriget uttryckt sin avsky över

Kokoschkas konst och förkunnat att »den karln förtjänar att få vart ben i sin kropp brutet«; den unge August Macke, hög på futuriska paroller, välkomnade också kriget, »inte bara som den moderna tidsålderns mest grandiosa manifestation utan också som en filosofisk nödvändighet«, samtidigt som hans landsman Otto Dix sade sig inte vilja missa kriget »till något pris«. Och till fronten försvann de, förväntansfulla.

Även bland dem som inte drog på sig grötrocken och de pliggade marschkängorna fanns det en känsla av deltagande. Picasso hade 1914 gett ifrån sig patriotiska läten i brev till vännen Apollinaire. En ovanligt kall vinterkväll det påföljande året promenerade han, Gertrude Stein och Alice B. Toklas nedför Boulevard Raspail i Paris när plötsligt en stor artilleripjäs rullades förbi. Picasso stannade upp, stirrade »som förhäxad«. Den var nämligen kamouflagemålad, i brutna, oregelbundna mönster som i förbluffande hög grad påminde om abstrakt konst. »Det är vi som har skapat det där!« ropade han efter det försvinnande ekipaget, uppenbarligen utan att varsna dubbeltydigheten i det egna yttrandet.

Många av dem hade talat om den här katastrofen, längtat efter den. De fick allt som de önskade och lite till. Men det blev inte riktigt som de hade förväntat sig. En tid efter det att hans regemente gått in Frankrike skrev en skakad Macke till sin hustru Elisabeth att »allt är så gräsligt att jag inte vill berätta om det för dig«. Några veckor senare var han död, försvunnen i slaget vid Marne. Det var ett öde han så småningom kom att dela med en rad andra konstnärer i uniform, till exempel skulptören Henri Gaudier-Brzeska, målarna Franz Marc och Albert Weisgerber och Marinettis vän Umberto Boccioni (Marc efter att bland annat ha målat impressionistiskt inspirerat kamouflage åt tyska artilleripjäser inför offensiven mot Verdun). Otto Dix, Max Beckmann och deras kollega Georg Grosz blev alla hemskeppade efter att ha lidit nervkollapser, tecknaren David Bomberg sköt sig själv i foten för att slippa undan. Oskar Kokoschka fick njuta det tveksamma privilegiet att som en av de sista det här seklet med dragen sabel rida till anfall mot kulsprutor; vid Lutsk i augusti 1915 överlevde han mirakulöst nog både en kula genom huvudet och de skador han fick när kosacker efter striden gick runt och bajonetterade sårade österrikare; efter konvalescensen lyckades vänligt sinnade doktorer hindra att han sändes åter till fronten, något Kokoschka ej beklagade då han funnit livet där »alldeles för farligt och monotont«. Även futuristerna hade problem att finna en verklighet som passade deras förväntningar. Sedan även Italien gått med i kriget anmälde sig Marinetti, Boccioni, bullermusikern Russolo, arkitekten Sant' Elia med flera som frivilliga till en cykelskyttebataljon. Det fruktansvärda men storslagna spektakel som de svärmat för vägrade dock envist att visa sig. Inte en enda liten apokalyps så långt ögat kunde se: av de magnifikt brinnande städerna blev det klungor av frysande män ihopkurade i gyttjehål. Inte ens futuristernas fantasifulla prosa kunde trolla fram några framgångar ur den italienska krigföringens parad av schabbel och misslyckanden vid Isonzofloden; Marinetti och de andra fick nöja sig med att inta trotsigt heroiska poser inför kameran.

Krigets trista och banala vardag nötte dock sakta ned dem. Boccioni försökte hålla masken inför folk där hemma, men i sin privata dagbok klagade han i ett gnällande tonfall över uppställningar, kyla och trötthet, över den egna klenheten, över avsaknad av utrustning och brist på träning. Strax före sin död i augusti 1916 – orsakad av en för en futurist grymt ogloriös olycka: han föll av hästen under ett exercispass – samtalade han med en nära vän och visade då inget av sin forna entusiasm, »det är ohyggligt«.

Besvikelsens djup stod givetvis i omvänd proportion till jublets styrka. För det som gjort det möjligt för både poeter och andra att hurra över krigsförklaringen var att ingen av dem hade den blekaste aning om vad som väntade dem. Det var den där typen av eufori som bara kan springa fram ur massiv okunskap.

Okunskapens källor var flera.

För det första var bilden av kriget romantiserad bortom all igen-
kännlighet. I bildkonsten hade modellen satts av det förljugna och
uppstyltat teatraliska historiemåleri som uppstått efter Napoleon-
krigen och som blomstrat när folk väl börjat glömma hur det
egentligen varit. I den konsten handlade det om dragna värjor,
stolta plymer och stegrande hästar, om heroiska poser i solned-
gångens guld, om spotskt uppåtvridna mustascher och stridens
fruktansvärda skönhet etc. Allt det snaskiga städades undan, blod-
stänken var dekorativa och till och med de döende begåvades med
något slags eterisk skönhet. Strid skildrades som en blandning av
äventyr och sport, där individen gavs en meningsfull roll i ett
begripligt skeende. Mängder av människor förfördes av dessa irr-
bilder, inte minst alla de som klasstillhörighet och fattigdom dömt
till ett trist och utsiktslöst liv i industristädernas gråhet. Inom lit-
teraturen och historieskrivningen begicks liknande bländverk:
även där var det ytterligt sällsynt att någon beskrev krigets reper-
toar av obsceniteter.

Just bilden av förflutenheten spelade för övrigt en viktig roll i
förberedandet av katastrofen. Alla folk utan undantag lärde sig i
skolan och av populärskribenter att de hade framgångsrika och
grandiosa krig att tacka för sin nations nuvarande storhet; det var
den underförstådda logiken i detta som gjorde det så lätt för så
många att, som ovan nämnts, tro att vägen till framtiden gick över
slagfältet. (Denna tankefigur var alltså ingen exklusiv egendom
för en punschglansig grosshandlarhöger. En variant av den hade
vunnit fäste inom vänstern: för Marx var det organiserade våldet
historiens förlossare, framstegens barnmorska.)

Detta sätt att tänka var ytterligare förstärkt av de förment dar-
winistiska idéer som utgjorde en viktig del av epokens moraliska
grundvatten. Det var paralleller dragna till den omilda naturen,
råbockarnas kamp för överlevnad, *survival of the fittest* etc. som
gjorde det möjligt för en sådan som imperialisten lord Milner att
lugnt hävda att »tävling mellan nationer« var »det mänskliga

framstegets lag«, »världens gudomliga ordning«. Just vulgärdar-
winismens breda genomslag sätter mönster för något som kom-
mer att bli en av det tjugonde seklets förbannelser: de osmälta
vetenskapligheternas förvandling till ideologisk rökelse.

För det andra var det moderna, industrialiserade storkriget fak-
tiskt en okänd storhet. Ty det hemska är att även en sanningstro-
gen bild av Napoleonkrigen och 1800-talets krig skulle inte ha
räckt för att förbereda människorna inför det som väntade. År
1914 var det över 40 år sedan ett riktigt krig utkämpats i Europa.
Sedan dess hade den militära teknologin tagit ett otäckt språng
framåt; både handeldvapnen och artilleripjäserna kunde slunga
alltmer destruktiva brutaliteter allt snabbare och allt längre. Det
rysk-japanska kriget 1904–05 hade redan visat vad kulsprutor,
taggtråd och tung artillerield kunde göra med tätt packade soldat-
hopar. Militärerna vägrade dock envist att dra slutsatserna av allt
detta, vägrade ändra på vanor som tiden härdat till dogmer.
Ibland var orsaken till det här smått absurd: så till exempel ville
man inte gärna öva med skyttegravar i fredstid då grävande
beklagligt nog geggade ned soldaternas uniformer.

Detta kan locka en att tro att det bara var träskallighet som för-
blindade militärerna. Mycket var dock klassfördomar. I alla länder
var krigsmakten fortfarande en angelägenhet för aristokratin. Och
den hade förvandlat arméerna till den gamla ordningens sista
utposter i en värld som luktade maskinvälde och krämarkapi-
talism.

Det fanns ett slags vriden logik i dessa officerares sätt att tänka.
Många av dem var romantiker som avskydde moderniteten för att
den var så omvälvande, för att den var så ful, för att den gjorde
människan till ett bihang dinglande under en kall maskin. Deras
sätt att göra motstånd var att upprepa gesterna från en förlorad
värld, en värld där människan var slagfältets herre, där den enskil-
des mod betydde mer än hans vapen, där striden handlade om
hjältedåd och en kavallerichock med blanka vapen faktiskt kunde

avgöra bataljen. För så hade krig utkämpats i alla tider. Och så skulle de utkämpas även i fortsättningen. Och det skulle inte några svårbegripliga nymodigheter i stål tillåtas ändra på. Basta.

Därför kunde en nyuppfunnen, rekylfri kanon avvisas med hänvisning till att den var »extremt ful jämfört med de existerande pjäsernas gracefulla former«. Därför kunde kulsprutan länge fnysas åt som en mekanisk leksak som möjligen gick att bruka för att under ordnade former meja ned framkryllande dervischer, men som i princip var oanvändbar på europeiska slagfält.* Just kulsprutan var nog den uppfinning som mer än någon annan ringde in den nya tiden. Ångmaskinen hade en gång mångdubblat hantverkarens skaparkraft, samtidigt som den förminskat honom till ofri proletär; på samma vis förvandlade kulsprutan kriget från hantverk till industri, för nu kunde en enda soldat vara lika destruktiv som tidigare etthundra, men detta till priset av den enskildes betydelse. Det var väl detta som många militärer varken ville eller kunde se, där de satt insvepta i moln av cigarrök under vackra oljetryck föreställande lansiärer vid Marengo. Så berättas det från en av den brittiska arméns förkrigsmanövrar att när en ung officer dök upp och frågade vad han skulle göra med kulsprutorna så fräste hans befäl bara: »Ta de där förbannade sakerna ut på någon flank och göm dem.«

Kanske var de alla offer, om än på olika vis? Så här efteråt står det klart att krigsutbrottet 1914 innebar att det gamla seklet, 1800-talet, nådde sitt egentliga slut och att ett nytt, 1900-talet, tagit sin början. Det gamla inleddes 1789 med en omvälvande

---

* På den här punkten var militärernas teknikfobi uppblandad med rasism. De noterade visserligen hur framgångsrikt den använts i Afrika, där den gång på gång hjälpt en handfull vita att besegra tallösa hopar med tappra men uselt beväpnade infödingar. (Så till exempel är det tveksamt om det brittiska Syd-afrikanska Kompaniet kunnat behålla kontrollen över Rhodesia om det inte varit för de kulsprutor av märket Gatling som bolaget hade.) Kulsprutan kunde kanske skaka om lågt stående vildar men kunde knappast förväntas ha samma effekt mot den överlägsna vita rasen. Så gick tankegången.

revolution och hade sannerligen varit ett århundrade av omvälvningar. Det nya kom att inledas med ett katastrofalt krig, och det kom sannerligen att bli ett århundrade av katastrofer. Och det första världskriget är seklets ur-katastrof. Dels startade det en kedja av händelser som i sick-sack förde från den ena osannolika olyckan till den andra, tills denna ryckiga lavin till sekel slutligen stannade upp, som det skulle visa sig, 75 år senare – varefter ett nytt sekel kunde ta sin början. Dels fanns i det första världskriget mycket av den genetiska koden till de efterföljande katastroferna. Redan där gick det att se vissa mönster, tankefigurer och fobier, det mesta blott antytt och outvecklat men redo att muteras till nya, oväntade groteskerier. Och ett av de viktigaste mönstren var det att människorna gång på gång oförberedda ställdes inför plötsliga språng, gång på gång tvingades inse att det sannolika bytt plats med det oväntade, gång på gång förstod att det inte var de som svikit drömmarna utan drömmarna som svikit dem.

Och de första som historien spelade detta hårdhjärtade spratt var alltså alla de förväntansfullt leende unga män som i augusti 1914 marscherade genom sensommarhettan och hurraropen till fronten och det krig som var tänkt att göra slut på alla krig.

3.

Tre dagar efter det att Paul Nash skeppats hem med sitt brutna revben sattes hans regemente att anfalla en punkt i den tyska linjen som snart skulle bli ökänd: *Hill* 60. Attacken blev ett eländigt misslyckande. Många av Nashs kamrater slaktades ute i ingenmansland. Vid denna tidpunkt låg han dock tryggt ovetande på ett militärsjukhus i England och arbetade på sina teckningar från fronten. I juni visade han upp sina frontidyller på en separatutställning på Goupilgalleriet och vann också viss uppmärksamhet. Styrkt av detta sökte Nash i augusti bli utnämnd till *Official War Artist* – officiell krigskonstnär, en gammal och typiskt brittisk institution, som fått en ny tyngd i ett läge då statlig propaganda

26

för första gången i historien börjat användas för att på ett systema-
tiskt och vetenskapligt vis tubba de egna att stödja krigsansträng-
ningen. Ett antal konstnärer hade redan utnämnts, bland annat
Christopher Nevinson, en man vars bilder starkt påverkat Nash.*
Några av de ansvariga fann Nash lite för »post-impressionistisk«,
men efter en del knorr gav de ändå honom förordnandet, och i
slutet av oktober 1917 var han tillbaka vid Ypresfronten med baga-
get bågnande av kritor, pennor och papper.

Han lärde sig snart att villkoren för en officiell krigsartist i uni-
form var helt annorlunda än dem som gällde för en ung infante-
riofficer. Nash fann sig nämligen bestyckad med kalfaktor, chauf-
för och egen bil och förväntades tillbringa det mesta av sin tid vid
den brittiska expeditionskårens högkvarter, långt bort från strids-
linjen. Det var ett bekvämt liv. Tyvärr hade det en olycklig benä-
genhet att förvrida huvudet på dem som lät sig fångas av det.

Journalisterna hade redan skapat modellen. Iförda gradbeteck-
ningslösa uniformer med gröna armbindlar framlevde de sina liv i
armkrok med de höga militärerna: livet i något varmt och upplyst
château avbröts bara då och då av någon tripp till en tämligen
säker plats, varefter de raskt återvände till konjaken och brasan och
avlossade ännu en hurtig artikel om hur otåliga soldaterna var att
få slåss, hur stärkande det var att leva i en skyttegrav och hur *bra*
allt gick. Inte underligt att soldaterna snart sades avsky krigskorre-
spondenterna mer än generalstabsofficerarna, vilket inte vill säga

* Nevinson hade börjat kriget som entusiastisk futurist; bland annat hade han
varit med då Marinetti framfört sin kända onomatopoetiska dikt om belägringen
av Adrianopel, vilket skett på en Florensrestaurangs övervåning – allt medan
orkestern i undervåningen envist spelat »You made me love you, I didn't want to
do it« . Hemma i England försökte han med måttlig framgång omvända olika
brittiska bekanta till futurismen: »det existerar ingen skönhet förutom den som
återfinns i kampen« etc. Då kriget bröt ut och armén inte ville ha honom på
grund av hans hälta blev han istället sjukvårdare. Efter en tid skickade han till
Marinetti ett foto av sig själv stående invid en ambulansautomobil: hål från gra-
natsplitter på bilen hade Nevinson nöjt markerat med pilar. Det var mig veterligt
hans sista gest av futuristiskt bravado.

litet. Dessa journalister var förvillade av sin egen bekvämlighet, lurade av frontens avlägsenhet, hindrade av censorernas myndighet, pådrivna av tidningsägarnas patriotiska fallenhet och fångade av sin egen känsla av lojalitet.

Resultatet? »Fler avsiktliga lögner berättades än under någon annan tid i historien«, som Philip Knightley skriver; kriget förskönades och människorna hemma hölls i total ovetskap om vad som egentligen skedde med deras söner och bröder, makar och älskare. Det blev demonstrerat hur skrämmande effektivt sanningen kunde undertryckas om bara hela statsapparaten inriktades på detta mål. Samtidigt förbrukades starka bilder och viktiga ord i takt med att allmänheten långsamt men säkert tappade sitt förtroende för den skrällande megafonpressen. Så småningom kom folk att skratta åt olika tabloidankor, som till exempel den att tyskarna hade fabriker där döda människor kokades till tvål – vilket skämt! –, på samma gång som floden av propaganda, falsarier och lappri dränkte andra nyheter som var i högsta grad sanna, som exempelvis den att turkarna börjat masslakta delar av den egna befolkningen och detta i en skala som ingen dittills hört talas om.

Många krigskonstnärer var delaktiga i detta förräderi. Det var inte ovanligt att deras arbete försämrades i takt med att de tvingades böja nacke för maskinen. När den av Nash beundrade Christopher Nevinson först hamnade vid fronten förlorade han snart sina futuristiska griller. Istället kom han att framställa en rad starka, kubistiskt anstrukna studier av livet där. Nevinsons tack för mödan var ilskna attacker från både etablissemang och avantgarde. Konstnärskolleger och intellektuella skönandar satte sina estetiska näsor i vädret över dessa realistiska, för dem obegripligt lättbegripliga bilder och fnös åt dem som »vulgära« eller »journalistiska«. Kriget var onekligen ett besvär för många modernister, då deras avancerade formspråk var tämligen obrukbart för den som ville diskutera den storpolitiska verkligheten, ett problem som vissa av dem löste genom att helt enkelt strunta i det som skedde.

Etablissemanget tyckte också grundligt illa om Nevinsons målningar, om än av andra skäl. Om hans bilder skrev *Times* att de var – i en oöversättlig fras –»not a bit like cricket«. Censuren reste invändningar över flera av verken, och ett av dem blev senare stoppat. Det var en oljemålning betitlad »Ärans vägar«, som visar två fallna engelsmän liggande framstupa i gyttjan invid ett taggtrådshinder. Döda tyskar fick gärna avbildas men icke så dödade britter. Så när tavlan skulle ställas ut täckte Nevinson över den med brunt papper och skrev »censurerad« rakt över. Han kallades då prompt upp till Krigsministeriet för att motta en snubba värdig Kafka: det var förbjudet att använda ordet »censur«. Inte så förvånande kanske att Nevinson till slut anpassade sig, övergav skildrandet av skyttegravskrigets elände för smygheroiska bilder av det fria luftkrigets kittlingar.

Nash stretade emot från allra första början. Han ville komma så nära stridslinjen som möjligt – sannolikt inte så mycket för att undgå risken att dras in i generalstabernas magnetfält av lögner och försköningsord, som helt enkelt för att han fortfarande lockades av striderna. Han ville se, höra, känna. Vad som skymtar här är en del av krigets väsen som vi idag gärna ser bort ifrån; och detta i regel utifrån de bästa avsikter, då det handlar om en bedräglighet. Ändock är det något faktiskt som vi måste förstå om vi också vill förstå kriget. Jag tänker på det rus som finns i faran.

Någon norm finns inte. Det är slående hur olika människor reagerar när de ställs inför en katastrof. Den enhetligt skenande massan är en kliché skapad av spelfilmsregissörer och ideologer. I verkligheten är det alltid några som går, några som springer åt fel håll och några som står still och undrar vad det egentligen är som sker. Soldaters beteende utmärks av samma splittrade ryckighet. Vissa avskyr faran från första stund, de flesta lär sig leva med den, men några vinner faktiskt något ur den. Särskilt för män ligger det en stor lockelse i tanken att få pröva sitt eget fysiska mod, just därför att det nuförtiden är en egenskap som sällan efterfrågas. Än viktigare är nog att risktagande helt klart rymmer något upplyftande, förvandlande. Livet får inte sällan sitt högsta värde just då det är hotat, och ibland kan en beröring av döden skänka en paradoxal känsla av frihet, för att inte säga odödlighet. För på samma vis som människan är den enda del av skapelsen som är kapabel att förstå sin egen existens är hon också den enda som frivilligt kan sätta denna existens på spel. Och det finns en koppling där.

Problemet med det frivilliga risktagandets rus, förutom att det lockar människor att slänga bort sina liv, är att dess imponerande höjd skymmer dess bristande längd. Känslan måste nämligen vara exklusiv. Den klarar inte att sänkas till vardaglighet, därtill är den alltför bräcklig. För tämligen snart slutar faran att vara upplyftande, dess vidunderliga förvandlingsnummer förlorar sitt behag och blir tvärtom fördärvande: rädsla urholkar inte bara själen, den nöter också ned kroppen.

Det traditionella kriget – som i sina grunddrag ändrats föga sedan antiken – var till sin form rätt lockande för den som sökte det frivilliga risktagandets udda berusning. Slag och stora strider inträffade sällan, och de var för det mesta avgjorda inom loppet av en enda dag. Sedan följde regelmässigt månadslånga perioder då arméerna trampade runt i sin eviga jakt på underhåll, alltmedan soldaterna kunde förlora sig i lägerlivets vardag. (Och hotet från döden fanns inte i första hand i striden utan i sjukdomen, och på den punkten var civilister och militärer utsatta för samma hot.) Det var nog det här traditionella kriget som de alla hade väntat sig.

Även så Nash. Han hade sett tillräckligt av kriget för att dras till det, men upplevt för lite för att förstå det. Sannolikt därför sökte han sig med iver ut till slagfältet igen. Men där väntade honom en obehaglig överraskning.

4.

Nuförtiden är de borta, första världskrigets slagfält. Stycken och bitar står att se här och var om man reser längs den forna västfronten. Ofta är det korta vågor av gräsövervuxna kratrar, mjukt slipade av tid och regnvatten, som förlorar sig i en skog utmed vägen; någon annan gång är det en jättelik minkrater, där badande barn och ankor samsas i det grumliga vattnet; ibland är det en kantig bunker som oändligt långsamt håller på att sjunka ned i den mjuka myllan; alltid är det kyrkogårdarna, som ingen längre verkar besöka, fyllda av rad på rad på rad av gravstenar som svärtats av det sura regnet. Veteranerna utför sina pilgrimsresor varje år men de blir bara färre och färre: i Storbritannien är överlevarna från 1914 års fälttåg nu färre än tio, och inom några år är de alla borta. Då tillhör landskapet återigen de ovetande.

Ibland kan man dock ana. En gång råkade jag komma till en sådan glömd plats från första världskriget någon dag efter det att man där avverkat en del skog. Det var i februari och det låg regn i luften. De tunga skogsmaskinerna hade skalat bort det tunna lagret av jord och blottat slagfältet. Det gick att se något slags text i den uppbökade jorden, det vill jag i alla fall tro. Och det var ohjälpligt fängslande att vandra runt där och försöka läsa den. Tyskarna hade attackerat. Överallt låg stavhandgranater med multnade skaft, anfallsvapen – då de främst verkar genom sprängkraft går de utmärkt att använda för någon som rör sig upprätt och vill dräpa en som hukar nere i en grop – blandade med en och annan ägghandgranat i stål, försvarsvapen – då deras främsta verkan kommer av splitter som sprids över stora ytor är de till störst nytta för någon som hukar i en grop och vill dräpa någon som kommer rusande upprätt.

Uppenbarligen hade det här utspelats närstrider: det vittnade handgranaterna om. Där gick också att räkna samman fler ej avlossade skott än tomma patronhylsor, och i den klibbiga gyttjan syntes dessutom två infanterispadar, den ena slipad för att bruka i handgemäng och efter 70 år fortfarande så vass att den gick att hugga fast i en stubbe. Och överallt skrot: rostiga blindgångare i alla upptänkliga storlekar och former, taggtråd – enkel och dubbel –, ett grågrönt gasmaskfilter, buckliga fältflaskor, rester av en fälttelefon, någons trasiga matkärl, och så vidare. På ett ställe syntes något som kan ha varit en plats för vila och mat: där gnisslade det under fötterna av krossade vinflaskor och uppbända konservburkar.

Sedan fanns där ben förstås. Här och var låg skelettdelar. Efter människor. På ett ställe hade hjulen på en skogsmaskin bänt två kraftiga lårben rakt ur den feta myllan, de stack upp som två brungula käppar. Men det mesta var som sagt bara bitar. Ett stycke bort, under en hög tall, låg dock, ja ... en person, men bara underkroppens illa åtgångna skelettdelar fanns kvar; ryggrad, revben och huvud stod inte att finna.* Den ena foten var fortfarande nedstoppad i en trasig snörkänga med pliggad sula. Av fotens mjukdelar återstod intet annat än något som både såg ut och kändes som gråfärgad lera. Och genom denna lera, genom mellanfotens ben, genom den mörkbruna lädersulan sköt ett litet grönt skott av törne.

Ännu en grav.

Hela tiden som jag vandrade runt i denna tidskapsel av röta, rost och förmultnelse dök Nashs bilder upp för mina ögon som vore de ett slags facit. Men inte hans tidiga verk, utan de som han gjorde efter återvändandet.

---

* Detta behöver inte nödvändigtvis vara skogsmaskinernas verk. Under krigsåren befann sig metallurgin i en tidig utvecklingsfas, och man behärskade ännu inte till fullo tekniken att förfragmentera projektilerna. Detta gjorde att första världskrigets granater inte sällan sprack upp i bara några få stora vassa klumpar istället för, som tänkt, i tusentals små. Den goda effekten av detta var att soldater ibland kunde överleva nedslag på mycket nära håll. Den onda var att när dessa stora metallfragment väl träffade så blev skadorna fullständigt groteska: kroppar kunde klyvas uppifrån och ned, huggas av på mitten, atomiseras.

Läget vid Ypres i oktober 1917 var helt annorlunda jämfört med det i april. Då hade fronten varit lugn, vilket skänkt det hela en besynnerlig känsla av overklighet som gav avtryck både i Nashs tama vårbilder och i hans karska attityd. Men under tiden som han återhämtade sig från sin skada hemma i England hade det som brukar kallas för det tredje slaget vid Ypres utkämpats. Finalen på den plågsamt utdragna bataljen nåddes bara en knapp vecka efter det att Nash kommit fram till fronten.

»Brukar kallas för det tredje slaget vid Ypres«, ja. Det är egentligen fel att använda den beteckningen för det som skedde i Flandern mellan juni och november 1917. Generalerna under första världskriget ville gärna benämna sina händers verk för »slag«, då de jämställde vad som skedde vid Loos, Somme eller Verdun med vad som en gång inträffat vid Cannae, Lützen eller Waterloo, som om dessa amorfa nutidshändelser rymde samma *gloire* och liknade dem i betydelse för historiens gång. Så var det inte. Både generaler och soldater hade förberett sig på att än en gång utkämpa 1800-talets krig, utan att tänka på att de var rustade med 1900-talets vapen. De hade bara utgått från att gårdagens förutsägbara värld också var dagens. Men en spricka hade uppstått mellan det förgångna och nuet, och ned i det här schaktet hade de alla fallit, handlöst.

De industrialiserade samhällena bedrev nu det allra första riktigt industrialiserade kriget, men ingen hade förutsett dess ofattbara förstörelsekraft. Under den fransk-tyska konflikten i början av 1870-talet hade en genomsnittlig tysk artilleripjäs under hela kriget avlossat allt som allt strax under 200 skott, men år 1914 avlossade samma pjäs runt 1 000 skott på något över en månad; under den 35 minuter långa förberedelsen för anfallet mot Neuve-Chapelle i mars 1915 hade det brittiska artilleriet skjutit iväg fler granater än som avfyrats under hela boerkriget. Och när man till detta lägger de tidigare nämnda kulsprutorna och de i fredstid systematiskt bortglömda skyttegravarna samt taggtråden – något

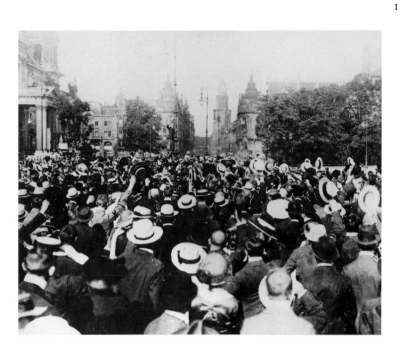

»Jublet, på samma gång barbariskt och oskuldsfullt,
vimlet av leende, förväntansfulla ansikten utanför värvningskontoren,
vitklädda kvinnor som singlar blommor över soldater som
marscherar bort i den låga solen. Det hände att män tog livet av sig när de
fick reda på att de inte skulle antas till armén.«
Entusiasm över krigsutbrottet 1914, modell Berlin.

**»Kompanierna vadade framåt och försvann i regnet
och krevadmolnen, varefter nya kompanier sändes iväg
in i tomrummet efter de första.«**

Soldater från 13th Durham Light Infantry väntar på att stormelden skall lyfta,
så att de kan gå till anfall vid Meninvägen, den 20 september 1917.
Huvuddelen av männen på fotografiet dödades under attacken.

>»Han var faktiskt mer än lättad. Han var förtjust.
>'Jag känner mig mycket lycklig nuförtiden', skrev han senare,
>'jag tror faktiskt att jag är lyckligare i skyttegravarna
>än någon annanstans.'«

Paul Nash som fänrik 1917.

»I en av bilderna pågår slaget längre bort,
men det är de osynliga krafternas strid: granater kreverar
till synes planlöst och fontäner av jordkokor yr upp i luften.«
Void, av Paul Nash, 1918.

»Allt är borta. Allt. Vi skådar nollpunkten.
Och den vita och kalla sol som just håller på att gå upp över scenen
skänker inte något hopp om värme och återuppväckt liv,
utan gör bara ödsligheten än mer påtaglig.«
We are making a New World, av Paul Nash, 1918.

»Nash och Dix skildrar samma verklighet,
om än i spegelvänd form. I Dix bilder möter vi samma slagfält
som hos Nash, men sedda från den andra sidans skyttegravar.
Åtminstone en av målningarna visar upp just ett av
dessa typiska Ypreslandskap som Nash målat så väl.«

Flandern, av Otto Dix, 1934–36.

»Ovan denna kökkenmödding av obeskrivligheter svävar en stupad,
spetsad på några vassa järnstänger, en omvänd Kristus.
Människorna är inte ens offer längre. De har genomlidit den yttersta
förnedringen och blivit förvandlade till avfall.«

Mittpartiet ur triptyken Der Krieg, av Otto Dix, 1932.

som uppfunnits under 1800-talet i USA för att användas i boskapsskötseln, men som under 1900-talet, talande nog, främst kom att brukas mot människor – så blev resultatet en omöjlig ekvation. Det blev lättare och lättare att försvara sig, svårare och svårare att anfalla. Svårare förresten, varje grupp av män som försökte röra sig upprätt över öppen mark kunde förvänta sig att slaktas ned inom loppet av några minuter. Den gamla regeln, välbekant för även de mest tjockskalliga karriärmilitärer, var att misslyckade anfall fördärvar förband. Den nya regeln, som vissa av dem aldrig lyckades få in i sina hjärnor, var att även lyckade anfall fördärvar förband. Gång på gång slogs offensiver ut. De började alltid på samma vis: med planer som var lika grundligt detaljerade som de var orealistiska. Och de slutade alltid på samma vis: med monotona spasmer av anfall och motanfall över någon obetydlig kulle eller by, så grundligt sönderpepprad att dess existens var enbart kartografisk, vilket höll på till dess att båda sidor fullständigt mattats ut, striderna domnat och den egna allmänheten kunde beljugas med nyheten om ännu en stor seger.

En av de företeelser som gjorde dessa upprepade katastrofer möjliga var något annat som också hör 1900-talet till: bunkerledarskapet. De som styrde var tack vare en stor och vältrimmad byråkrati effektivt avskärmade från den verklighet de själva skapade. Atmosfären runt dem präglades nämligen av feg auktoritetstro, samtidigt som naiva politiker och en patriotisk press lyft upp generalerna till status av uniformerade pelarhelgon. Det sammantagna resultatet av detta var att de sällan nåddes av oönskad information och aldrig av motsägelser. Haig, Nivelle, Falkenhayn, Cadorna, Brusilov och de andra kunde därför sitta i förströdd isolering på sina slott miltals från fronten och med anilinpenna rita pilar på kartor och planera »slag« där människoliv förkrympts till en teknisk-statistisk abstraktion, inklämd någonstans mellan granatkiloantalet och taggtrådsmeterkvoten; det var fabrikens kalla logik överförd till slagfältet. De kunde tryggt avlossa den ena människoslukande idiotin efter den andra, då resultatet för dem ändå var föga mer än schematiska kurvor och sifferkolumner, som blott angav hur projektet framskred men sade noll och intet om detta projekts egentliga natur.

Kriget såg de och deras rödrevärade hejdukar nästan aldrig. Så berättas det, just från slutskedet av det tredje »slaget« vid Ypres, att generallöjtnanten sir Launcelot Kigell – stabschef åt offensivens arkitekt, Haig – då för allra första gången fann det lämpligt att besöka stridslinjen. Hans stabsbil knegade sig långsamt fram genom gyttjan och förstörelsens tomhet, och ju närmare de kom den verkliga stridslinjen desto mer upprörd blev generallöjtnanten. Till slut började han gråta och utbrast: »Herre Gud, skickade vi verkligen män att slåss i det här!«. Mannen bredvid honom hade varit med om hela offensiven och svarade bara tonlöst: »Det blir värre längre fram.«

Det finns en skrämmande grundlig systematik i missgreppen. Själva idén om en storoffensiv vid Ypres byggde, som sig bör, på missförstånd. För det första krävdes en sådan attack enligt överbefälhavaren Haig för att avlasta den pressade franska armén – men den hade redan börjat komma på fötter igen efter vårens myterier. För det andra behövdes en seger i väster för att stötta upp den sönderfallande ryska armén i öster – men den var redan bortom all räddning. Och för det tredje måste man genast inta den belgiska kanalkusten för att beröva det tyska ubåtsvapnet ett antal viktiga hamnar och på så vis få ned fartygsförlusterna i Atlanten – men de hade redan börjat falla dramatiskt på grund av det nyligen införda konvojsystemet.

Platsen för anfallet var också den sämsta tänkbara. Runt Ypres höll de brittiska styrkorna en liten utbuktning som var en knapp mil lång och mindre än fem kilometer i djup. Runtom denna bula, på de omgivande höjderna, satt tyskarna. Det var alla eldledares våta dröm. Med sina kraftiga Zeisskikare kunde de följa minsta lilla rörelse i utbuktningen och kalla in artilleriet, vilket i sin tur hade ett perfekt skottfält från sina dolda positioner på de omgivande höjdernas frånsidor. Dessutom gjorde den fulländade insynen det stört omöjligt att hemlighålla förberedelserna inför en offensiv, så tyskarna skulle veta god tid i förväg att det vankades anfall.

Till yttermera visso var den lägre liggande terrängen illa vattensjuk: enda orsaken att man över huvud taget kunnat idka jordbruk där var att fälten var genombrutna av en väv av diken och avvattningskanaler, vilket ändå inte hindrade att det räckte med några dagars regnande för att lerjorden skulle bli träskartad och mjuk. Och då grundvattnet var så nära markytan var det svårt att gräva några större skyttegravssystem, ett problem tyskarna tagit sig förbi genom att omge utbuktningen med ett pärlband av bunkrar och skyddsrum i betong. I den brittiska armén sade man dock bestämt nej till en sådan lösning: sådana trygga bastioner ansågs »minska truppernas anfallslust«.

Allt talade emot en offensiv. Alltså anföll man.

Fullständigt fenomenala mängder artilleri sattes in på den brittiska sidan: det fanns ett eldrör för varje sex meter front. Miljoner granater slungades mot de tyska linjerna, men det visade sig att deras betongbunkrar var i det närmaste osårbara, och den främsta effekten av trumelden blev istället att nätverket av diken pulveriserades och vattenavrinningen upphörde. Så när regnet började falla förvandlades slagfältet till ett hav av gyttja, där de sårade drunknade i tusental och där ett helt hästspann kunde försvinna på några minuter. Kompanierna vadade framåt och försvann i regnet och krevadmolnen, varefter nya kompanier sändes iväg in i tomrummet efter de första. Allt det som fanns av rus i faran försvann. För det första för att faran planade ut till vardag, oändlig och oförutsägbar. För det andra för att farorna var så stora att oddsen för överlevnad för många syntes vara minimala.

En av soldaterna på slagfältet hette Edwin Campion Vaughan;

ännu en typisk ung man som gått ut i kriget med entusiasm i hjärtat och god litteratur i ryggsäcken – boken den här 20-årige löjtnanten bar med sig vid fronten var poesiprofessorn Francis Turner Palgraves kända lyrikantologi *The Golden Treasury*. Mot slutet av augusti 1917 sattes Vaughans division in i operationerna vid Langemarck norr om Ypres; klockan fem i två på eftermiddagen måndagen den 27 beordrades bataljonen att attackera en särskilt svårtagen tysk bunker kallad Springfield. Anfallet blev en synnerligen blodig historia. Det tyska artilleriet öppnade eld i samma ögonblick som linjen av män reste sig upp. Inom fem minuter hade huvuddelen av dem träffats. Snart förlorade bataljonschefen kontakten med de attackerande, och Vaughan skickades fram genom regnet för att ta reda på vad som hänt. I sin dagbok har han beskrivit hur han en bit bort finner resterna av ett av kompanierna. Trots att ljudet från krevaderna och skottlossningen är så öronbedövande att det inte går att överrösta lyckas han samla ihop några soldater, och tillsammans med dem börjar han att arbeta sig fram längs en väg, över en punkt benämnd Triangeln, bort mot bunkern:

Vi stapplade fram på vägen medan granater briserade runtomkring oss. En man stannade upp framför mig, och jag svor uppretad åt honom och knuffade till honom med knät. Mycket stilla sade han:»Jag är blind, sir«, och vände sig om och visade på sina ögon och sin näsa som slitits bort av en bit från en granat.»Å, herregud, jag är ledsen«, sade jag.»Fortsätt där marken är fast«, och jag lämnade honom och han stapplade bakåt i sitt mörker. Vid Triangeln lättade granatelden och gevärselden gick långt över våra huvuden. Runtomkring oss fanns mängder av döda, och i granathålen låg sårade som krälat dit för att få skydd. Många andra, för svaga för att röra sig, låg där de fallit och de gav ifrån sig tunna hurrarop när vi passerade.

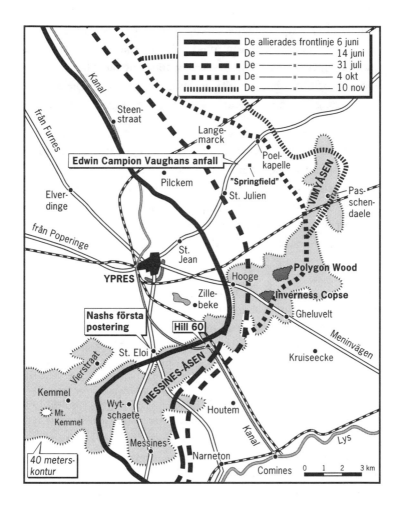

	De allierades frontlinje 6 juni
	De —— " —— 14 juni
	De —— " —— 31 juli
	De —— " —— 4 okt
	De —— " —— 10 nov

Edwin Campion Vaughans anfall

Nashs första postering

40 meterskontur

Tredje slaget vid Ypres 1917.

Vaughan och några soldater tar sig mot alla odds fram till bunkern. Den visar sig vara tom, men fylld till knähöjd av stinkande vatten i vilket det flyter två lik med ansiktet nedåt. Medan dagen blir kväll och han med sin lilla ficklampa desperat signalerar efter förstärkning och ammunition hör Vaughan så »ett fruktansvärt ljud«:

Ur mörkret på alla sidor kom jämmer och ylanden från de sårade männen; svaga, långa, snyftande stön av smärta och förtvivlade skrik. Det var alltför plågsamt uppenbart att dussintals av svårt sårade män måste ha krupit ner i de nya granatgroparna för att söka skydd, och nu höll vattnet på att stiga runt dem, och alltför kraftlösa för att röra sig höll de nu på att långsamt drunkna.

Senare på kvällen blir han avlöst och beger sig tillbaka mot de egna linjerna för att avlägga rapport vid bataljonshögkvarteret. På vägen stannar han gång på gång och släpar upp sårade ur granatgroparna, några av dem vrålar och svär över att Vaughan inte hjälper dem tillbaka, och en av de skadade hotar att skjuta honom, men han lyckas slita av mannen geväret.

Ingången till bataljonschefens bunker visar sig vara spärrad av ett formligt berg av döda, och han måste klättra över den här gungande högen av lemmar för att alls komma in. Han fortsätter bakåt för att hitta bårbärare. Granaterna regnar ned, men vid det laget bryr han sig inte längre – det uttryck han använder är *past caring* – och Vaughan går mirakulöst orörd rakt genom gardinen av stålsplitter och rök. Så småningom skall det visa sig att bara 15 av kompaniets 90 män kommit ur det hela med livet i behåll. Och Vaughan var den ende officer som överlevde.*

---

* Vaughan blev senare befordrad till kapten och också dekorerad, det sistnämnda för att han den 4 november 1918 tagit en bro över Sambrekanalen, samma dag som den senare så berömde poeten Wilfrid Owen stupade under sina försök att korsa detta vattendrag. Vaughan själv dog 1931.

Ett halvår höll det på i den här stilen, i vad som så här efteråt har kommit att bli det arketypiska förstavärldskrigsslaget. Under den tiden lyckades britterna ta sig framåt drygt 8 kilometer till priset av runt 150 000 döda. Och av bulan hade det då blivit en tumme, som än mer sårbar och till ingen som helst nytta sköt in i de tyska linjerna. Den övergavs några månader senare.

När Nash kom fram till Ypres ägde de sista, patetiska anfallen rum. Slagfältet var vid den här tidpunkten, som ett ögonvittne säger, en »avskyvärd ödslighet«. Marken var en enda massa av vattenfyllda granatgropar, många av dem förenade till små miniatyrsjöar av flytande gyttja, som man måste kryssa sig försiktigt förbi på hala, smala bryggor av jord. Överallt sågs krigets avskräde: trasiga ammunitionsvagnar, övergivna fordon, brutna vapen, ammunition, mat, klädtrasor, hästkadaver och mängder av döda. Överallt ting, rester, kringströdda, ihopkastade, i bitar, ruttnande, rostande, liksom jorden själv drabbad av någon besynnerlig spetälska. Platsen ingav alla en känsla av skräckblandat äckel. Det fanns en vitt spridd rädsla för att ramla ned i någon av granatgroparna och få i sig av eller rentav drunkna i det grönvita, avföringsliknande slem som fyllde dem till brädden. Bara kontakt med vätskan kunde ge brännblåsor på grund av den generöst utspridda senapsgasen.

De flesta skrämdes dock minst lika mycket av alla obeskrivligheter som doldes under ytan och som antyddes av den likgas eller den rödbruna vätska som här och var bubblade upp. Att gå omkring i lervällingen var ytterligt ansträngande, då den sög fast ens fötter. Och om gyttjan inte gav vika var sannolikheten stor för att man stod på en kropp – ibland trycktes då den kvarvarande luften ur den döde med ett stönande ljud, och en erfaren person kunde avgöra huruvida det under fötterna låg en död tysk eller en död britt, för av någon outgrundlig anledning stank de olika. Någon tid att ta hand om dem fanns det sällan. Så när britterna efter kriget försökte räkna samman förlusterna vid Ypres visade det sig att det fattades omkring 42 000 människor, som aldrig har återfunnits annat än i form av spridda kroppsdelar som tiden sedan länge ätit ren på den värdighet som ryms i ett namn.

5.

Nash fann det ytterligt svårt att arbeta runt Ypres. Den militära byråkratin höll honom tillbaka, och han fick utveckla en viss teknik för att ta sig till de platser han ville se, ibland genom att helt enkelt smita från sina övervakare. Till det kom den uppenbara livsfaran. Även sedan anfallen och motanfallen upphört fortsatte granatelden som vore den en dålig vana. Bara för att ta sig fram till området tvingades de att färdas längs parodier till vägar som låg under ständig beskjutning. Hans chaufför, en irländare, var dock skicklig och kryssade fram bilen mellan nedslagen. Det blev givetvis inte mycket säkrare när han väl nått stridslinjen, och han var flera gånger nära att dödas av granater. Men han gav sig inte, utan lyckades att ta sig till flera av de platser där slaget rasat som värst: Zillebeke, Passchendaele, Meninvägen, Vimyåsen.

Han var skakad över det han fick se.»Jag har just återvänt, i natt, från ett besök i brigadhögkvarteret uppe vid stridslinjen«, skrev han hem till sin fru den 16 november 1917,»och jag kommer inte att glömma det så länge jag lever. Jag har skådat ett skrämmande mardrömslandskap, mer format av Dante eller Poe än av naturen, outsägligt, ytterligt obeskrivligt.«

För många romantiker, inklusive Nash själv, hade kriget, som nämnts, framstått som en raffinerad estetisk smakförhöjare: visserligen förde det med sig död, men samtidigt gav just detta en ny skärpa åt dagen och ett nytt värde åt livet. I de teckningar han gjorde före revbensbrottet framstår naturen paradoxalt nog som än mer skön, inte trots utan tack vare förstörelsen. Det är hotet som upphöjer livet till Liv. Men här hade något helt nytt inträffat. Krafter hade släppts lösa som inte längre bara hotade att döda några eller många, utan som verkade kunna döda allt och alla, som inte bekräftade livet utan istället upphävde det.

Det handlade alltså om förödelse i en skala ingen före år 1914 kunnat föreställa sig, än mindre hade skådat. Så berättas det från början av november, när kanadensiska trupper till slut i kallt ösregn lyckades inta ett av offensivens allra viktigaste mål, byn Passchendaele, att soldaterna var ytterligt förbryllade. Byn fanns nämligen inte längre. Det var alltså inte så att husen och trädgårdarna och kullerstensgatorna var förstörda. Husen och trädgårdarna och kullerstensgatorna var helt enkelt borta. Försvunna. Allt som återstod var ett otydligt klotter av grus, jord och brutna tegelstenar. Det enda som fortfarande gick att identifiera var kyrkan. Där den en gång legat kunde man se ett virrvarr av tegel som nådde ungefär till midjehöjd. Det var allt.

Och på samma vis som kulturen utplånats hade naturen mördats. Nash var ju naturmålare och här fanns plötsligt ingen natur kvar att måla. Så här skrev han hem:

Ingen penna eller teckning kan förmedla det här landskapet – den vanliga omgivningen för de slag som här äger rum dag och natt, månad efter månad. Ondskan och en inkarnerad djävul kan ensamma vara de som styr detta krig, och inte en enda glimt av Guds hand kan ses någonstans. Solnedgång och soluppgång är hädelser, de är hån mot människan, det enda som passar detta landskaps atmosfär är det svarta regn som i nattmörkret faller ur trasiga och svullna moln.

Även om han misströstade om möjligheten att återge vad han såg så gjorde han ett försök. Så här efteråt framstår hans bilder som några av de bästa krigsskildringar som någonsin gjorts. Och det märkliga var att han varken förr eller senare gjorde något som var lika bra.

Det var tillfälligheter som ingick en lycklig förening. Chocken han fick av mötet med det verkliga kriget fyllde honom med raseriets energi. Även farorna i stridslinjen kom på ett oväntat sätt att bidra till arbetet. Han kunde av förklarliga skäl inte som förr arbeta långsamt och siratligt med de olika motiven, utan tvingades kasta ned snabba kritskisser. Detta gjorde att en viss förkonstling föll bort av sig själv, samtidigt som det skärpte hans känsla för väsentligheter. Dessutom kom en av hans största svagheter rent tekniskt att bli en tillgång i det här arbetet. Nash var alltså i grunden landskapsmålare och tämligen klen på att återge människor. Hans figurer blev lätt styltiga och onaturligt stela. Om möjligt förpassade han dem till bakgrunden. Detta blev också ett genomgående grepp i hans bilder från Ypres. Människor finns med i de flesta, men de är i regel små och obetydliga. Detta att människorna inte står i centrum på Nashs bilder betyder inte alls att de är likgiltiga för honom. Vad han istället visar är vad det moderna kriget gör med dem.

I den traditionella, romantiska bilden av kriget stod människan, individen i mittpunkten. Det handlade om ett måleri som också var märkligt litterärt till sin natur: bilden skulle berätta en historia – i regel från historien –, och dessa historier behövde de enskilda personerna, deras ansiktsdrag och gester, för att bli meningsfulla. Nash var modernist och som sådan en av dem som begick ett berättigat uppror mot denna förstelnade 1800-talsrealism som nöjde sig med att i all oändlighet återge kända episoder ur den kända historien så att alla kände igen dem. Nashs sönderbrutna, vridet kantiga stil var alls inte avsedd för ett sådant berättande men passade på ett lysande sätt till att skildra en sönderbruten och vriden verklighet.

Det gamla sättet att måla framstod som en lögn. Och det var inte bara för att dess enorma grad av trohet till detaljen inte var mycket värd om den omgivande helheten var fel. Den gamla bilden av kriget målade, som ovan sagts, upp en värld där människan var slagfältets herre, där hennes mod betydde mer än hennes vapen och ett hjältedåd kunde avgöra striden. Men det som lämnade så många i 1914 års hyllningskör förstummade var inte bara att de inte kunnat förutse det elände som väntade dem. Än mer nedbrytande var nog insikten att de som individer inte längre spelade någon som helst roll. För detta var det första riktigt moderna kriget i Europa, det första industrialiserade kriget. Och det var i första hand maskinernas kamp, eller snarare produktionsapparaternas. Och människorna var blott en råvara bland andra för dessa apparater: *cannon-fodder*. Nash skildrar hur den enskilda människan görs till intet. I hans bilder är soldaterna små ensamma siluetter, avmänskligade obetydligheter i ett ödeland av brunt, grått och svart; och den fullständigt förödda naturen hjälper oss att ana vad som har hänt med människornas kroppar och sinnen. Ibland får man leta för att finna dem, dessa ihopsmälta grupper av tunna, hukande män som långsamt och till synes uppgivet släpar sig fram genom ett dött landskap. De har ingen kontroll över landskapet, över skeendet, det är landskapet och skeendet som kontrollerar dem.

Det är typiskt Nash att undvika all den yttre dramatik som hittills förknippats med sådana händelser: här syns inga framstormande soldater eller eldsprutande kanonbatterier. Istället är ödsligheten påtaglig. I en av bilderna – passande nog kallad *Void*, tomrum – pågår slaget längre bort, men det är de osynliga krafternas strid: granater kreverar till synes planlöst och fontäner av jordkokor yr upp i luften. I förgrunden ser vi ett stycke jäst mark som maskinerna redan tuggat sig igenom. Regnet faller från en nedmörkad himmel över en kratersprängd väg, där en lastbil gått överstyr, det faller över tillspillogivna kanoner och en i fjärran fastkörd stridsvagn, över en stupad, som utplattad av tunga fordonshjul håller på att tona bort i den vattniga gyttjan, ännu ett stycke avskräde bland all kringslängd krigsmateriel och som landskapet självt något använt, förbrukat, förbränt. Några soldater är på väg bakåt, mot betraktaren: den närmaste svept i ett regnskydd, trött framåtlutad mot regnet och vinden, de bortre i klunga bärande en bår; de är alla fångar i ett jättelikt något som verkar sakna både ände och hopp.

Detta speglar också en stämning som börjat breda ut sig 1917, då det faktiskt såg ut som om det fastlåsta läget var omöjligt att bryta. På sensommaren 1914 hade många entusiastiska unga män faktiskt varit rädda för att kriget skulle ända *för fort*, innan de själva hunnit vara med. På senhösten 1917 hade denna besynnerliga rädsla förvänts i en än mer absurd skräck för att det hela kanske *aldrig* skulle ta slut. Tanken finns bland annat hos de tre berömda krigsförfattarna Robert Graves, Edmund Blunden och Siegfried Sassoon, och ett litet teaterstycke, som vid ungefär denna tidpunkt uppfördes av soldater bakom fronten, utspelade sig i skyttegravarna år 1950!*

På sätt och vis blev soldaternas värsta skräck besannad. För detta krig som skulle göra slut på alla krig blev istället den händelse som utlöste en lång kedjereaktion av konflikter som skulle föra ända till seklets förtidiga slut. »Den moderna historien«, skriver den amerikanske författaren Paul Fussel, »gör det fantastiska vardagligt och det obeskrivliga normalt. Och den katastrof som inleder detta är första världskriget.«

6.

»Jag är inte längre en konstnär«, skrev en skakad Nash hem till sin fru från Ypres, »intresserad och nyfiken, jag är en budbärare som kommer att föra tillbaka ord från de män som slåss till dem som vill att kriget skall pågå för evigt. Mitt budskap kommer att vara svagt, otydligt, men det kommer att rymma en bitter sanning, och må den bränna deras usla själar.« Arbetet gick raskt vidare. Framåt

---

* Sassoon hade långt efter 1918 en återkommande mardröm om att det fortfarande pågick strider, han måste resa tillbaka, men har glömt sin utrustning och sina kunskaper och han börjar till slut gråta. Sassoons mardröm var på sätt och vis verklighet för sådana som den år 1917 svårt skadade poeten Ivor Gurney, som intill sin död på ett mentalsjukhus 1937 skrev dikter om det krig han var övertygad om pågick.

slutet av november hade han fått ihop ett sextiotal skisser, men han var ännu inte nöjd utan skrev till sina uppdragsgivare och bad om att få sin tid vid fronten förlängd. Detta beviljades, om än med reservationer. Första veckan i december tillbringade han med de kanadensiska trupperna på Vimyåsen. Tillståndet räckte dock inte längre än till den 7 den månaden. Då lämnade Nash området vid Ypres och reste hem till England. Hans skisser blev noga granskade av en militär censor. Denne, en överste Lee, trodde att »Nashs underliga bilder ... omöjligtvis kan ge fienden någon information«. Överstens entusiasm för modernismen var dock begränsad och han tillade förbryllad: »Jag kan inte undgå att tänka att den här Nash håller på och driver med den brittiska allmänheten, och konstälskare i synnerhet. Gör han det?« Nash själv var inte heller vidare tillfredsställd med sitt arbete, tyckte att han misslyckats. Väl återkommen till London lade han utan större förväntan upp skisserna för sin uppdragsgivare på informationsdepartementet. Till Nashs stora förvåning var denne entusiastisk, och han beordrade på stående fot fram en utställning.

Större delen av våren gick åt till att arbeta om de grova kritskisserna till färdiga bilder. Nash var full av energi och sökte nya vägar för att kunna förmedla vad han skådat vid fronten. Därför började han experimentera med litografi och tog också ett vågat språng från akvarell till olja. Utställningen öppnade på Leicester Galleries i maj 1918. Den blev en stor framgång. Kritikerna var överlag berömmande. En motvilligt imponerad Ezra Pound ansåg att det var »sannolikt den bästa utställningen av krigskonst ... vi har haft«.

En av de målningar som väckte allra störst uppmärksamhet bar titeln »Vi gör en ny värld«. Den har senare utnämnts till ett av det engelska moderna måleriets mästerverk. Den byggde på skisser Nash gjort av Inverness Copse, britternas namn på en liten skog drygt fyra kilometer sydväst om Ypres, som under en mekanisk räcka anfall och motanfall i slutet av augusti bytte ägare nitton gånger. Det är en stark bild. Intet återstår av skogen annat än stympade trädstammar. Marken är en sönderslagen massa av kratrar och sterila jordhögar. Några människor går ej att se. Inte ens krigets avfall återstår. Allt är borta. Allt. Vi skådar nollpunkten. Och den vita och kalla sol som just håller på att gå upp över scenen skänker inte något hopp om värme och återuppväckt liv, utan gör bara ödsligheten än mer påtaglig. Sedan den ironiska titeln »Vi gör en ny värld«. Tydligare än så kan nog inte omslaget från 1914 års euforier illustreras. Man hade fått den omvälvande katastrof som så många svärmat för. Den gamla världen hade onekligen svepts bort. Men priset hade varit högre än någon kunnat föreställa sig. Och var det detta som väntade istället? Utplåningen?

Nashs omvändelse var inte på något vis unik. I alla krigförande länder hade kolleger till honom råkat ut för samma brutala uppvaknande i en ny och oväntad verklighet. De som överlevde, vill säga. Vissa, som Walter Sickert och den frivillige dragonen Kokoschka, drog sig helt enkelt tysta bort från det krig de en gång välkomnat – Kokoschka först efter att än en gång ha varit nära att dödas, den här gången av en italiensk granat när han försökte teckna krigsscener på Isonzo-fronten. Många andra, som Grosz, Beckmann, Bomberg och Nevinson, fortsatte att i sin konst lämna vittnesbörd om det oerhörda de en gång skådat. Få av dem kan dock tävla med Paul Nash i både kraft och lidelse, kanske med ett undantag: tysken Otto Dix.

Även Dix hade, som nämnts tidigare, kastat sig ut i kriget med en förväntansfull glädje, yr av nietzscheanska drömmar om katastrofens förnyande kraft etc. (Med sig hade han ett exemplar av Nietzsches *Den glada vetenskapen*.) Dessa illusioner hade han förlorat under flera års fronttjänst: först som artillerist och sedan som kulspruteskytt hade han bland annat varit med om slaget vid Somme och massakrerna i Flandern. Och även han mötte freden 1918 som en märkt man, visserligen medaljbehängd men också ärrad efter flera sår, och han fann det omöjligt att göra sig fri från

det han upplevt. I tio år efteråt hade han återkommande mar-
drömmar, bland annat en där han under strid kryper genom för-
störda hus, längs trånga och omöjliga passager. Han varken kunde
eller ville släppa erfarenheterna från de här åren, utan fortsatte
envist att försöka fånga det skedda i sin konst. Till sin hjälp hade
han ett stort antal skisser gjorda under åren vid fronten, men för
att fördjupa sina redan alltför stora kunskaper studerade han foto-
grafier och deltog även i obduktioner.

Nash och Dix skildrar samma verklighet, om än i spegelvänd
form. I Dix bilder möter vi samma slagfält som hos Nash, men
sedda från den andra sidans skyttegravar. Åtminstone en av mål-
ningarna, »Flandern«, visar upp just ett av dessa typiska Ypres-
landskap som Nash målat så väl: samma låga kullar, samma svarta,
stympade trädstammar, samma vattenfyllda kratrar som på vissa
ställen förenats till små sjöar, samma vassa solljus. Men om Nash
alltid sysselsatte sig med landskapet, så är detta landskap blott en
bakgrund för Dix. Just i målningen »Flandern« återfinns en grupp
på tre soldater i förgrunden. Inga strider pågår. Det är tyst. De tre
kan vara döende eller bara fullständigt utmattade där de ligger på
marken, passivt lidande, omgivna av skräp och trasor, ihopkrupna
under tygstycken i ett fåfängt försök att komma undan kylan, allt
medan de sakta sjunker ned i gyttjan.

Det skall inte förnekas att där Nashs målningar är skakande är
Dix bilder inte sällan direkt obehagliga. Han dröjer gärna vid
döda kroppar, vanställda av förruttnelse eller av groteska skador,
som han skildrar med en nästan tvångsmässig detaljrikedom. I ett
verk kallat »Skyttegraven« skådar vi ett makabert stycke löpgrav,
fyllt av förvridet skrot, sönderslagna människorester, svartnande
kött och utspillda kroppsvätskor. Över denna kökkenmödding
av obeskrivligheter svävar en stupad, spetsad på några vassa järn-
stänger, en omvänd Kristus. Människorna är inte ens offer längre.
De har genomlidit den yttersta förnedringen och blivit förvand-
lade till avfall. Inte heller syns något vi skulle kunna kalla strid.

Allt är förbi. En katastrof har svept fram och precis som på Nashs målningar efterlämnat ett öde land, berövat all mening, tömt på allt hopp.

7.

Med freden kom förträngningarna. Nash utförde ytterligare två stora verk som byggde på hans upplevelser under kriget, men sedan blev det inte så mycket mer. Han blev snart varse att många bara ville glömma och gå vidare. Andra gjorde outhärdligheterna uthärdliga genom en minnesalkemi som täckte det skedda med kattguld – en konst utövad bland annat av de invalidiserade soldater Georg Grosz såg på en veteranträff i Marburg, som berusade skrålade patriotiska visor och som vid sångens höjdpunkt slet av sig sina proteser och triumfatoriskt svängde med dem i luften.

Marknaden för modernistisk krigskonst av det slag som Nash och Dix skapade var liten. Kriget följdes av ett monumentalt uppsving för monumentbyggare, men de som beställde sådana pjäser var i första hand ute efter sockrade realistiska allegorier över Segern, Freden, Sorgen och liknande, och kunde därför behärska sin entusiasm över beska slagfältsskildringar. Krigskonsten hamnade i skuggan och Nash själv med den, för det var på målningarna från fronten hans rykte vilade.

Chocken vid mötet med skyttegravarnas verklighet hade gett honom en energi och ett ursinne som sakta läckte ur honom efter fredsslutet, och hans måleri planade ut till hedervärd medelmåttighet. Dessutom hade erfarenheterna från Ypres förstärkt det nervösa draget hos honom; kitslig, misstänksam och överspänd lyckades han också snart bli ovän med flera av sina vänner och kolleger. (Det hela blev inte bättre då det avslöjades att en okänd konstkritiker som berömt Nashs verk visade sig vara ingen annan än han själv, dold under en klädsam pseudonym.) Så medan inkomsterna från måleriet torkade ut tvingades han istället att hanka sig fram på att undervisa, illustrera böcker och bygga teaterscenografier. Det var inte en lycklig tid.

Det fanns förträngning och det fanns förträngning. I de flesta stater var den mer psykologisk än politisk till sin natur: många ville inte bli påminda om något som var för plågsamt att minnas och för groteskt att förstå. I några länder var dock glömskan ideologiskt betingad. Detta gäller i synnerhet Tyskland. Redan under 1920-talet blev Otto Dix attackerad för sina mardrömsbilder från västfronten. Just målningen »Skyttegraven« blev föremål för en formlig hetskampanj från den patriotiska högern. Den inköptes visserligen av Wallraf-Richartz-museet i Köln, men efter protester från upprörda medborgare doldes tavlan bakom ett draperi. År 1925 beslöt Kölns borgmästare diktatoriskt att häva inköpet av tavlan och avskedade också museets chef.*

Dix verk var, som han själv sagt, ett svar på att det bara några år efter krigsslutet »igen började spridas föreställningar om hjältar och hjältedåd, något som det första världskrigets skyttegravar redan avslöjat som absurditeter. Folk hade redan börjat glömma vilket fruktansvärt lidande kriget givit dem.« En kamp om det förflutna utkämpades i Tyskland, och den blev slutgiltigt avgjord 1933. Då kom de till makten som inget lärt och allting glömt, fastän de själva gjort karriär på att framstå som om motsatsen var sann. För Dix personliga del innebar det att han miste sin professur vid akademin i Dresden och tvingades att gå i inre exil.

Åren 1937 reste en speciell fyrmannakommission ut i Tyskland för att besöka alla museer. De gick med rynkade pannor genom samlingarna och lyfte ut all konst som ansågs vara »degenererad«, en dom som fälldes över sådana konstnärer som Chagall, Picasso, van Gogh, Matisse, Gauguin och Braque. Och bland de 15 997 verk som konfiskerades fanns också målningar av Georg Grosz, Max Beckmann, Oskar Kokoschka och, föga förvånande, Otto Dix. I juli 1937 öppnades i det nyuppförda Tyska konstens hus i

* Detta säger en del om stämningarna i Tyskland, för borgmästaren var inte någon extremist utan blev senare själv förföljd av nazisterna; hans namn var Konrad Adenauer, sedermera känd som Västtysklands förste förbundskansler.

München en stor utställning med officiellt godkända verk, bland annat de nu obligatoriska studierna av soldater: det var grekiska gudar i stålhjälm, utrustade med breda hakor, sammanbitna miner och tomma ögon, som begick sina obligatoriskt heroiska poser mot en rökig bakgrund kliniskt fri från obehagligheter. Några kvarter bort i mörka lagerlokaler pågick samtidigt en utställning med »degenererad konst«. Här visades ett antal av de konfiskerade verken upp, hängda på ett avsiktligt slarvigt vis och försedda med hånfulla kommentarer. Dix »Skyttegraven« var något av mittpunkten.

År 1939 förstördes »Skyttegraven« och med den 5 000 andra målningar och teckningar som ansågs stötande. De eldades upp. Arbetet utfördes av Berlins brandkår. Året därpå började Paul Nash för RAF:s räkning måla en lång rad akvareller. De föreställde bombplan.

Invid ravinen

1.

NÄR DE marscherade ut henne ur lägret för att skjutas bar hon fortfarande Stalins mössa på sitt huvud. Så vad tänker offret sekunderna innan bödeln höjer sitt vapen? Hon hade redan bekantat sig med tanken på döden, men ändå hade det svartnat för hennes ögon när papperet lades fram och hon kunde läsa orden »lagens strängaste straff«. Det var en sen dag i december och två revolverutrustade män förde henne genom snön i riktning mot en ravin. Hon visste att det var avrättningsplatsen; där hade bland annat tre biologer som hon delat cell med i Novosibirsk blivit skjutna.

Det var kallt och blåsten låg på. Hon huttrade, för pälsen hon bar var sliten och hennes filtstövlar var blöta. Det enda hon inte frös om var huvudet, för den öronlappsmössa i kalvskinn hon hade på sig var varm. Och den hade alltså tillhört Josef Stalin; någon gång – hon ville minnas att det var efter en konferens för marxistiska jordbruksexperter i slutet av 1929 – hade han varit hemma hos dem och då i tamburen råkat förväxla sin mössa med hennes pappas. Och nu bar hon den, på väg till sin av Stalin beordrade avrättning.

Solen höll på att försvinna bakom horisonten och ju närmare hon kom de där glesa björkarna som markerade var ravinen låg, desto längre bort kom hon från att längre bry sig. Under vandringens första minuter hade hon gripits av »skräck för icke-varat«, som hon uttrycker det själv. Men sedan började hon tänka på vad hon hade kvar att förlora. Maken, hennes livs stora kärlek, var redan död, också han avrättad. Den lille sonen hade tagits ifrån henne. När hon nådde fram till ravinen och stannade upp vid dess kant kändes det som om hon »blivit kvitt allt jordiskt«. De två männen stod bakom henne. Hon slöt ögonen.

Och plötsligt kändes det som om jag hade lösgjort mig från livet. Slutet var kommet – slutet på min verklighetsuppfattning. Jag förlamades. Hjärnan blev paralyserad. Det kändes som om jag störtade ned i avgrunden som en känslolös stenbumling efter ett bergskred.

Genom den här bedövningen sipprade dock ett oväsen. I förstone tänkte hon att det var en siren, men ljudet klarnade, förvreds, tog form, blev en röst, blev ord. »Tillbaka, tillbaka.« Hon vände sig om, långsamt, för »fötterna var blytunga och kändes som en främlings«, öppnade med ansträngning de av rimfrost igensvetsade ögonlocken. Och där, bortanför de två revolverbärande männen, skymtade hon en karl i ljus päls som pulsade fram genom snön, alltmedan han ropade: »Tillbaka, tillbaka!« Mannen i den ljusa pälsen var andfådd och torkade svetten ur sitt röda ansikte med rockärmen. Avrättningen var inställd.

Sakta vandrade hon tillbaka till lägret. Hennes namn var Anna Larina Bucharina och året var 1938.

2.

Flera olika år skulle kunna betecknas som »det värsta« i Sovjetunionens korta historia. Den svält som Stalin framkallade med början 1932 och som kostade *minst* 4 miljoner människors liv – en siffra som nu blivit fastställd bortom allt tvivel – var en ohygglig katastrof; de styrande använde då medvetet hungern som ett politiskt vapen för att bryta böndernas motstånd mot kollektiviseringen, och den drabbade framför allt de icke-ryska områdena Ukraina, norra Kaukasus och Kazakstan. Detta år och de påföljande kunde dock en stor del av Sovjetunionens befolkning leva som om detta inte riktigt angick dem, burna av det hopp som 1920-talets enorma sociala optimism fött, som om »den nya människan« levde och »det nya livet« faktiskt snart skulle bli till. Åren 1937–38 fick den här illusionen sin ände.

Det var då det inträffade, det som brukar benämnas den stora terrorn eller oftare *jezjovsjtjinan*, det sistnämnda efter den dåvarande chefen för säkerhetstjänsten NKVD, Nikolaj Ivanovitj Jezjov. Händelsen har länge varit känd i väst, men det är först sedan Sovjetunionen fallit och både arkiv och massgravar öppnats som skeendets alla groteska och skrämmande vändningar har kunnat bekräftas, och detta i stor detalj. Så här över 50 år senare skådar vi en händelse som redan de samtida hade svårt att förstå, och som ännu erbjuder problem för den som söker förklara den.

Historiker brukar ibland tala om den stora terrorns tre skeden: först en förberedande fas under NKVD-chefen Jagoda 1935–36, den stora utrensningen 1937 under Jezjov, och till sist en avslutande uppstädning under Berija 1938–39. Hela skeendet tog form av en lavin, som långsamt och nästan omärkligt satte igång redan 1934, i och med mordet på partisekreteraren i Leningrad, Sergej Kirov. Ännu har det inte gått att fastställa vem som egentligen låg bakom attentatet. Mördaren, Leonid Vasilevitj Nikolajev, var en frustrerad, degraderad och psykiskt instabil partimedlem, som i sin förmörkelse kan ha agerat på egen hand och som slog till då han av en slump stötte ihop med Kirov i en korridor på tredje våningen i Smolnyj, den lokala sovjetens byggnad.* Bolsjeviker-

---

* Pavel Sudoplatov, en gammal KGB-veteran som bland annat var med om att arrangera mordet på Trotskij, har i sina högintressanta men tendentiösa memoarer bestämt hävdat att Nikolajev handlade på egen hand och att motivet var personligt. Kirov var nämligen, som man säger, svår på fruntimmer, och en av hans många frillor var Nikolajevs fru, en vacker judinna vid namn Milda Draule. Hon arkebuserades ett par månader efter mordet tillsammans med sin egen mor och Nikolajevs hela familj.

nas världsbild var präglad av paranoida föreställningar om yttre hot och slemma sammansvärjningar, något som inte försvagats av deras erfarenheter från inbördeskriget, då de icke utan viss rätt upplevt det som om hela världen var ute efter dem. Attentatet mot Kirov fick partiets alla glada konspirationsteoretiker att lukta en lunta – men frågan var bara vems? Problemet är dock att skall vi förstå de fasansfulla åren 1937–38 räcker det inte med att följa spåret tillbaka till 1934. Då måste vi återvända till 1917 och de händelser som blev upphovet till Sovjetunionen.

Runtom i Europa födde det första världskriget en enorm besvikelse. Den gamla ordningen förlorade mycket av sin auktoritet, de gamla orden sin klang. Vi står här inför en av 1900-talets stora ironier. Det var de gamla eliterna som stått för en betydande del av förarbetet inför kriget, som militariserat sinnen och stater, som dragit med sig folken i en patriotisk yra och fått dem att offra allt för att nå en omöjlig seger. Det var de gamla eliterna som 1914 startat världshistoriens första »totala krig« – uttrycket myntades av den tyske generalen Erich von Ludendorff – varvid befolkningarna för första gången mobiliserats i sin helhet – antingen vid hemmafronten eller i form av kanonmat –, ländernas normala politiska liv upphävts, ekonomierna nationaliserats, planhushållning upprättats samtidigt som tänkandet likriktats med hjälp av massiv statlig propaganda. Men de gamla eliterna gjorde det utan att begripa att alla de åtgärder som de själva såg som ett tillfälligt ont, ett medel, kunde andra komma att behandla som något gott, ett mål, och föra dem till sin absurda men fullkomligt logiska spets, de gjorde det utan att förstå att de med kriget startat en kedja av händelser som till slut skulle krossa dem själva.

I få stater är detta så tydligt som i Ryssland. Världskriget orsakade där en ekonomisk kollaps, politiskt sammanbrott och socialt kaos som mynnade i februarirevolutionen 1917, som i praktiken ledde till ett slags maktvakuum, som fylldes då bolsjevikerna i oktober grep styret med hjälp av en militärkupp. Det avgörande året var dock inte 1917 utan 1918. Kaos och kriser hotade då att svepa bort bolsjevikerna, men trots att oddsen sannerligen var emot dem lyckades de ändå slå tillbaka sina fiender. Ett intressant mönster blev nu synligt, ett mönster som skulle upprepas igen och igen under en stor del av sovjetstatens historia. Lenin och hans män var drivna politiska taktiker men samtidigt mer än lovligt naiva i ekonomiska och sociala frågor; deras styre bar därför i regel improvisationens prägel.

En av partiet oväntad händelse – och mycket var oväntat för människor med en så grovt tillyxad bild av verkligheten som bolsjevikerna – tvingade ofta fram drastiska åtgärder, åtgärder som av ideologiska skäl i regel kom att radikaliseras på ett ogenomtänkt vis, som på kort sikt gav fördelar men som på lång sikt var förödande. Som till exempel förstatligandet av bankerna. Det började med att anställda i ryska Statsbanken vägrade lämna ut medel till kuppmännen, varför bolsjevikerna skickade över bajonettviftande trupper till banken och nationaliserade den. Fem dagar senare, i ett anfall av övermodig ideologisk korrekthet men utan att situationen bjöd det, slog de till och nationaliserade alla banker och förklarade bryskt att man inte avsåg att betala sina utlandslån. Detta bara ökade antalet fiender och förvärrade den ekonomiska krisen, varför nya drastiska åtgärder snart var av nöden.

Och så förde omständigheter och ideologi utvecklingen vidare i en spiral från kris till kris, alltmedan tvångsapparaten begick sin tillväxt, lika ryslig som logisk. Och bolsjevikerna gjorde något som saknade motstycke i världshistorien: de satte sig före att låta staten utöva en total kontroll över samhället. Detta hade aldrig skett förr. Före 1900-talet saknades både de resurser – inte minst tekniska: en av orsakerna till att bolsjevikerna trots allt fick grepp om det ryska jätteriket var att de skickligt utnyttjade olika nya typer av media och kommunikationsmetoder, särskilt telefonen – och den ideologiska arrogans som krävs för ett sådant oerhört företag.

Det är dock slående hur bräcklig och svajande den här skräckinjagande monoliten egentligen var, hur mycket den misslyckades med. Först ändade den brutala krigskommunismen år 1921 i en akut ekonomisk kris: bönderna rörde oroligt på sig, och överallt, i alla sektorer, hade produktionen fallit ihop. Den krisen löstes genom NEP, den nya ekonomiska politiken, med dess reträtt till marknadsprinciper. I längden kunde de styrande inte tolerera den utmaning mot deras maktmonopol som NEP stod för, så bit för bit drog de åt snaran igen. Resultatet blev en ny allvarlig ekonomisk kris framåt slutet av 20-talet. Lösningen blev kollektiviseringen, 30-talets femårsplaner samt den forcerade industrialiseringen, allt utfört till priset av ett kolossalt mänskligt lidande – på fler sätt än ett experimentets höjdpunkt. Förvandlingen av landet skedde med medel som enligt den amerikanske historikern Martin Malia »var unika i sin blandning av det vansinniga och det kriminella med – det måste medges – det grandiosa och det episka«.

Införandet av den första femårsplanen var ett uttryck för å ena sidan en tidstypisk teknokratutopi, med allt vad den rymde av stålblå drömmar om vetenskaplighet, rätlinjig rationalitet och byggandet av »en ny människa«, å andra sidan en önskan att snabbt ta sig ut ur det hörn de själva målat in sig i: revolutionen hade inte, som dogmen föreskrev och som de själva förväntat sig, »frigjort produktivkrafterna«. Tvärtom. Bolsjevikernas skolboksmarxistiska misshushållning hade istället lett till att landets ekonomiska problem var större än de varit 1917. Vad man *egentligen* skulle göra, det hade Stalin och hans män rätt dimmiga begrepp om. De skulle bygga socialismen. Och socialism det var, ja, en planerad industrisektor och en kollektiviserad agrar ekonomi. Åtgärderna man vidtog var dock för det mesta framhastade och högst improviserade och gav ofta oväntade och ibland oönskade resultat.

Resultatet? Tja, kollektiviseringen blev ett fasansfullt och kostsamt fiasko. Industrialiseringen var också fylld av plågor, problem och bakslag, inte minst till följd av den stolliga teknikdeterminism som bolsjevikerna ärvt från Marx och som fick dem att tro att bara man skaffade sig moderna maskiner skulle man också få modern effektivitet, dito resultat samt lika geschwint socialism. Man tenderade också att bli fullständigt fixerad vid sådant som masugnar och jättekraftverk: stål och megawatt blev mål i sig. Men tvärtemot alla förväntningar föll produktionen och levnadsstandarden brant. Kollapsen var nära 1933. Sedan stagade systemet upp sig. Och där stod en tung industri, bildligt talat stampad ur marken och, precis som vissa antika storverk, bokstavligen talat byggd på lik. Men för många i storstäderna, för partifolket, för den Stalintrogna arbetararistokratin och för alla dem som genom den exempellösa industriexpansionen fick chans att begå karriär, var denna blixtindustrialisering något att vara stolt över.

Detta stordåd var frambragt med hjälp av en väldig piska och en tämligen förkrympt morot. Oktoberkuppens former präglade från första början bolsjevikernas maktinnehav: de var en liten självutnämnd elit som gripit makten med våld, och de fortsatte att ta till våld närhelst de kände sig hotade eller tyckte sig möta motstånd – något som dessa kampinriktade och paranoida revolutionärer definierade rätt så generöst. Piskan lämnade aldrig deras nävar. Under hela den här utvecklingen, från kollektiviseringen och framåt, ökades förtrycket ända ned på vardagsnivå: inrikespass infördes, bara personer med fast arbete gavs tillgång till bostad och varuransoner, frånvaro från jobbet kriminaliserades, och så vidare.

Moroten var i första hand ideologisk. Männen i Kreml hade byggt upp ett propagandamaskineri av det slag som de krigförande byggt upp under världskriget, men som ställde föregångarna i skuggan både vad gällde volym och effektivitet; genom denna megafon flödade en aldrig sinande ström av flotta och eggande floskler om den strålande framtiden. Och många trodde dem. Regimen hade ett betydande stöd, inte minst bland arbetarna och andra delar av stadsbefolkningen – erfarenheterna från Nazi-Tyskland och från Sovjetunionen efter 1917 visar att ett totalitärt system faktiskt behöver en icke obetydlig bas bland gemene man för att kunna bli till.

När regimen så med stor ansträngning byggt sig en ekonomisk bas som bättre passade partiets politiska överbyggnad gick den lilla terrorn framåt år 1937 över i den stora terrorn. Då var det som om systemet börjat att utveckla antikroppar mot sig självt.

3.

Anna Larina Bucharina kom från en familj ryska yrkesrevolutionärer och var som de flesta av dem typisk bildad medelklass, en vacker, mörkhårig ung dam van vid stilla pianoklink i salongen och reciterande av Sofokles till kvällsvarden. Familjen var själva medlemmar av bolsjevikernas jetset: den berömde marskalken Tuchatjevskij kinesade från och till i deras lägenhet, det hände att man tillbringade semestern i söder hos en viss Lavrentij Berija och när revolutionen firades 1924 var Anna med uppe på Leninmausoleets tribun. (Hon blev då i förbigående uppläxad av en mulen Trotskij för att hon bar en sjal med ljusblå blommor runt halsen: »Var har du din pionjärhalsduk? Du vet tydligen inte varför pionjärhalsduken är röd! Rött är symbolen för det blod den revolterande arbetarklassen har utgjutit!«)

Redan som flicka hade hon blivit förälskad i den charmige Nikolaj Bucharin, en av dessa pappersviftande och papyrossrökande agitatorer med läderjacka och pipskägg som passerat in och ut ur hennes barndomshem. Trots en stor åldersskillnad hade de senare gift sig, varefter de fått några lyckliga år tillsammans. Bucharin var en av revolutionens viktigaste ideologer, »partiets älskling« enligt Lenin, chefredaktör för Pravda, ledamot av politbyrån, ordförande i Komintern; han hade varit en av arkitekterna bakom NEP, men i samband med kriserna i slutet av 20-talet hade han efter en strid med Stalin förlorat de flesta av sina betydelsefulla poster.

Han befann sig dock fortfarande i maktens närhet. Bucharin och Anna bodde i Kreml, och som hans hustru kom hon att personligen lära känna alla de ledande bolsjevikerna. En av dem var Stalin, som ibland när han var full ringde upp mitt i natten för att fyllprata med hennes yrvakne make. Hon hyste kluvna känslor inför »mannen av stål«. I vardagslivet kunde Stalin upplevas som grov och till och med skrämmande: vad kan man annat tänka om en man som hängt upp en skylt över sin yngste sons säng med texten: »Om du visar dig feg tar jag livet av dig.« Men även för Anna och hennes make var Stalin ändå, meningsskiljaktigheterna till trots, en karl att lita på. I officiella sammanhang kallade de honom saker som »de proletära stridskrafternas fältmarskalk«, privat talade de om honom som »Koba«.

Bucharin själv var en revolutionär svärmare, intelligent, uppslagsrik och karismatisk, men också vacklande, känslosam på gränsen till hysterisk – han föll lätt i gråt – och politiskt naiv: han ledsnade aldrig på att försöka hejda skenande tåg med hjälp av pappersark. Alla dessa ledande bolsjeviker var obrottsligt trogna Saken. Formade av rörelsens maximalistiska psykologi och rusiga på sina hemkokta utopier trodde de, med Anna Larina Bucharinas egna ord, att de nu faktiskt höll på att lyckas, att samhället strax »skulle bli fritt och jämlikt och rikt med nya produktivkrafter, nya produktionsförhållanden och en ny, socialistisk människa« – och detta utan att vilja se det logiskt omöjliga i att bygga ett rättvist och humant samhälle genom att lägga all politisk, ekonomisk och kulturell makt i händerna på en liten, arrogant och våldsbenägen maktelit.

Det fanns dock något i högsta grad teoribelastat och abstrakt över deras projekt: för dem var samhället blott en duk att måla sina förväntningar och fördomar på. De hade också tämligen klen kunskap om de bönder och arbetare de satt sig att befria. För Anna Larina Bucharina som för många medelklassradikaler var »folket« uppenbarligen något hon älskade så länge det var en statistisk massa och ideologisk kategori, samtidigt som hon hade ytterligt svårt att fördra dem som individer: därtill svor de för mycket och tvättade sig för litet. För precis som många av första världskrigets generaler var dessa ledande bolsjeviker skilda från den verklighet de hade att styra, noga inneslutna som de var i kroppsvärmen från Det Stora Partiet. (Deras tillvaro var privilegierad. Så berättas det att när flera av de här höga politrukerna på grund av politisk olycka transmogrifierades till vanliga medborgare, så blev de faktiskt förvånade när de upptäckte att sådant som bröd, skjortor och biobiljetter kostade pengar.) Och inget skrämde dem så som hotet om uteslutning, för partiet var deras kyrka, och utanför den fanns varken frälsning eller hopp.

Tvister inom partiet hade förekommit under alla år, det var Anna Larina Bucharina medveten om, men framåt mitten av 30-talet anade hon att något nytt var i görningen. Mordet på Kirov hade gjort luften tjock av rykten, tecken och antydningar. Väl ansedda partiveteraner anklagades för inblandning i attentatet, och snart stod det klart att även Bucharin var hotad. Han reagerade på detta med en blandning av förvirring och ursinne. Visserligen fanns det politiska meningsskiljaktigheter mellan honom och Stalin, men de var ju ändå gamla vänner och dito revolutionskämpar. En stor offentlig process ägde rum 1936 där de högt uppsatta partiveteranerna Zinovjev och Kamenev sensationellt nog dömdes till döden för kontakter med utländska underrättelseorgan och för att ha upprättat en kontrarevolutionär grupp. Väl orkestrerade massmöten hölls på industrier runtom i landet, där folk ylade efter blod och där några av oktoberrevolutionens främsta namn fördömdes och förkastades. Och snart arresterades ett antal personer som gick att länka till de anklagade. Andra, som Bucharin, utpekades som möjliga brottslingar.

Bucharin protesterade, men mot att ha blivit nämnd som delaktig i de dömdas stämplingar. De anklagades öden bekom honom mindre. I ett räddhågset brev sade han sig vara »förtjust över att de där hundarna blev skjutna«. Bucharin tycks nämligen ha reagerat som många andra som kände järnhanden sluta sig runt strupen: visst, vår stat är hotad, Kirov blev ju trots allt mördad, *de* är kanske skyldiga, men anklagelserna mot *mig* är ett ohyggligt misstag: någon, en angivare, en personlig fiende, en charlatan i säkerhetsorganen, måste ha slagit blå dunster i ögonen på kamrat Stalin; det kommer att ordna sig; jag kommer att bli skonad, räddad, frälst.

Anna, som var både starkare och mer klarsynt än sin över tjugo år äldre make, såg hur han famlade efter vart litet halmstrå som visade sig, men hur han långsamt förlorade allt hopp. I början av 1937 kom Anna in på sin makes kontor och möttes av en bild av förfall och uppgivenhet. Bucharin var utmärglad efter en hungerstrejk och hade sedan länge slutat att läsa tidningarna och lyssna på radion. I voljären låg hans två papegojor döda, en murgröna som han planterat hängde torr och vissen, och alla de uppstoppade fåglarna och tavlorna på väggarna hade en hinna av damm. Den 27 februari kom det telefonsamtal de båda väntat på. Efter ett tårfyllt farväl tog han på sig skinnjacka och mössa och försvann lydigt ut genom dörren. Hon skulle aldrig se honom igen.

4.

Det var den här våren 1937 som stormen bröt lös. Mäktiga vågor av häktningar och avrättningar slog ut över Sovjetunionen. Antalet arresteringar för kontrarevolutionära brott ökade med runt tusen procent jämfört med föregående år, och i ett statistiskt material från säkerhetsorganen som letades fram häromåret av den ryske historikern Popov anges antalet arkebuserade för år 1936 vara 1 118 personer, för år 1937 inte mindre än 353 074.

Sovjetmedborgarna hade även tidigare sett säkerhetsorganen utdela sina rasande slag, men de hade då i regel varit riktade mot sådana som kunde beskrivas som systemets motståndare. Den här gången var attacken riktad mot det kommunistiska partiet självt.

Nästan alla gamla bolsjeviker och även en hel del av dem som satt på viktigare poster i samhället försvann raskt. Så till exempel sköts 70 procent av alla medlemmar i partiets centralkommitté. Samtidigt arresterades 54 procent av alla medlemmar i kommunistpartiet i Kievregionen i Ukraina, och huvuddelen avrättades; av de 644 delegater som i maj det året åkte till den lokala partikongressen i Georgien blev 425 snart häktade och skjutna; av partiets 3 1/2 miljon medlemmar 1932 återstod 1938 blott 2 miljoner. Snart började dock även landets militära och ekonomiska beslutsfattare att drabbas. Säkerhetsorganen gav sig med stor beslutsamhet på krigsmakten. Tidigare har det antagits att uppåt en fjärdedel av Röda arméns befäl rensades ut. Även om nyare forskning – av bland annat Roger Reese – ger vid handen att den rätta siffran ligger strax under 10 procent, innebär det hursomhelst att officerskåren blev illa drabbad. Äldre, erfarna befälhavare råkade särskilt illa ut: 13 av 19 arméchefer och 110 av 135 divisionschefer eliminerades och antalet partimedlemmar i krigsmakten halverades, i bästa fall blev man avskedad, i värsta sköts man utan pardon. I armén försvann högre befäl i våg efter våg, ända tills det inte fanns några generaler kvar längre, och chefskapet för vissa militärdistrikt fick anförtros åt majorer.

En liknande attack riktades mot det sovjetiska näringslivet. Att inneha en högre post inom industrin var 1937 nästan liktydigt med en dödsdom. Inte *ett enda* av de större sovjetiska industriföretagen behöll sin chef eller sin chefsingenjör. Och inte bara de drogs ned i avgrunden, utan också deras ersättare och sedan också ersättarnas ersättare, som hämtades av folk från NKVD och försvann.* Liknande saker inträffade i andra branscher. På tidningen

---

* En genomgång av Moskvas telefonkatalog gjord av Sheila Fitzpatrick visar att mellan åren 1937 och 1939 försvann till exempel 60 procent av befattningshavarna i Kommissariatet för den tunga industrin. Att utrensningarna drabbade olika grupper på skilda vis framgår av att vissa andra yrkesgrupper, som exempelvis läkare, visar ett mycket litet bortfall.

Isvestijas redaktion slutade man efter ett tag att sätta upp namn på kontorsdörrarna. Det var ingen idé.»Idag här, imorgon borta«, som en flicka i växeln sade.

Det var inte bara de anklagade som drabbades. Deras familjs egendom konfiskerades och många av deras släktingar arresterades helt automatiskt: de kallades med en förkortning för TjSIR, anhöriga till fosterlandsförrädare, och gjordes ansvariga för makars eller fäders påstådda brott. (Det hände att kvinnor som inte sett sina före detta på åratal fraktades iväg till GULAG-arkipelagen.) Detta drabbade även Anna Larina. En tid efter det att hennes make Bucharin försvunnit ut genom dörren fick hon bekräftat att han arresterats. Senare togs hennes ettårige son ifrån henne och hon slängdes själv i läger som TjSIR. Även barnen drabbades svårt. Sedan 1935 var straffbarhetsåldern sänkt till tolv år. Visserligen brukades detta lagrum främst till att pressa desperata mödrar och fäder att avge bekännelser, men det förekom även att barn avrättades, och det var rätt vanligt att de kastades i läger eller lämnades vind för våg på gatan sedan föräldrarna fraktats bort.

Det kanske allra mest absurda med hela denna oerhörda kampanj, då miljoner arresterades för olika »brott mot staten«, är att sannolikt inte en enda av de dömda var skyldig till det som de anklagades för. För när människorna väl åkt ned i odjurets mage blev det uppenbart för dem att anklagelserna nästan utan undantag var falska, fiktiva eller rentav absurda. De var alla fångar i en fantasi. Astronomer blev arkebuserade för att deras inställning till solens fläckar ansågs vara icke-marxistisk. En man åkte dit för att han snubblat och råkat sätta foten på en Stalinbild. En kvinna, arméchefen Jakirs hustru, fick tio års påbackning på sitt ursprungliga straff på åtta år – även hon fälld som TjSIR –, bara för att hon sagt att Medelhavet var lika vackert som Svarta havet och att man stickade snygga koftor i Italien; hon dömdes för »KRa«, kontrarevolutionär agitation: hon hade ju lovprisat ett kapitalistiskt land. För det mesta behövde dock NKVD inte alls *så* graverande bevis för att slå ned på en person. Ibland behövde man inte ens en misstanke.

5.

Hotell Lux och dess restaurang, med sina draperibehängda *chambres séparées*, sin skrälliga tremannaorkester och sin grundligt uttråkade personal, är en av de få levande miljöer som fortfarande bär en air av den svunna sovjetepoken i Moskva. Kanske just därför blir kontrasterna så tydliga där.

I den stuckaturprydda sal där Kominternfunktionärerna höll sina segdragna föredrag om världsrevolutionen och där det arrangerades soaréer för en blandad publik av landsflyktiga yrkesrevolutionärer, deras fnittrande döttrar och unga officerare från Röda armén, där kunde jag bland ödsligheten av små fyrkantiga bord se en tjurnackad nyrik nyryss, omslingrad av en vacker, svarthårig hora med mandelformade ögon, hålla hov bland tomma vodkaflaskor och fulla medhjälpare.

Det var i en av de långa hotellkorridorerna ovanför mitt huvud som Jelena Bonner – Andrej Sacharovs hustru – och hennes familj bodde under våren 1937.

Då slog vågorna av arresteringar och avrättningar i en allt tätare takt in över varandra. För snart hade säkerhetsorganen gripit inte bara varje person som på något skruvat vis gick att koppla till de anklagade i de stora skådeprocesserna, utan hade också börjat arrestera var person som fanns namngiven i någon av NKVD:s digra akter. Folk som på 20-talet tillhört oppositionen inom partiet men som sedan dess gjort snäll avbön strök med, och samma öde drabbade också f.d. mensjeviker och tystade socialrevolutionärer, gamla borgerliga kadetter, oktobrister, sedan länge avsuttna anarkister, trudoviker och nationalister. En tredjedel av landets författare försvann. Och så vidare.

En stämning av paranoia och daglig skräck bredde ut sig bland människorna. Som Hanna Arendt påpekat har det aldrig funnits regimer som spritt så mycket rädsla som de totalitära, samtidigt som det slumpartade i deras terrorkampanjer paradoxalt nog gjort rädslan nästan meningslös: att följa rädslans impulser erbjuder inte längre någon väg bort, det hjälper inte längre vad man gör, för faran finns överallt och ingenstans.

Jelena Bonner har beskrivit sina erfarenheter från denna tid. Hon var dotter till ett par övertygade kommunister och njöt därför ett skyddat liv, med allt vad det innebar av husor – föräldrarna var strängt upptagna med sina karriärer och därför nästan aldrig hemma –, hyrda datjor, hemsömmerskor och passerkort till de särskilda partiaffärerna. Som ofta var fallet med denna tids nomenklatura bodde de på ett konfiskerat hotell, i deras fall alltså det yppiga Lux. Där levde också flockar med utländska kommunister: till besökarna i hemmet hörde den tystlåtne italienske kommunistledaren Togliatti och den bullriga spanjorskan Dolores Ibarruri Gómez – den berömda »La Pasionaria« – och själv lekte hon bland annat med Titos brorson Zarko.

Den här våren såg hon hur det på hennes våningsplan började dyka upp underliga rödbruna sigill på den ena dörren efter den andra. Det betydde att människorna som bott där blivit arresterade av NKVD. »Att människor fördes bort blev något invant och normalt«, berättar hon. »Det gick lugnt till, alltid under den första halvan av natten. Så steg, skrik och enstaka gråt [sic] kunde höras fram till tretiden.« Passivt följde människorna med. Bara en enda gång försökte någon göra motstånd. En natt i början av maj bröt ljudet av en snabb serie på fyra eller fem skott tystnaden. (Ryktet sade senare att det var en tysk kommunist på tredje våningen som skjutit några NKVD-män, varefter han tagit sitt eget liv.) Hon smög nyfiken upp, tänkte titta ut i korridoren, men när hon öppnade dörren till matsalen stod hennes far där, »en vit gestalt i det tidiga gryningsljuset – han var i underkläderna«. Han kedjerökte nervöst. »Gå och lägg dig«, kommenderade han, sjönk ned i en fåtölj och tände en ny papyross på glöden från den gamla.

Efter varje försvinnande vidtog en invand procedur. Det gick några dagar, sedan tömdes de förseglade rummen på tillhörigheter, de Kominternmärkta möblerna putsades upp, golvbonarna från dansrestaurangen tittade förbi och sedan kunde den leende huskommendanten hälsa de nya hyresgästerna välkomna – och kretsloppet kunde börja om från början igen. I slutet av maj kom turen till Jelenas far.

Jelena Bonners berättelser visar väl hur allt försiggick under en yta av tillkämpat lugn och normalitet. Just sommaren 1937 var ovanligt varm och vacker. Rekordmånga förväntansfulla utländska turister anlände för att begapa framfödandet av Den Nya Människan. Både ditresta utlänningar och landets folk var utsatta för ett bombardemang av optimistiska löften och soliga bilder som talade om det lyckorike som nu hägrade. Tidningarna var i linje med detta fulla av historier om rekord av alla de slag: en flygare som flugit längst, en bergsbestigare som klättrat högst, en gruvarbetare som grävt mest. Ur radion flöt tonerna av slagdängor som »Ramona« eller den då så populära hawaiimusiken, och en känd schlager förkunnade att i »vårt unga, vackra land är alla unga nu«. Det var en evig fest som väntade.

Men i fängelser, källarrum, läger och andra noga omgärdade platser rasade pesten.

6.

Vi känner väl till proceduren. När en kakiklädd officer från NKVD uppenbarade sig i celldörren åtföljd av ett koppel av fångvaktare betydde det att någon skulle dö. Den dömde kallades fram. Det hände att det fanns tid att säga farväl och lämna över vad man hade kvar av värdsliga ägodelar till kamraterna, sedan fördes delinkventen till ett annat rum. Där fick han eller hon ta av sig i underkläderna. Därefter vallades den dömde in i nästa rum, som var noga förberett. Det kunde vara ljudisolerat; ibland låg där en presenning utbredd eller också fanns där små nedsänkta rännor i golvet, av det slag som går att se i slakthus – eller också sluttade det kakelklädda golvet ned mot en liten golvbrunn.

Avlivningen skedde med hjälp av pistol eller revolver. Skottets placering var också den standardiserad: i regel sattes mynningen strax under den lilla knöl som finns på baksidan av skallen och avfyrades – utgångshålet hamnade då i pannan ovanför ögat. Metoden var inte helt tillförlitlig. De vapen som vanligtvis användes – en åttaskotts automatpistol typ T33 eller revolver typ M1895 – hade båda en kaliber av 7,62 mm och ansågs av kännare vara en aning klena. En rättsmedicinsk undersökning av 9 432 lik funna i en massgrav visar att 6 320 behövde ett andra skott, 78 ett tredje skott och 2 fyra skott för att dö; många hade dessutom krosskador efter hårda slag.

En doktor skrev så ut en dödsattest, som sattes som det allra sista dokumentet i den dömdes dossier. En särskilt anställd skurade presenningen ren från blod och andra kroppsvätskor. Några utrustade med mörka skyddsrockar, förkläden, gummihandskar och köttkrokar förde iväg liket – ibland med skotthålen igenstoppade med trasor för att minska spillet –, och lastade upp det på en lastbil, där andra avklädda kroppar låg och väntade.

Lubjanka ligger i det centrala Moskva alldeles invid en näraliggande tunnelbaneuppgång. Den som skyndar förbi har nog svårt att se något ovanligt med denna byggnad, som står där bredaxlad och kvadratisk, byggd i ljusgult tegel och prydd med rader av pilastrar. Tittar man närmare upptäcker man dock att samtliga fönster är blinda: antingen är de spärrade med stålnät och täckta av tunga gardiner eller så är glaset i dem frostat och ogenomskinligt. Granitfasaden närmast gatuplanet pryds av sköldar med hammaren och skäran: Tjekans gamla symbol. (Statyn av dess förste ledare, Feliks Dzerzjinskij, som tidigare stod mitt på den stora trafikplatsen framför Lubjanka, lyftes bort under de tumultariska dagarna i augusti 1991. Där finns nu bara en gräsbeväxt jordhög.) Och låter man blicken vandra uppåt fastnar den på den underliga takvåningen, som helt saknar fönster. Där hittar man celler och rastgårdar. Under ens fötter ligger än fler celler.

Där återfinns också rummen där man sköt folk. Då strömmade människorna förbi uppe i ljuset, precis som de gör idag. Det var här som Anna Larinas man Bucharin sköts den 15 mars 1938. Det var här, i källaren i det oansenliga militärkollegiet tvärs över gatan, som Jelena Bonners far sköts efter att ha förts i en underjordisk gång från Lubjanka, för alla byggnaderna runtomkring det stora torget var annex till den ljusgula kolossen.

Vid reparationer och ombyggnader i de näraliggande husens källarplan har man under de senaste åren vid upprepade tillfällen funnit skelett vars kranier är genomborrade av prydliga kulhål. Som modern besökare går man alltså inte *invid* detta Auschwitz i miniatyr, där massmord en gång bedrevs mitt inne i en modern storstad medan hukande medborgare och stjärnögda turister flanerade förbi. Man går rakt *igenom* och över det.

Vandrar man runt Lubjanka, in på Arkhipovagatan, ser man det som en gång var både odjurets gap och dess analöppning: en hög port i svartmålat järn, upplyst av en enda lampa. Det var in genom denna port de fördes levande, för att förhöras och rannsakas. Det var ut genom denna port de fördes döda, för att kremeras eller nedmyllas. Härifrån löper blodspåren vidare.

Ett av dem för till Vagankovskoekyrkogården en bit bort. Nattetid kördes vissa av de skjutna bort till vad som då var en tom ravin i den stora begravningsplatsens utkant. Där vräktes de ned, i tusental. Denna lönnliga massgrav, som arbetarna på platsen kände till, har nu kommit att täckas över med helt vanliga gravar. Offren från 1937–38 har inte grävts upp, berättade en av de anställda på kyrkogården för mig, en lite butter men ändå tillmötesgående karl i medelåldern i blå arbetskläder. Han verkade inte tycka att det var så stor poäng med det. Det kan man ju förstå. De ligger ju redan i vigd jord. Och när den varma höstsolen silar in genom lönnarnas gula lövverk blir den gravstensöverströdda ravinen ett monument i sin egen rätt. Att sedan döda göms under döda är kanske inte helt passande men utan tvekan talande.

Ännu en grav.

År 1937 var den hemlig, och de som anade dess existens valde att se bort, i förhoppningen att det hela snart skulle gå över, att de skulle vakna upp och finna att mardrömmen de levde i var förbi. Men sommaren började gå mot sitt slut utan att utrensningarna visade några tecken på att bedarra.

Snart räckte det ofta med att vara framträdande inom sitt yrkesområde eller fack, eller att ha någon sorts koppling till utlandet, så levde man ytterligt farligt.* Även olika högst trogna utländska vänstermänniskor, som flyttat till Sovjetunionen för att undgå högerförtryck i sina hemländer eller för att de ville leva i arbetarnas paradis, fängslades *en masse* och avrättades; andra utländska kommunister följde lydigt kallelser att genast packa sig till Moskva, varefter de sköts på fläcken när de anlände. Liens svep började då gå till synes slumpmässigt fram och tillbaka genom folket. Antalet arresterade växte i en kolossal takt: snart var runt 5 procent av landets manliga befolkning finkad. Och alla offer, från de högsta till de lägsta, överöstes med samma monotona – och i grund falska – beskyllningar om sabotage och spionage, om planer på terror och förräderi.

Framåt hösten var det som om landet förlorat sig i en surrealistisk mardröm. Inget var längre beständigt eller ens fast. Vem som helst kunde dras ned, oavsett om man arbetade dåligt eller bra, oavsett om man tillhörde oppositionen eller var en av Stalins mest övertygade anhängare. Det gick att se tallösa hopar med övertygade stalinister som nästan for ur skinnet i sin iver att anpassa sig till de nya signalerna och som mer än gärna ställde sig upp på blodtörstiga massmöten för att attackera nyss avslöjade så kallade folkfiender, men bara för att själva snart drabbas av exakt samma

---

* Detta är sannolikt förklaringen till att också kåren av sovjetiska jazzmusiker drabbades så hårt de här åren. Hursomhelst renades den sovjetiska jazzen från »dekadens«, en process som i både form och slutresultat påminner om nazisternas upprensning av den tyska populärmusiken: melodierna drogs ned i tempo och traditionella instrument stoppades in i arrangemangen.

anklagelser. Till och med Stalins egna släktingar greps och även president Kalinins hustru arresterades.

Säkerhetsorganen, det odjur som rivit runt bland människorna, satte så beslutsamt käftarna i sin egen svans och började att sluka sig självt. Angivarna blev själva angivna, anklagarna anklagade, torterarna torterade, avrättarna avrättade. Idoga förhörsmän som suttit och manglat hekatomber av folk med hjälp av absurda och genomfalska anklagelser föll över natten själva offer för samma fantasmagorier. Högt uppsatta som varit med om att inrätta olika brutala lagrum som användes för att underlätta terrorn – som till exempel den rysliga »Lagen av den 1 december 1934«, som gav möjlighet till bland annat omedelbar avrättning utan rätt till överklagande eller nåd – slogs till marken av sina egna paragrafer. (Hur snabbt det kunde gå har Arkadij Vaksberg visat i sin bok *Skjut de galna hundarna!* Han berättar bland annat om fallet Janis Rutmans, en brutal lett i NKVD:s tjänst, som inte tvekat att utfärda summariska dödsdomar mot urnådfallna kolleger som han nyligen delat tjänsterum med; den 9 december 1937 skickade han ännu ett par nära kamrater i döden, gick så hem, åt sin kvällsvard, lade sig, men väcktes av att det knackade på dörren. Nu var det för honom klockan ringde.) Skickliga sovjetiska agenter i utlandet kallades hem till Moskva på falska förespeglingar och sköts utan rättegång. Hela avdelningar av NKVD försvann in i orkanen, och en gång hårdföra hemliga poliser begick offentligt självmord mitt i Moskva genom att hoppa ut från fönstren på Lubjanka.

Så efter nyåret hände något märkligt.

I januari 1938 började Stalin ge ifrån sig yttranden som visade att han sökte distansera sig från det skedda. Men trots att Koba själv talade om säkerhetsorganens överdrifter och onödiga formalism fortsatte utrensningarna att rulla vidare ännu ett tag, liksom av egen inneboende kraft, men efter en tid visade de tecken på att dämpas, ja hejdas. Golvet öppnades under Jezjov, som snabbt tuggades upp av sin egen helvetesmaskin. Hans plats intogs av

Berija. Kampanjernas tempo och form ändrades. År 1939 var förtrycket tillbaka på något mer gängse nivåer (i den nu frisläppta statistiken går antalet arkebuserade ned från 328 618 året innan till »bara« 2 552).

Jezjovsjtjinan var över.

Hur många offer skördades då i denna exempellösa kampanj av förtryck och organiserat massmord som har få motsvarigheter i världshistorien före sommaren 1941, då tyskarna inledde sina ökända massmord på judar i öst? Nu öppnas massgravar runtom i det som en gång var Sovjetunionen. Det verkar som om nästan varenda större stad hade en egen avrättningsplats och nya upptäcks fortfarande. Till de sedan länge kända stora massgravarna vid Vinnitsa och Katyn har nu lagts en mellan Khabarovsk och Vladivostok som rymmer runt 50 000 lik efter personer dödade under jezjovsjtjinan; en vid Gorno-Altajsk (söder om Novosibirsk); en vid Leningrad med lämningarna efter cirka 46 000 avrättade; en invid Tjeljabinsk i Ural som påstås rymma 80 000 kroppar; en vid Tomsk; en nära Poltava; en i trakten av Voronesj; och så vidare.

Under 1937 sattes ett grönt stängsel upp kring ett 60 000 kvadratmeter stort område i Bykovnjaskogen utanför Kiev. Traktens folk tillsades av NKVD att hålla sig undan, skottsalvor hördes ibland i skymningen, det började lukta lik och en stadig ström av täckta lastbilar kom lastade och for tomma från platsen: när de stannade upp utanför grinden i väntan på att få passera in uppstod pölar av blod på grusvägen under dem.

På 70-talet grävde plundrare i den lösa sandjorden och fann kopiösa mängder ben och brosk och en del guldplomber och smycken; under tidigt 80-tal brukade traktens barn gå dit och sparka boll med de kulhålsgenomborrade kranier som låg kringströdda överallt.

Ett annat nyupptäckt komplex av massgravar ligger i Kuroptyskogen, i utkanten av Minsk. Även det togs i bruk 1937. Kringboende berättar idag om biltransporter av folk till området som pågick både natt och dag, om skrik, gråt och det ständiga ljudet av skott. Stora gropar var uppkastade bland granarna och människorna fördes fram till kanten två och två, sköts i nacken av NKVD-vakter och knuffades ned. När man började gräva ut en del av dessa gropar 1988 och 1989 fann man att deras mått var rätt noga standardiserade men att de ändå av någon anledning rymde ett varierande antal döda. Förklaringen var enkel. På sommaren då offren var lätt klädda gick det ned 260 personer i varje grav; på vintern då de bar mer plagg rymdes det bara runt 150. Beräkningarna av det totala antalet kroppar varierar. En kalkyl säger 50 000, men det kan vara fler, för skogen rymmer över tusen sådana här små massgravar.

Många av ögonvittnena lever ännu. Bödlarna likaså. Kropparna finns kvar. Dokumenten också. Förbluffande mycket står att finna i de sovjetiska arkiven.* De ansvariga trodde att inseglen över gravarna och på arkivkapslarna skulle stå sig till tidens ände. Sådan var deras arrogans.

* Länge var arkivens öppenhet i mycket en synvilla. Så sent som 1992 var till exempel en sådan högintressant samling som specialsektionen i SSSR:s centrala statsarkiv (fondy/TSGAOR) bara öppen för vissa utvalda forskare, och inte ens dessa hade rätt att citera fritt ur dem. Även detta täckelse har nu fallit, och både inhemska och utländska historiker har släppts in i fondy/TSGAOR, och i The American Historical Review 4/1993 publicerades ett första resultat av dessa inbrytningar i ett tidigare stängt land. Två av uppsatsens författare, Getty och Rittersporn, blev under våren 1995 i Times Literary Supplement invecklade i en ilsken men ändå upplysande debatt med Robert Conquest, som på 60-talet skrev *Den stora terrorn*, ett oumbärligt standardverk för den som ville orientera om utrensningarnas historia, som sedan 1990 finns tillgänglig i en ny, reviderad upplaga: *The Great Terror – A Reassessment*. Slagväxlingen handlade dock mer om gammal ost än om ny forskning. Getty tillhör den grupp sovjetforskare som kallats revisionister. Många av dem har bagatelliserat antalet offer, samtidigt som de med betydande hetta anklagade Conquest för att vara en »kalla kriget-man«, som av politiska skäl överdrev hur många som dödats. Nu kan vi konstatera att Conquest var närmare sanningen än hans kritiker var. Denne menar också, med stöd av visst sovjetiskt material, att det sanna antalet avrättade ligger omkring 1 700 000.

Under jezjovsjtjinan blev minst 2,5 miljoner människor arresterade. Minst 700 000 människor blev avrättade – om det nu är rätt att använda det ordet: hela processen var ju från början till slut skenlegal. Till detta skall läggas personer som blev ihjälslagna under förhör och som alltså inte bokförts som »dömda till lagens strängaste straff« samt alla de som avled till följd av svält, sjukdomar och andra orsaker. Här blir beräkningarna mer osäkra. Materialet som rör dödligheten i fängelserna är fullt av hål, men en siffra på 86 582 bekräftade dödsfall står att finna i arkiven. Vad gäller dödligheten i GULAG vet vi att mellan åren 1934 och 1953 avled strax över en miljon människor i läger. Och som en sista post skall läggas ca 390 000 bönder, öknämnda kulaker, som miste sina liv på fjärran deportationsorter.*

En av de uppmuntrande lärdomar som vi skänkts av 1900-talet, och den totalitära erfarenhet som är detta sekels mörka hjärta, är att historien är svårare att manipulera än många hoppats och än fler fruktat. Både nazismen och sovjetkommunismen byggde på en långt gången förfalskning av historien. Dessa systems tjänare trodde också att det var möjligt att dölja förbrytelserna, under jorden eller i arkiven. Ett enskilt mord går alltid att dölja, kanske tusen, men aldrig tiotusen eller hundratusen. Det är som bydåren säger i filmen »Blecktrumman«, efter det att tyskarna mördat fångade polacker: »Alla tomhylsorna samlade de in, alla utom en. En glöms alltid kvar.«

7.

Men nu, när historikerna räknar arkebuseringsorder och arkeologerna räknar lårben, är den stora gåtan inte längre »Hur många?«. Den stora gåtan är istället »Varför?« – just det ordet. För det var säkerligen många som, i likhet med Jakov Livsjits, biträdande

---

* Den här stora massdöden bland de fängslade syns ha inträffat i samband med nödåren i Sovjetunionen under andra världskriget, då fångarnas försörjning inte var alltför högt prioriterad.

kommissarie för de sovjetiska järnvägarna, leddes iväg till sin avrättning och som sista ord sade bara detta:»Varför?« Det är en fras som återkommer gång på gång i lägerlitteraturen, och den sägs ofta ha funnits skriven på cellväggar och inristad i fångvagnarnas träväggar.

I och med att anklagelserna som tidigare sagts var falska, brotten nästan undantagslöst fiktiva och de flesta gripna var apolitiska eller till och med Stalintrogna hade de flesta svårt att begripa vad som egentligen låg bakom. Många som Anna Larina Bucharina tillbringade en stor del av sin tid i nedkylda läger och överfyllda fängelsekällare med att grubbla över detta varför. Varför hade Stalin låtit fängsla inte bara sådana som skulle kunna benämnas motståndare eller möjliga motståndare, utan även en hel del av sina allra mest fanatiska anhängare? Frånsett enstaka drabbade individer som skyllt det skedda på arvsynden eller på solfläckarna har de som sökt förklara denna groteska händelse nästan alltid strävat efter att finna en förnuftig förklaring till allt detta oförnuft.

En teori som länge var populär bland vissa överlevande i öst, och som fortfarande lockar dem i väst som gärna vill reducera historiens gång till en fråga om triviala förstagradsekvationer, var att drivkraften ytterst var ekonomisk. I enlighet med denna hypotes var utrensningarna ett fiffigt sätt för de styrande att råda bot på den arbetskraftsbrist som uppstått och som var särskilt svår i vissa avlägsna områden. Och när folk inte ville arbeta där frivilligt fick storebror ta till tvång. Därav arresteringarna. Därav deportationerna. På så vis kunde även benhårda stalinister som hamnat i läger övertala sig själva att deras offer var nödvändigt för kommunismens triumf. För vad spelar individen för roll när historiens stora, etc.

Problemet är bara att man inte kan sluta sig till avsikten med en process bara genom att titta på dess slutresultat. Det är korrekt att tvångsarbete i GULAG ett tag hade en stor betydelse för den sovjetiska ekonomin. Det betyder dock inte att det var därför som

GULAG blev till. I en liten men spänstigt genomförd studie, *Origins of the Gulag*, visar Michael Jakobson att det enorma lägersystemet inte var något som var planerat från första början. Länge hyste bolsjevikerna vackra idéer om att all brottslighet skulle lösas i luft så snart socialismen blev till. Så infann sig socialismen, officiellt och högtidligen i december 1936 – men brottslingarna fanns av någon besynnerlig anledning kvar. Vid det laget hade dock de sovjetiska lägren förvandlats från platser för omskolning av vilseförda stackare till icke obetydliga kuggar i landets ekonomiska liv. Å ena sidan flödade nya massor av fängslade in i GULAG-arkipelagen i samband med kollektiviseringen – efter denna oerhörda händelse fanns det fler inspärrade människor i Sovjetunionen än i hela den övriga världen sammantaget. Å andra sidan försvarade GULAG:s egna byråkrater i sann byråkratanda sin organisation med näbbar och klor och drev på dess utbyggnad. Inte minst viktigt var deras försök att göra systemet helt självfinansierat genom att sätta fångarna i arbete på en rad stora projekt. Från första början hade arbetet spelat en stor roll i omskolningen. Nu ställdes de fängslade inför det enkla valet att arbeta hårt – »heroiskt«, »120 procent över normen« etc. – och möjligen leva, eller att svälta och helt säkert dö.

På ytan verkade dessa gruvor, jättebyggen, med mera, vara rätt effektiva, men det var mest bara för att mycket av den civila ekonomin fungerade så klent.* Och ett framgångsrikt genomfört GULAG-projekt ledde till att än fler startades. Vi kan ta exemplet med den så kallade Moskva–Volga-kanalen, GULAG:s allra största konstruktionsprojekt, utfört mellan åren 1932 och 1937 av en halv miljon fångar. Den ursprungliga tanken var att arbetet skulle utföras av fria arbetare. Mot slutet av 1932 fanns det dock långt fler

---

* Effektiviteten var ändå rätt skiftande. När slavarbetarna sattes in i den traditionella industrin verkar de ha uppvisat en produktivitet som låg under den som den fria arbetskraften visade upp. I andra sektorer, till exempel gruvbrytning men i synnerhet skogsarbete, var deras produktivitet högre.

fångar i GULAG än det fanns uppgifter, något som torde bevisa att förtrycket inte sprang ur behovet av slavarbetskraft. Det var detta som fick staten att ge uppgiften åt GULAG att bygga kanalen. Och så länge som planmålen uppnåddes spelade det ingen större roll att slavarbetarna dog som hundar. (Bara under arbetet på denna så omskrivna men i praktiken oanvändbara kanal avled tiotusentals fångar.) Teorin om att det låg ekonomiska orsaker bakom utrensningarna 1937–38 håller alltså inte streck. Tvärtom. Enligt Martin Malia ledde det till ett slöseri som var så monumentalt att det till och med överträffade den vansinniga kollektiviseringen. Det är dock viktigt att förstå att raka ekonomiska överväganden vägde generande lätt i Sovjetunionen. Det var ideologin som styrde. Och detta att ideologin sattes över ekonomin skall inte ses som en tillfällig förvillelse av idéuppstoppade politruker. Det var istället själva poängen med systemet.*

8.

Frågan är vad som är orsak och vad som är verkan här. Var det månne så att utrensningarna startades för att Stalin behövde syndabockar efter alla bittra felslag, inte minst fiaskot med kollektiviseringen? Under jezjovsjtjinan var det också ett ständigt gny och skri om skadegörare och sabotörer, som anklagades för misslyckanden som var systemets egna. Bullret var dock inte bara i form av feta tidningsrubriker och tal av politbyråmedlemmar med blanka ögon. Mycket kom i form av rop nedifrån gator och fabriksgolv. För en av de saker som skrämmer mest med utrensningarna 1937–38 är insikten att masslakten hade ett ej obetydligt folkligt stöd.

---

* Detta visar på ännu en av realsocialismens många paradoxer, nämligen att dess intellektuella grund, marxismen, med bland annat dess starka betoning av ekonomins roll och motsvarande nedvärdering av ideologins betydelse, egentligen inte går att använda för att förstå det system som den själv gett upphov till.

Nyare rysk forskning, av bland annat Dmitri Volkogonov och Boris Starkov, har slutgiltigt bekräftat att den här helvetesmaskinen vi kallar jezjovsjtjinan var framtänkt av Stalin och byggd av Stalin och att det var Stalin som släppte den lös att tugga sig genom land och folk.* Och senare, när apparaten börjat sitt verk, tog hundratals, troligen tusentals, fånglistor vägen över ledarens obetydliga skrivbord i Kreml.

Ibland gick han igenom dem och skrev med blyerts en prudentlig etta eller tvåa framför namnen: etta betydde avrättning, tvåa läger; ibland bekräftade han bara domarna med ett penndrag, lade kanske till någon klibbig obscenitet riktad mot någon särskilt förhatlig person nämnd i papperen.

Texten till detta nattstycke var skriven på allra högsta ort. Scenanvisningarna likaså. Det är dock slående hur deprimerande lätt det var att finna så kallat vanligt folk som var villiga att spela med. Somt, men inte på långa vägar allt, går att förklara med den totalitära apparatens tyngd. Att yla med vargarna var ett sätt, ingalunda idiotsäkert, att skydda sig själv. Somt har att göra med att så många faktiskt trodde på talet om förräderi och skadegörelse. Den mörka konspirationen har varit en av de centrala tankefigurerna i alla totalitära system, och 30-talets Sovjet var sannerligen inget undantag: när de styrande skulle förklara vad som hände i politiken, i samhället och i ekonomin var faktiskt sammansvärjningen den allra viktigaste förklaringsmodellen. Alla blev vana att tänka med de här begreppen. Alla blev neddragna i den nästan patologiskt osunda atmosfär av misstänksamhet och hot som dessa tankemönster födde. Och för alla erbjöd dessa konspirationsteorier en tilltalande simpel förklaring till att plågorna varit så många och

---

* Den som vill stirra den här personliga makten i ansiktet kan läsa Stalins nyligen utgivna brevväxling med Molotov, som bland annat berör ett antal skenprocesser under tidigt 30-tal (*Stalins letters to Molotov*, 1925-1936; red. L Lih m. fl., Yale 1995) och där det ibland står att finna nästan fånigt detaljerade instruktioner om vilka som skall arresteras, vem som kan ge tips och vad som bör erkännas.

framstegen så få. Sabotage! Skjut de galna hundarna!
Inte sällan kunde missnöjda personer och grupper på eget vis
utnyttja den möjlighet som de officiellt beordrade utrensningarna
gav, inte minst för att direktiven uppifrån ofta var vaga och ibland
motsägelsefulla. Redan under de kaotiska kollektiviseringskam-
panjerna på landsbygden under tidigt 30-tal visade det sig att de
som angavs och attackerades av de lokala partiförmågorna inte
bara var sådana som kallades kulaker för att de hade två kor eller
för att de tidigare levt i tvåvåningshus; en del som råkade illa ut
var faktiskt den typ av människor ute på den kalla marginalen som
i hundratals år varit bykulturens traditionella syndabockar, till
exempel utstötta gamla original och ensamstående kvinnor med
dåligt rykte. Även i städerna kunde folk utnyttja de nya signalerna
uppifrån till egna syften. Så till exempel när partikommittéerna på
fabrikerna i Moskva under jezjovsjtjinan fick order om att »utrota
alla trotskister« ändrades tonen i stormötena på en gång. En mäk-
tig våg av grättna anklagelser vällde då fram, i de flesta fall riktade
mot förmän, ingenjörer och fabrikschefer som på olika vis stött
sig med jobbarna. Det var bland annat dessa högre tjänstemän
som slukades av malströmmen.

Så här lite på håll kan jezjovsjtjinan se ut som ett slags ståndscir-
kulation, om än uppskruvad i falsett. Vissa har också menat att
utrensningarna helt enkelt var systemets egen mekanism för social
omsättning och rörelse: ett effektivt om än omständligt sätt att
tunna ut en alltför topptung byråkrati. Det största och viktigaste
stödet för regimen fanns bland ett skikt av rätt unga tjänstemän,
intellektuella och arbetare, energiska, högljudda, socialt osäkra
men ideologiskt övertygade, för vilka 30-talet var en heroisk tid
som bar löfte om uppåtstigande och självförbättring. Jezjovsjtji-
nan förintade i praktiken stora delar av det övre skiktet av indu-
striledare, partifolk och statstjänstemän. I de utrensades spår följ-
de dessa nya unga män och kvinnor. De kom också att få ett eget
namn: »1938 års klass«.* De flesta kom från arbetar- eller bonde-

klassen. Knappt någon var över 50 år, hälften var under 35. (Både stalinismen och nazismen var i hög grad en angelägenhet för de unga, något som bidrog till att ge dessa rörelser en aura av energi och styrka.)

Under kollektiviseringen hade partiet mobiliserat många av dessa unga, tämligen idealistiska och halvbildade aktivister, som då uppträtt med all den hänsynslöshet som alltid kännetecknar personer uppfyllda av ideologiskt patos. Efter utrensningarna flödade de villigt in i de urstädade högre utbildningsanstalterna, in i de tomma chefsrummen på industriföretagen, in i den övre partihierarkin. Det ursinniga tempot i utrensningarna ledde till att många av dessa över en natt eleverades till nya karriärmässiga höjder: de utrustades i hast med nya skor, nya kläder, kanske en Parkerpenna och Troikacigaretter – den här tidens kanske främsta statussymboler – samt en ny tågbiljett till någon fjärran stad, där en vakans uppstått som de genast skulle fylla. Dessa ur »1938 års klass« hade sällan eget revolutionärt förflutet utan hade bara Stalin att tacka för sitt uppåtstigande. Därför identifierade de sig också helt och hållet med regimen.

Den här generationen – så småningom alltmer privilegierad, alltmer kastliknande med sina egna semesterorter, egna affärer, egna skolor och egna lägenheter – blev sedan Sovjetsystemets bredryggade karyatider, som höll det uppe i nästan 50 år framåt. Många av dem är fortfarande övertygade stalinister: dessa krumböjda tanter och äldre herrar med brinnande ögon kunde senast ses under oktoberkuppen 1993 när de vandrade runt under nostalgiskt röda fanor. Det är nog inte helt och hållet en tillfällighet att när den här generationen framåt 1980-talet skulle lämna över rodret till ett nytt ätteled så började också hela härligheten att gå i stycken.

---

* Några av dess mest kända namn är Kosygin, Ustinov och Brezjnjev.

9.

Här finns dock ett par problem. De nya skiktens uppklivande i ljuset, en färd gjord ofta bildligen och ej sällan bokstavligen över föregångarnas döda kroppar, är att se som jezjovsjtjinans verkan, inte dess orsak. De här unga männen och kvinnorna kunde ju varken starta eller hejda den här processen; besluten som utlöste utrensningarna fattades långt över deras huvuden.

Massarresteringarna, arkebuseringarna och deportationerna kan inte heller ses som ett försök av maskinen att övervinna mankemang som uppstått i dess inre. Jezjovsjtjinan sprang ju inte ur ett system i kris. Tvärtom hade hela planekonomin börjat att nå sina första verkliga framgångar just 1935–36. Man hade börjat att hämta sig en smula från de enorma problem som uppstått till följd av kollektiviseringen; visserligen var skörden 1936 klen, men en utmärkt skörd året innan hade gjort det möjligt att avskaffa ransoneringen, priserna föll och i butikerna syntes allt fler varor. Den andra femårsplanen fungerade någorlunda, den besynnerliga, människoförbrännande Stachanovitrörelsen hade börjat ge vissa resultat och den totala produktionen steg.

Jezjovsjtjinan bröt de här vackra kurvorna. Det skedda höll faktiskt på att knäcka hela systemet, något som Chrusjtjov medgav redan 1956. Landet lamslogs nästan. Industriproduktionen, som ökat med tvåsiffriga tal de föregående åren, föll drastiskt, det blev en sådan brist på kol att företag stal av varandra, och inom transportsektorn härskade något som liknade kaos. Sommaren 1937 fanns det betraktare som menade att hela den ekonomiska strukturen höll på att skära ihop. Även på andra områden fick utrensningarna svåra följder. (Så är utslaktningen inom krigsmakten en av de viktigaste förklaringarna till varför Sovjetunionen år 1942 bara var en hårsmån från att bli besegrat i kriget mot Hitler.)

Regimen i Moskva, precis som regimen i Berlin, framställde sig gärna som mer rationell, mer rätlinjig, mer grundligt planerande och tänkande än andra; samtidigt kunde båda dessa system uppvisa en enorm irrationalitet. Den här fallenheten att ibland slå in på vägar som rimligtvis gick på tvärs mot de egna intressena skrämde givetvis omvärlden, då det också gjorde systemen så oförutsägbara. Hur skall vi egentligen förstå detta? Hur skall vi förklara att det under jezjovsjtjinan utvecklades en förtrycksmässig *overkill* som var så monumental och så godtycklig att det kunde ha blivit slutet på Sovjetunionen?

Uppenbarligen fanns det också ett rent mekaniskt element i händelserna, en ostyrbar inre kraft som drev denna utrensning att svämma över alla bräddar. I Sovjetunionen existerade det vid denna tid en kraftfull, högst medveten och tämligen prillig tendens att tillämpa begrepp och föreställningar som härrörde från den ekonomiska sektorn på andra delar av nationens liv. Denna nackstyva planhushållningsmentalitet hade även invaderat sinnena på folket i säkerhetsorganen, för det mesta med fullständigt absurda resultat.

Planmål för arresteringar, avrättningar och deportationer sattes upp centralt, där varje distrikt uppdrogs att oskadliggöra ett visst antal trotskister, spioner eller sabotörer. Jezjov satte upp kvoter för de olika distrikten, där han angav hur många som skulle skjutas och hur många som skulle fängslas. Det förekom förhandlingar per telefon om dylika planmål mellan olika instanser, förhandlingar som oftast slutade med att kvoten oskadliggjorda fiender höjdes, ibland efter krav nedifrån. Befängda situationer uppstod snart. En tatarkvinna blev först finkad som trotskist, men de som arresterat henne upptäckte tyvärr att de redan fyllt sin kvot av trotskister, varefter de raskt omrubricerade henne till borgerlig nationalist. NKVD i Kirgizien manade de andra distrikten till god socialistisk tävlan, precis som ofta var fallet i den tunga industrin, och utmaningen antogs; bland annat sattes det upp tabeller över antalet arresteringar och bekännelser, där säkerhetsorganen i olika

orter jämfördes med varandra – skillnaden var bara att medan stål-
kombinaten producerade spik producerade säkerhetsorganen lik.

I en order sades det bland annat att

den fjärde avdelningen har med 1 1/2 gång passerat den tredje
avdelningen vad gäller antalet arresterade, då de avslöjat 13
fler spioner och kontra-revolutionärer. Samma fjärde avdel-
ning har också gått om den tredje avdelningen med 100 vad
gäller antalet fall som tremannatribunalerna gått igenom i
högkvarteret.

Ett sätt för de enskilda förhörsledarna att visa sig dugliga var
givetvis att fylla sin kvot så raskt som möjligt, och även de som satt
i en och samma byggnad konkurrerade ursinnigt med varandra.
Och man tävlade inte bara i kvantitet – alltså i antal bekännelser,
antal arresterade – utan även i kvalitet: ju mer vittfamnande orga-
nisationer och hårresande »brott« man avslöjade, desto bättre.
Både säkerhetsorganen och de enskilda tjänstemännen hade alltså
intresse av att trissa upp antalet arresterade och haussa deras bety-
delse. Vilket de också ofelbart gjorde.

Vad som verkligen ledde till att det totala vansinnet bröt löst var
att detta vridna planekonomiska tänkande länkades till en närmast
maskinmässig fabrikation av angivanden och bekännelser.

Angiveriet blev till en allmän pest kallad samhällelig plikt. Vän-
ner angav vänner, makar angav varandra, barn angav sina föräldrar
och hyllades för detta. För många var detta ett sätt att ge igen för
gamla oförrätter. För andra ett fiffigt sätt att skaffa sig en rymliga-
re våning – tjallarna fick faktiskt del av sina offers ägodelar, ett fak-
tum som på intet vis minskade andelen falska angivelser. Dess-
utom var det så att man prompt krävde att varje arresterad skulle
bekänna sina brott och ange sina medbrottslingar. Detta försäkra-
de man sig om. Ofta med påtryckningar mot den arresterades
familj – det råkade Anna Larina ut för –, ibland med tortyr. Tortyr

användes dock aldrig så systematiskt som i de nazistiska fängelserna och var sällan lika sadistisk – för det mesta gav männen från NKVD sina offer stryk med stolsben eller batonger, eller så hindrade man dem helt enkelt från att sova, alltid lika effektivt. En annan skillnad är att i Tyskand användes tortyr för att avtvinga människor riktig information, i Sovjetunionen användes det för att få fram falsk. För det man tvingade folk att göra var att erkänna brott de aldrig begått och ange medkonspiratörer de aldrig haft. Bakom detta låg delvis det skruvade kvottänkandet. I jezjovsjtjinans början svepte NKVD upp nästan alla som kunde sägas ha gjort något som regimen ansåg vara farligt eller hotfullt. Efter en tid tog alla dessa möjligtvis oppositionella slut. Kvoterna fanns dock kvar. Informationen som kom ur bekännelser och angiveri fyllde alltså inte ett juridiskt behov, utan snarare ett administrativt. Den behövdes för att sysselsätta organisationen, som ropade efter offer, och för att tillfredsställa de överordnade, som morrade efter *resultat*. Volkogonov talar om att pressen på folket i säkerhetsorganen var sådan att även »hederliga karlar« tappade kontakten med verkligheten och började jaga spöken. För apparaten blev det efter ett tag egalt om den fick tag på verkliga oppositionella eller ej. Det den behövde var namn, vilka som helst.

En arresterad namngav kanske sex personer, mer eller mindre på måfå. Strax hamnade också dessa sex i fängelse, och även de tvingades att ange ett antal människor. Detta namngivande av fiktiva medbrottslingar ledde – tillsammans med en sådan underbar innovation som färdigskrivna eller till och med förtryckta förhörsprotokoll, som den anklagade bara behövde skriva under – till en närmast geometrisk ökning av antalet arresterade. Sådan var maskinens inneboende logik. När så den här geometriska ökningen satte in på allvar blev det till slut fysiskt omöjligt att finka alla som angavs; snart fanns hälften av alla personer bosatta i städerna namngivna. NKVD höll på att knäckas under arbetsbördan. Fysiska och psykiska kollapser samt spritmissbruk bredde ut sig i säkerhetsorganen. Man började välja och vraka bland de angivna och till och med hålla tillbaka sådana arresterade som i sitt desperata rus börjat ange allt och alla. (Att ange döda eller kända stalinister eller helt enkelt ohämmat spy ut namn var för vissa ett sätt att bjuda motstånd.) Nästan farsartade scener utspelades i Lubjanka där svettiga och rödögda förhörsledare satt och försökte stryka i långa listor med namn medan fångar argumenterade för att behålla dem.

Robert Conquest har en häpnadsväckade förklaring till jezjovsjtjinans oväntade och abrupta slut. Han menar att förtryckets geometriska ökning helt enkelt höll på att spränga systemet. Fortsatte arresteringarna skulle snart den statliga administrationen, krigsmakten och partiapparaten bryta samman, och en betydande del av Sovjetunionens befolkning skulle dras med i svepet. Det gick helt enkelt inte längre.

Något ligger det i detta. Men skall vi förstå varför utrensningarna startades och varför de även hejdades måste vi ändå vända blickarna mot Stalin. Han var den som tryckte på knappen för att starta terrorn. Och han var den som hejdade den. I sin monumentala roman *Arbats barn*, som handlar om ett antal unga människor i Moskva under det tidiga 30-talet, låter författaren Anatolij Rybakov även diktatorn själv komma till tals. I en fiktiv monolog, som rullas upp i tyrannens huvud när han vandrar runt i Kreml, låter det så här:

> Alla motståndare, före detta, nuvarande och kommande, måste bli likviderade och kommer att bli likviderade. Det enda socialistiska landet i världen kan endast överleva om det är orubbligt stabilt. [...] Staten måste vara stark om det blir krig; staten måste vara mäktig om den vill ha fred. Den måste vara fruktad. Och för att förvandla ett bondesamhälle till ett industrialiserat land, så är det nödvändigt att göra otaliga materiella och mänskliga offer. [...] Folket måste tvingas att acceptera dessa

offer, och för detta krävs en kraftfull makt, en makt som inger skräck. Denna skräck måste upprätthållas med alla tillgängliga medel. [...] Om några miljoner människor skulle gå under i detta, så skulle historien förlåta kamrat Stalin. Men om han lämnade staten oförsvarad, skulle han döma den till förintelse, och detta skulle historien aldrig förlåta honom. Det stora målet krävde stor energi, och stor energi kan man bara dra ur ett efterblivet folk med hjälp av stor hårdhet. Alla stora härskare har varit hårda.

Sannolikt resonerade Stalin ungefär så här när han startade jezjovsjtjinan. Stalins biograf Volkogonov har beskrivit hur diktatorn jämförde sig med Ivan den förskräcklige:»Vem minns numera namnen på de bojarer Ivan gjorde sig av med?« sade han en gång över en lista med namn när utrensningarna pågick som värst: »Ingen.«

Frågan om Stalin möjligtvis var psykiskt rubbad är i detta sammanhang intressant men på inget vis central. En del talar för att han var paranoid.* Det finns till och med vissa ryska psykiatriker som i dag hävdar att den pendling mellan misstänksamhet och öppenhet som står att finna i vissa fall av paranoia skulle kunna förklara de plötsliga utbrott av våldsamt förtryck som skedde under 30-talet, framför allt kollektiviseringen och senare jezjovsjtjinan. Vid de tillfällena skulle diktatorn ha varit sällsport anfäktad av tvångstankar. Däremellan kände sig Stalin något bättre psykiskt och följaktligen något säkrare och kunde minska repressionen.

Fan tro't. Detta synsätt lägger alldeles för grav vikt vid diktatorns hjärnvindlingar. Man kan, som Alan Bullock, svara att visst kan han ha varit paranoid, men hans rubbning var alls inget hin-

---

* Stalin blev också diagnostiserad som en sådan 1927 av en ledande rysk neuropatolog, Vladimir Bechterev, som dock raskt avled under mystiska omständigheter efter det att han ställt sin diagnos.

der för honom i hans politiska verksamhet. Tvärtom var den nog en högst användbar egenskap i den miljö och tid som han verkade i. Koba hade levt hela sitt liv i en högst konspirativ miljö, och det är inte omöjligt att det var just hans paranoida list som hjälpte honom att till slut vinna maktkampen i kommunistpartiet. Stalin sökte också sina mål med en brutal och hänsynslös rationalitet, styrd av en logik som var lika krökt som den var klar. Av allt att döma såg han sig själv som en kolossalt stor man som historien skänkt en kolossalt stor uppgift, som levde i vad han såg som en extremt farlig värld full av extremt farliga fiender: om inte han slog till skulle de göra det. Han trodde uppenbarligen att alla hans till storpolitik omsminkade perversiteter till sist på något dunkelt vis skulle gynna Massorna och Partiet.

Vid mitten av 1930-talet var alla yttre utmaningar mot Stalins regim undanröjda. Då satte han sig att betvinga den sista makt som *möjligtvis* skulle kunna hota honom: partiet självt. Även om Stalin inte låg bakom mordet på Kirov, så innebar den händelsen hursomhelst att han blivit av med en potentiell rival. Inte så att Kirov stod för någon annan politik än den officiella, nej, han var, som den före detta NKVD-officeren Pavel Sudoplatov har påpekat, »en hängiven stalinist som spelade en aktiv roll vid utrensningen av oppositionsgrupper inom partiet« – det var bara det att Kirov njöt en tämligen stor popularitet i partiet, något som automatiskt fick den paranoide Stalin att vädra problem. Viktigast var nog att Stalin med stor förslagenhet kunde bruka attentatet för att förstärka den atmosfär av hot som behövdes för att begå terrorn.

Utrensningarnas första våg riktades också just mot partiet. Det fanns viss framviskad kritik mot Stalin inom dess led, något som bland annat skymtat vid sjuttonde partikongressen. Men det gällde inte bara att göra sig av med verkliga kritiker – en stor del av de skjutna var obrottsligt trogna Stalin och inte så få dog faktiskt med hans namn på sina läppar. Minst lika mycket handlade det om att slå ned personer som inte var oppositionella men som skulle kunna bli det. Bort med alla svaga länkar!* Anna Larinas make Bucharin var alltså ingen rival till Stalin, men kunde möjligtvis bli det, och var därför ett givet offer, och hon själv drogs med i svepet av bara farten.

Mot slutet av 1938 var det gamla bolsjevikpartiet i praktiken utplånat. Ett nytt, främst besatt av unga, till idioti lojala karriärister,»1938 års klass«, hade kommit i dess ställe. Stalins absoluta envälde var säkrat. Erfarenheten från terrorn kom dessutom att atomisera samhället på ett sätt som gynnade systemet. Ingen, säger *ingen*, kunde längre känna sig säker. Ingen, säger *ingen*, kunde längre säga emot en order från högre ort. Före jezjovsjtjinan hade man kunnat yttra kritik mot systemet för sina vänner. Efter jezjovsjtjinan vågade man inte yttra det ens för sin make eller maka.

10.

Det är väl så långt vi kan komma när det gäller att förklara jezjovsjtjinan. Kanske är detta en av historiens »ovetbara« händelser, omöjlig att förstå helt och hållet, just därför att den storligen avviker från våra egna mentala och ideologiska värdeskalor. Vi når inte ända fram.

Det paradoxala är dock att det är just ovetbarheten som gör tilldragelser som jezjovsjtjinan möjliga. Händelsen som sådan gick på tvärs med all normal rationalitet: Stalin knäppte igång en terror som tog livet av mängder av hans mest trogna och som dessutom höll på att bryta ryggen på det egna systemet. Det stämmer inte. Det borde inte ha skett. Vi vill ha raka, förnuftiga skäl. Vi vill se rationella motiv. Utan dem blir den förflutna händelsen obegriplig. Utan dem blir den samtida händelsen nästan otrolig. Alltså

---

* Ett nytt brottsbegrepp växte också fram i 30-talets Sovjet: folk straffades inte så mycket för vad de gjort som för vad de kunde tänkas göra. Denna föreställning, länkad till resonemang om kollektiv ansvarighet, farlig social eller etnisk bakgrund, och så vidare, ledde till att kopplingen mellan straffbeläggandet av individen och samma individs gärningar faktiskt kom att lösas upp.

omöjlig att tro. Och det effektivaste skyl som finns runt händelser av detta slag är just deras obegriplighet.

Att sanningen om slakten i skyttegravarna, att sanningen om folkmordet på armenierna hade svårt att nå ut berodde inte bara på censuren och hemlighetsmakeriet. Sanningen hade också svårt att nå ut då den verkade vara, just det, otrolig. Det samma gäller i hög grad jezjovsjtjinan. Skådeprocessernas groteskerier och de galopperande utrensningarnas vansinne gjorde det svårt att begripa dem och följaktligen också svårt att genomskåda och kritisera. I den sovjetiska allmänhetens öron, och även i vissa utländska betraktares, var de megalomana konspirationsteorierna, tal om terroristcentrum, utbrett sabotage, fascistiska komplotter etc., rätt trovärdiga.

Även många av dem som föll offer för utrensningarna begrep aldrig vad som fällde dem till marken, och de mötte sitt öde med en förbluffande passivitet: nästan aldrig visade de någon vrede mot Stalin, den ilskan riktades istället för det mesta mot de medåtalade, mot angivarna. Många var de som varit med om att skapa ett gräsligt system under förevändning att de skulle bygga en Ny Värld för den Nya Människan att bebo. Många var de som gett diktatorn sitt stöd, deltagit i personkulten av den gode, allvetande Ledaren och som nu fann det omöjligt att ens tänka tanken att den älskade Koba, utan egentlig orsak, höll på att slakta ned en betydande del av sitt parti, sin statsadministration, sin krigsmakt och sitt eget lands befolkning. Många var de som ända från revolutionens första år gått med på eller blundat för användandet av förfalskade bevis, av tortyr, av skenrättegångar och arkebuseringar i lönnliga källarvalv, för ändamålet var ju trots allt gott och offren var ju trots allt onda, de var ju Fienden, men nu hade de vaknat upp till en mardröm där de själva fann sig fångna i denna Fiendes enda kropp.

Så kunde jezjovsjtjinan äga rum, bara för att lögnen var så monumental. Historien hade nämligen än en gång gjort ett språng och ertappat människorna oförberedda. Finns här någon lärdom är den väl att vi visst kan skåda in i framtiden och oroa oss för det som möjligen kan ske, men det vi på allvar skall frukta är det omöjliga, för däruti dväljs de verkligt stora katastroferna.

11.

Anna Larina Bucharina överlevde terrorn. Istället kom hon att tillbringa närmare tjugo år av sitt liv i läger och på förvisningsorter, som straff för sitt korta äktenskap med Bucharin. Sin son träffade hon inte igen förrän sommaren 1956, då han blivit en ung man och hon själv förvandlats till en i förtid åldrad kvinna.

De första åren efter sin arrestering hade Anna Larina Bucharina i sin cell troget och hoppfullt firat revolutionsdagen. I isoleringen fanns det mer än gott om tid över just för att hoppas, för att minnas, för att tänka: Varför? Hur? Bland annat funderade hon då inte sällan över den person som gett utrensningarna dess namn, Jezjov, en man hon kände som en liten, hjärtlöst vänlig man med dåliga tänder, som liksom Anna och hennes man bodde i en anspråkslös våning i Kreml. Och hon kom då fram till den fasansfulla frågan om detta mardrömssystem i all sin tyngd och godtycklighet inte kunnat göra om varje oskyldigt offer till en bödel, precis som bödlarna ofta nog transformerades till offer. NKVD-mördarna i lägret i Tomsk gick i samma fälla som sina offer, fast så att säga från andra hållet. Men vem som till sist hamnade nere på botten av ravinen och vem som stod där uppe med revolvern i hand, det var inte givet för henne:»Var det kanske fråga om tillfälligheternas spel?«

Det stora huset i världens mitt

I.

NÅGON skulle säkert försöka förklara det oväntade slutresultatet i tävlingen med att Albert Speer råkat gå fel.

Han var då skickad till Paris, där den stora världsutställningen skulle äga rum 1937, och hans uppdrag var att förbereda uppförandet av den tyska paviljongen. Hitler hade ett tag hotat att stoppa det tyska deltagandet helt och hållet, vilket i sig var en pinsamhet då man sedan länge tackat ja till inbjudan. Orsaken var att Führern funnit den planerade byggnaden mer än anskrämlig. Hitler kunde aldrig tåla motsägelser och i synnerhet inte när det gällde en sådan delikat materia som arkitektur; ekonomiministeriet försökte därför rädda situationen genom att kalla in diktatorns favorit Speer och be honom rita en helt ny paviljong.

I Frankrike styrde då socialisten Léon Blums folkfrontsregering, och den stora utställningen var till stor del dess verk. Hela evenemanget var tillkommet, som någon har skrivit, i en anda av »desperat optimism«. I Spanien rasade inbördeskriget, de av Hitler och Mussolini understödda fascisterna hade betydande framgångar och tysk-italienskt flyg hade just bombat sönder Guernica – på utställningen skulle det komma att premiärvisas en monumentalmålning gjord av Pablo Picasso till minne av denna terroraktion, som alltså var av ett slag som inte tidigare skådats i Europa; italienarna hade nyligen skjutit och gasat sig rakt genom Abessinien; i Tyskland hade judarna gjorts statslösa, den allmänna värnplikten återinförts och trupper hade i fräckt trots mot ingång-

na avtal trampat rakt in i det demilitariserade Rhenlandet; i Grek-
land hade general Metaxas infört ännu en militärdiktatur; från
Sovjetunionen kom rapporter om vilda konspirationer som syfta-
de till statskupper och krig, och borta i Asien pucklade ryska och
japanska trupper på varandra i något som kallades för »gränsinci-
denter«, samtidigt som de härskande i Tokyo gjorde sig klara att
återuppta sitt folkmordsmässiga erövringståg i Kina. Det krävdes
inte någon stor analytisk förmåga eller ens ett vidare mörkt sinne-
lag för att ana att ett skred satts i rörelse. Världsutställningen var
ett försök bland andra att hejda denna långsamma lavin. Där skul-
le det visas att system, -ismer och nationer kunde mötas i en fred-
lig tävlan.

Det hela skulle äga rum på samma plats som en gång utnyttjats
av 1800-talets berömda utställningar, alltså de långsträckta park-
områdena runt Eiffeltornet. Allt som allt skulle evenemanget
bestå av nära 300 byggnader, både franska och utländska; två av
dessa skulle utgöra utställningens gravitationspunkt: det var de
tyska och sovjetiska paviljongerna, som fått något av hedersplat-
serna, alldeles invid bron över Seine. Där skulle de stå, ansikte
mot ansikte, tidens två stora rivaler, och besökarna skulle kunna
avläsa skillnaderna genom en enkel huvudvridning. Ideologisk
kamp utan vare sig knytnävar eller 155mm-granater. Så fint.

Resultatet i denna tävling överrumplade dock många. I trots
mot förväntningarna var det inte skillnaderna mellan systemen
som trädde fram när paviljongerna restes under ögonen på var-
andra. Istället demonstrerades likheterna. För när utställningen
öppnade i maj 1937 kunde smått förbryllade besökare gå där i för-
sommarvärmen och skåda två nästan pinsamt lika byggnader.
Mittemot varandra stod två brutalt stora, kvadratiska monoliter,
höga, rätlinjiga och pompösa. Den sovjetiska paviljongen kröntes
av en jättelik skulptur, den firade »Arbetare och kolchoskvinna« av
Vera Mukina*; på andra sidan, invid portalen till den tyska bygg-

---

* De flesta har någon gång sett den; den snurrar nämligen som ett slags tredi-
mensionell logotype i början av många sovjetiska filmer.

naden, stod Josef Thoraks »Kamratskap«, en grupp nakna biffar i brons. Båda dessa skulpturer uppvisade samma totala realism, samma förenade händer, samma muskelmassor, samma fasta och allvarliga blick in i ... framtiden?

De flanörer som bekymrade sig för denna framtid behövde nog uppbåda all den desperata optimism de kunde för att inte nedslås vid åsynen av denna Ribbentroppakt i betong och imiterad carraramarmor. De ängsliga utställningsarrangörerna var dock nöjda. Eller så ville de i alla fall ge sken av det. Albert Speer och den man som ritat den sovjetiska paviljongen, Boris Jofan, belönades med var sin guldmedalj. Och de båda kunde resa hem för att på var sitt håll fortsätta arbetet på två andra projekt så bisarra att de nog måste betecknas som arkitekturhistoriens allra värsta.

2.

Det skulle vara enkelt om tyrannier bara byggdes upp av tyranner. Det skulle vara behagligare för oss alla om onda gärningar bara utfördes av onda personer. Så är det nu inte. Tyranniet skulle inte kunna existera och de onda gärningarna skulle inte kunna ske om där inte fanns rader av till synes anständiga människor som lånade tyranniet sina talanger, sitt förtroende eller kanske bara det besynnerliga men utomordentligt avgörande samtycke som finns i den bortvända blicken.

Albert Speer var en av dessa människor.

Länge har han framstått som en gåta. Han var en av Hitlers förtrogna och hade både Führerns öra och hans tillgivenhet. Ställd invid de andra nazikoryféerna framtonar han dock som en udda fågel. Det är lätt att bli förbluffad om man bekantar sig lite närmare med det tredje rikets högre funktionärer. Ställd inför den exempellösa förstörelsekraft de släppte lös i världen förväntar man sig onda genier, men istället möter man för det mesta platta kamrerstyper och småttiga busar. Huvuddelen av de personer som drogs till NSDAP före 1933 hade en rätt dimmig bild av rörelsens ideologi, vilket delvis berodde på att där inte fanns så mycket rakskuren ideologi att finna, delvis på att det som förenade dem inte i första hand var stora och sammansatta tankekomplex, utan helt enkelt en känsla av att vara förorättade, kränkta och stukade.

Redan på 30-talet gjordes den iakttagelsen att partiet drog till sig ovanligt många personer som var på något vis misslyckade: havererade intellektuella, förbittrade veteraner, ruinerade småborgare, tjänstemän utan tjänst, arbetare utan arbete. Det var alltså inte det vackra folket som drogs till NSDAP utan förlorarna, de vars liv gått ned på noll. Och så efter första världskrigets alla besvikelser, och när den stora krisen infann sig framåt slutet av 1920-talet, när också samhället kastades tillbaka till denna nollpunkt, då infann sig deras stora chans. De blev plötsligt ett med sin tid. Med stor trovärdighet kunde just de locka med trygghet åt de osäkra, stolthet åt de förödmjukade, hjältedåd åt de rädda och ordning åt offren för kaos.

Speer liknade inte dem. Och de brunskjortade kände av det och betraktade honom med svartsjuk misstänksamhet. Han var en intelligent, blyg, bildad, förnuftig, generös, känslig och i de flesta stycken anständig man, men en man som kom att använda all sin begåvning och energi i tyranniets tjänst och som började att betrakta tyrannen med känslor så varma att de måste beskrivas som kärlek. Varför?

Någon del av förklaringen måste vi, som hans biograf Gitta Sereny har visat, finna i hans personliga bakgrund. Speer var född 1905 i ett högborgerligt hem av det överlastade och kristallkroneglittrande slag vi nu förknippar med det sena 1800-talet: huset i Mannheim innehöll fjorton rum och sju tjänare. Albert och hans två bröder hade en egen fransk guvernant, en judinna vid namn mademoiselle Blum, och måltiderna serverades av två lakejer iförda violett livré och vita handskar. Det var ett liv i överflöd. Speer själv såg dock senare tillbaka på denna tid med obehag och brukade tala om sin »barndoms elände«. Han var mellanbarnet men fysiskt svag och kom därför ofta i skymundan av sina »fysiskt mer robusta bröder«, som han uttrycker det själv. Föräldrarnas äktenskap var ett resonemangsparti, och fadern var likt alla sanna patriarker frånvarande och fjärran och brydde sig föga om sina barn. Atmosfären i hemmet var därför påtagligt kylig och behärskad.

Barnen Speer levde ett liv som präglades av en besynnerlig blandning av beskydd – de tilläts aldrig leka på gator och torg, utan var alltid tvingade att hålla till på den muromgärdade gården – och undantag – de tilläts aldrig bruka husets ornerade huvudingång, utan måste använda samma mörka baktrappa som tjänarna. Dessa erfarenheter präglade den unge Albert Speer och gav honom en känsla av att vara oönskad, oälskad och osedd.

Den väg Albert Speer valde för att komma vidare var inte särdeles originell: han presterade sig fri. Utrustad med både läshuvud och energi blev den duktige gossen en desperat duktig elev som blev en dito duktig student. Allt för att vinna de kyliga föräldrarnas godkännande. Både intresse och fallenhet lockade honom till matematiken, men när det blev dags för studier på universitetet motsatte sig hans far stilenligt alla sådana planer. Speer svalde sin besvikelse över detta och valde istället att studera just det som fadern önskade: arkitektur.

Det var också som ung, nykläckt arkitekt Albert Speer kom i kontakt med den blivande Führern. Speer drogs genast till Hitler och, så småningom, Hitler till Speer. Delvis för att de var varandras spegelbilder rent känslomässigt; Gitta Sereny skriver att trots att båda var omgivna av människor var de i grund och botten ensamma personer; de var båda också uppvaktade av kvinnor – Speer på grund av sitt anslående yttre, Hitler på grund av sin utstrålning – men hade samtidigt problem att svara på denna uppvaktning med verklig värme; de var båda hämmade och tillknäppta, men samtidigt var deras tankar, beslut och gärningar i en förbluffande hög grad styrda av starka känslor. Delvis för att de kunde uppfylla varandras dolda, personliga önskningar: för Speer kom Hitler uppenbarligen att bli den beskyddande fadersgestalt han alltid saknat; för Hitler kom Speer att bli ett medel att förverkliga de svärmiska konstnärsdrömmar han närt ända sedan sin ungdom. Men väl sammanförda var det Speer som blev satelliten, bunden i sin bana runt diktatorn av storslagenheten och den råa energin i dennes visioner.

Alberts Speers dragning till Hitler och nationalsocialismen var dock inte bara en fråga om psykologi och ouppfylld barndomslängtan. Där fanns också tydliga politiska drivkrafter. Precis som så många andra ungdomar komna ur burgna och konservativa miljöer avskydde han Weimarrepubliken och dess ständiga kaos. Hans ideal var dock den lågmälde, bildade gentlemannen, och Speer valde i förstone att hålla sig över ett politiskt liv som för honom mest bara var »oljud och vulgaritet«. I längden blev detta svårt, särskilt sedan depressionen satt klorna i landet och motsättningarna blivit alltmer hårda och uppskruvade. Nazismen var i hög grad en ungdomsrörelse – den genomsnittlige sa-mannen var kanske några och tjugo år – och den var stark på universiteten: i början av 30-talet hade bråken och gatuslagsmålen mellan dess anhängare och vänsterextrema grupper blivit så våldsamma att det universitet Speer läste vid gång på gång behövde stängas. Luften var tjock av apokalyptiska stämningar och även Speer kände av hoten. Senare skrev han så här:

> På grund av det ekonomiska klimatet de där åren hade kommunismen – som alltid har vunnit fördelar av dåliga tider – vuxit enormt, och många människor, även jag, hade börjat överväga om inte nationalsocialismen, med dess livskraft och energi, var det enda verkliga alternativet.

Så när det i januari 1931 blev bekant att nazistledaren själv skulle tala inför studenterna vid Speers universitet gick han dit. Och redan när den kostymklädde Hitler lite skyggt steg in i den vanvårdade salen och hyllningsropen gick upp i taket fick Speer gåshud längs ryggen. Och talet – som vanligt framfört med retorisk briljans och en driven psykologisk fingertoppskänsla för stämningen i publiken – grep honom, betecknande nog inte så mycket för det direkta innehållet som för tonen: här fanns någon som utstrålade hopp och energi, som talade om att ställa ekonomin på fötter och att hejda den kommunistiska faran. (De antisemitiska speglosorna valde Speer att helt stilla bortse ifrån.) Omskakad, upphetsad och förvirrad lämnade Speer mötet. Några dagar senare gick han in i nazistpartiet som medlem nummer 474 481.

Säkerligen var rädslan för kommunismen en viktig drivkraft för den unge Speer. Många var det som valde den motsatta vägen av spegelvända skäl: rädsla för nazisterna fick dem att söka sig till kommunisterna. Ytterlighetsrörelserna skapade sina egna centrifugalkrafter. Men här finns en fråga: om det nu var hotet från Stalins anhängare som förde Speer i armarna på Hitler, hur kommer det sig då att han i sitt yrkesverksamma liv skapade sådant som intill förväxling och förblandning liknar det som Stalins arkitekter gjorde?

3.

Förvisso gick Albert Speer fel den där gången i Paris 1937. Vad som hände då var att han råkade komma in i ett rum där man förvarade Boris Jofans hemliga skiss till den sovjetiska paviljongen. Speer bestämde sig då genast för att rita en egen koloss som svar på Jofans. Så kan man möjligen förklara en del av överensstämmelserna mellan de två paviljongerna på världsutställningen. Denna slumpartade händelse hjälper oss dock inte att förstå den påtagliga frändskapen mellan nazistisk och sovjetisk arkitektur i gemen.

Det som Hitlers och Stalins arkitekter skapade var alltså inte identiskt, men likheterna var ändå påfallande stora. I både sovjetiskt och nazityskt fanns samma dyrkan av det enorma och monu-

mentala, något som resulterade i byggnader av förbluffande, för
att inte säga groteska proportioner, där det yttersta syftet verkar
ha varit att imponera på åskådaren och få honom att känna sig
obetydlig. Där fanns samma obesvarade kärlek till det antika,
något som bland annat ledde till att nästan allt byggt eller tänkt på
något skruvat vis bar drag av romerskt gudatempel, med inslag
som färgad marmor, täckta pelarhallar, kolonner, pilastrar, valv,
friser, reliefer, stuckaturer, stylobater, statyer, medaljongprydda
metoper: billiga fynd hemburna från neoklassicismens loppmark-
nad och sedan staplade på varandra. Där fanns också samma inten-
siva hat mot samtiden och det nära förflutna, som – förutom en
avsky mot allt modernt som *inte* såg ut som tempel – visade sig i
en beredvillighet att utan ett ögonblicks tvekan vräka omkull, riva
ned och schakta bort för att istället uppföra något som skulle bli
längre, blankare, bredare och, framför allt, *högre*. Och där fanns
samma instinktiva och fullständigt självklara politisering av arki-
tekturen: ideologierna projicerades på formen, allt för att kunna
använda byggnaderna som högljudda repliker i den maktstyrda
förförförelseteater som ständigt pågick i dessa två stater.

Den här politiseringen var givetvis ingen slump. I båda dessa
fall har vi att göra med revolutionära stater som båda sade sig vara
på väg att bygga det perfekta samhället. Och ordet är just »byg-
ga«. De rev ned gammalt och reste nytt. Så var det tänkt. Och när
de gav en bild av den framtida staten var det gärna i form av en
ofantlig och fulländad byggnad som skulle stå till historiens slut –
eller i alla fall i tusen år. Och metaforen vred sig vidare. För där det
finns en byggnad finns det en arkitekt. Stalin hyllades gång på
gång som »den förste arkitekten och byggaren av vårt socialistiska
fosterland«, och när Hitler en gång skulle förklara varför han,
trots sitt tydliga intresse för byggnadskonst, inte blivit arkitekt,
svarade han att »det är för att jag istället bestämde mig för att bli
arkitekten av det tredje riket«.

Båda två var intresserade av arkitektur och lade sig gärna i olika planer och projekt. Hitler öppet och klåfingrigt, med all den hetta som bara en charlatan kan uppvisa. Stalin däremot nöjde sig, sin ledarstil trogen, för det mesta med att verka i kulisserna; vilket givetvis inte hindrade att det officiellt trumpetades ut att det var han som var initiativtagaren till sådana projekt som huvudstadens tunnelbana, den stora ombyggnadsplanen för Moskva och, givetvis, Boris Jofans »Sovjeternas palats«, det som var tänkt att bli världens största byggnad.

Ombyggnadsplanen för Moskva och Jofans jättekonstruktion hörde samman. Detta att riva ned, styra om och bygga upp måste nog som sagt ses som mentala tics hos dessa diktatorer, men den stora planen var också sprungen ur en särskild historisk situation.

Vid mitten av 1930-talet hade sovjetsystemet just överlevt den misslyckade och plågsamma kollektiviseringen, och den första femårsplanen hade mot alla odds börjat ge resultat. De resurser som detta gav var dock små. Någon höjning av levnadsstandarden, märkbar på andra ställen än i ekonomiministeriernas snåriga statistik, det fanns det varken rum eller vilja för. För regimen var det därför utomordentligt viktigt att kunna vifta med andra bevis på framsteg framför ansiktet på anhängare och fiender i in- och utland; och det var därför som arkitekter ropades fram för att tillsammans med målare, filmare, författare och andra konstnärer »demonstrera att det inte finns något land på jorden så lyckligt lottat som Sovjetunionen«. Och just den stora ombyggnadsplanen för Moskva – slutligt fastställd av Stalin själv den 10 juli 1935 – var, om inte det viktigaste numret i denna propagandaföreställning, så sannerligen det största.

Den nya stadsplanen sade i sig själv mycket om de hjärnor som kläckt den. Från ett tänkt nav inte så långt från Kreml skulle sex breda paradgator stråla ut likt ekrar mot stadens förstäder. En nutida betraktare kan möjligen få för sig att se dessa 40–50 meter vida autostrador som ett ovanligt pampigt försök av Stalin att betvinga trafikkaoset, men vid den här tidpunkten fanns det inte någon privatbilism att tala om i Moskva och heller inte skuggan av trafikkaos. För Lazar Moisejevitj Kaganovitj, politbyråmedlem och Stalins vänstra hjärnhalva i frågor om arkitektur, skulle dessa sex jättegator bara vara i verkligt bruk under de högtidliga tillfällen som första maj eller årsdagen av maktövertagandet; avenyerna var tänkta att fungera som matarledningar vid de noga orkestrerade jättedemonstrationerna, så att – som Kaganovitj själv sade – »processioner från Moskvas sex stadsdistrikt skulle samtidigt kunna flöda in på Röda Torget«. Det var dock inte bara fråga om transport. På väg in för att begåvas med en glimt av en outsägligt uttråkad Stalin uppe på Leninmausoleet skulle både massor och besökare imponeras av dessa jättegators inramning. Avenyerna skulle nämligen kantas med enorma konstruktioner, där en enda byggnad i regel tog storlek av ett helt kvarter.

Dessa svällande kvartershus ritades i regel av en enda arkitekt och rymde inte sällan allt från bostäder och daghem till affärer och arbetsplatser. Tanken var att man skulle kunna leva hela sitt liv i dessa monoliter, ja till och med bortom det: det sägs att vissa av dessa byggnader även hade eget kolumbarium, där askan efter avlidna hyresgäster kunde gravsättas. Det är en bild så god som någon av den sida av totalitarismen som även kunde tilltala mannen och kvinnan på gatan, nämligen drömmen om ett system som till priset av en sällan utnyttjad frihet gav människan förutsägbarhet, en förutsägbarhet som sminkats om till trygghet.

Dessa byggnader längs paradgatorna är också en bild för en annan sida av totalitarismen, nämligen dess inneboende drift till verklighetsflykt. Huvuddelen av Moskva skulle förbli orört av dessa storslagna planer. Under de första revolutionsåren hade det funnits tankar om att bruka byggnadskonsten för att förbättra vanligt folks levnadsvillkor. De idéerna hade vid mitten av 30-talet flagat till oigenkännlighet och ersatts av föreställningen om arkitektur som ett medel att befästa makten; och de som en gång trott annorlunda hade tystnat, tänkt om eller, som i fallet med den humanistiskt lagde arkitekten Michail Okitovitj, försvunnit bort mot någon fjärran ö i GULAG-arkipelagen under klädsamma applåder från i hast omvända kolleger – Okitovitj skulle senare förlora sitt liv under jezjovsjtjinan.

Det var de spektakulära skrytbyggena som fick pengarna. Bostadsbyggnadsprogrammen tynade bort i skuggan av de guldpläterade statyerna, och miljoner av sovjetmedborgare blev istället dömda till liv i delade våningar, gemensamma kök och kronisk trångboddhet*, utan någon chans att njuta vare sig moderna bekvämligheter eller ett verkligt privatliv, något som arkitekturhistorikern Hugh Hudson har kallat »stalinismens Hobbesianska helvete«, en grå miljö som skapt för att gynna hänsynslöshet, gräl, utpressning och angiveri. Detta sovjetiska armod var också länkat till den monumentala arkitekturen på ett annat sätt. De glänsande byggnaderna längs paradgatorna skulle i praktiken fungera som jättelika lösnäsor hängda utanpå stora områden av nedslitna hus och skräpiga ödetomter.

Ett rivningsraseri gränsande till vandalism släpptes så lös i Moskva, och längs paradgatorna och på andra lämpliga platser restes det en rad slagord i marmor och glas. Den yttre utsmyckningen blev allt viktigare, och kostnaderna för alla spiror, skulpturer, stuckaturer, basreliefer och annat utgjorde framemot slutet av 40-talet uppåt 30 procent av byggnadskostnaderna, samtidigt som de överallt inklämda paradtrapporna, valvtaken och prydnadstornen stal en betydande del av den användbara ytan.** Detta

---

* Normen var orimliga fyra kvadratmeter per person, men majoriteten nådde inte ens upp till detta blygsamma krav; det vanligaste var tre till fem personer per rum, som sedan fick använda samma badrum och spis som en rad andra. (När Joseph Brodsky växte upp i Leningrad delade hans familj kök med nio andra familjer.) Långt in i 50-talet verkar det dessutom ha varit standard att inte förse nybyggda hus som var lägre än fyra våningar med eget avlopp.

** Överlastningen av fasaderna tillsammans med byggarbetets allmänt klena kvalitet gjorde också att man blev tvungen att utrusta många byggnader med särskilda skyddsgaller som skulle hindra ymnigt nedfallande husdetaljer från att träffa oskyldiga gångtrafikanter.

var en naturlig följd av att byggnaderna i första hand var avsedda att ta andan eller i alla fall motsägelselustan ur åskådaren, och att de bara i andra hand förväntades fylla en funktion.

Ett av exemplen på detta är Röda arméns teater. Det är en underlig gräslighet bestyckad med vad som i förstone ser ut som ett antal slumpmässigt utskjutande flyglar. Vandrar man runt den ser man att den faktiskt är byggd exakt som en femuddig stjärna, symbolen för armén. Den formen går faktiskt igen lite varstans i konstruktionen. Till och med kolonnerna – ständigt dessa kolonner – som omger denna skapelse visar sig i genomskärning ha formen av stjärnor. (En historia, troligen osann, säger att formen kom till då den hundlikt partitrogne arkitekten, en viss Karo Albajan, uppsökte Kaganovitj för att få dennes råd: en otålig Kaganovitj skall då ha gripit efter sitt stjärnformade bläckhorn, dragit med pennan runt det och sedan brummat »bygg så där«.)

Den krystade formen på byggnaden har lett till att den blivit en opraktisk labyrint av prång, rart formade trapphus och krökta rum. Höjden var den stalinistiska arkitekturens i särklass viktigaste dimension och för att öka på teatern i lodrät ledd har arkitekten staplat åskådarläktarna på varandra som vore de lager i en tårta, något som gör scenen svåröverskådlig och besökarna höjdrädda. Scenutrymmet är klart överdimensionerat, och det beror på att det var tänkt att rymma hela militärförband, inklusive stridsvagnar, som via specialkonstruerade ramper skulle kunna myllra upp på estraden. Slutresultatet är en synnerligen misslyckad byggnad som var imponerande att titta på bara för de mest övertygade men en mardröm att bruka för alla.

Det finns många paralleller till Röda arméns teater i den nazistiska arkitekturen. Münchens musikhögskola är nu inhyst i en neoklassicistisk pjäs byggd mellan åren 1933 och 1937, som en gång avsågs vara en plats där Führern kunde möta sitt folk. Även här slås man av den estetiska ihåligheten, även här ser man hur effekten tillåtits att göra kål på funktionen. Vestibulen är, som väntat, enorm. Enda sättet att få till stånd detta har varit att lägga den på tvärs längs byggnadens hela långsida. Problemet med denna lösning är dock, som Winfried Nerdinger påpekat, att då vestibulen ligger i rak vinkel mot ingångarna kommer ingen någonsin att gå längs den i dess helhet, utan bara ana dess monumentalitet i ögonvrån, vilket gör denna del av byggnaden till ett poänglöst slöseri med yta.

Väl inkommen i *der Führerbau* möts besökaren av två jättelika trappor; att de är två beror uppenbarligen på arkitektens överdrivna längtan efter symmetri, men resultatet är åter att dyrbart utrymme förbrukas.* Trappans air av pompa förtas också av att den slutar så abrupt, med en tom vägg, varefter besökaren på väg att möta Führern tvingas till en rad knyckar och svängar innan han eller hon – som man nu kan tänka mer snurrig än imponerad – kan föras in i audiensrummet. Byggnaden har, som sig bör, ett par balkonger där Führern skall kunna ta emot massornas bifall. Även här har dock längtan efter symmetri lett till underligheter: arkitekten har nämligen tvingats placera dem mellan ett par batterier toaletter, och ville det sig riktigt illa skulle en talsugen Führer på väg ut att möta folket istället kunnat irra in på herrarnas pissoar.

4.

Att så mycket av den nazistiska och stalinistiska arkitekturen är haverier, både estetiskt och funktionellt, beror inte bara på konstruktörernas smått hysteriska jakt på höjd, volym och billiga effekter. I vissa fall har problemen att göra med systemens benägenhet att upphöja ledarnas missförstånd till sanningar och deras infall till lag. Det hände gång på gång att man i Tyskland fick hejda långt gångna projekt för att Hitlers öga råkat falla på någon detalj

* Den enda riktigt funktionella delen av *der Führerbau* låg osynlig under jord, nämligen det gedigna och generöst tilltagna skyddsrummet; under kriget kom det att användas som gömställe för stora mängder av konst som stulits från de ockuperade länderna.

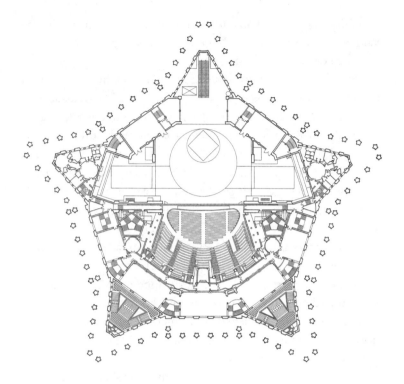

Röda arméns teater i Moskva,
ritad av **Karo Albajan** och byggd **1935–40.**

han fann särskilt frånstötande. Albert Speers hastiga resa till Paris var bara en av flera liknande brandkårsutryckningar, utförda i syfte att rädda den arkitektoniska skivan.

I Sovjetunionen surrade det en rad berättelser, mer eller mindre apokryfiska, om Stalins ingrepp i ett antal stora byggnadsprojekt. När jag själv under ett besök i den sovjetiska huvudstaden var på väg ned från Röda torget råkade jag lägga märke till att det var något fel på den stora byggnaden på andra sidan den breda avenyn, Hotell Moskva. Den framstod som skev, eller rättare asymmetrisk: högra flygeln var så olik den vänstra att vore det inte för den förenande mittsektionen – givetvis försedd med kolonner – skulle man inte förstå att de var delar av en och samma byggnad. Historien bakom detta sägs vara att när man lade fram projektet för Stalin så märkte inte denne att arkitekten på sin plan skissat fram två olika förslag till fasad, på ritningen åtskilda av en tunn linje, utan han skrev bara sin namnteckning på kopian; tyvärr råkade signaturen hamna rakt över linjen, och ingen vågade fråga honom vad han egentligen avsåg utan man byggde istället *exakt* som det såg ut på ritningen.

En annan historia berör de monumentala skyskrapor som byggdes efter kriget och som ingen besökare i staden kan slippa att lägga märke till. Dessa överlastade pjäser med sin mångfald av tinnar, torn och miniatyrtempel hade enligt plan platta tak, men när Stalin fick se ett av dem färdigt frågade han: »Var är spiran?« Arkitekterna försvann, sannolikt under skurar av ursäkter och förstulna ögonkast, men inom en vecka stod mycket riktigt en spira på plats, visserligen byggd i trä, men ändå. En tredje historia handlar om när det hölls en arkitekttävling om vem som skulle rita en ny byggnad för STO (Arbets- och försvarsrådet). En dag infann sig Stalin själv och frågade juryn: »Var är Langmans bidrag?« Nu föll det sig inte bättre än att arkitekten ifråga, Arakadij Langman, inte hade lämnat något förslag. Detta hindrade dock inte juryn, som raskt halade fram sagde Langman och enhälligt utnämnde honom till vinnare i arkitekttävlingen.

En annan del av förklaringen till den totalitära arkitekturens undermåliga halt måste finnas i det faktum att dessa ideologiskt överstyrda system i så hög grad belönade opportunister, konspiratörer och politiskt korrekta medelmåttor. Under 1920-talet var just Tyskland ovanligt rikt på begåvade arkitekter; den berömda Bauhausskolan gjorde landet till något av ett världscentrum för byggnadskonsten. Nazisternas makttillträde innebar dock att många av dessa antingen drevs i landsflykt, fick yrkesförbud eller hänvisades till undanskymda och ideologiskt ofarliga projekt som fabriker, kraftstationer och broar, alltmedan karriärsugna anpasslingar – som Albert Speer, Hermann Giesler och Paul Ludwig Troost, mannen som låg bakom den ovannämnda byggnaden i München – kunde stiga upp i ljuset.

Utvecklingen i Sovjetunionen var nästan identisk med den tyska. Även där var 20-talet en ovanligt skapsam tid; de ryska konstruktivisterna och deras vildsinta projekt, mer omvälvande än praktiskt utförbara – som till exempel Vladimir Tatlins berömda 300-meterstorn – var kända och prisade över hela världen. De och många andra ryska avantgardister dansade en kort sommar under det tidiga 20-talet, då de kunde leva högt på den roll de själva spelat i kullvältandet av tsarismen, då den sociala optimismen var gränslös och då inbördeskrig, ekonomiskt kaos och ett radband av mer eller mindre självförvållade kriser stal de nya makthavarnas uppmärksamhet. De levde dock på lånad tid. När sovjetstaten mot alla odds kommit på fötter infann sig kylan och de tynade bort.

I både Tyskland och Sovjetunionen var det här kullkastandet av den nya arkitekturen utfört som ett slags dubbel omfattning, där signaler uppifrån förenades med mer eller mindre spontana handgripligheter underifrån, utförda av karriärister som bar namn av kolleger. I Tyskland samlades dessa i en organisation kallad *Kampfbund Deutscher Architekter und Ingenieure*, som bekäm-

pade modernismen inom arkitekturen och predikade ett återupp-
väckande av det forna, det nationella, det folkliga etc. I Sovjetuni-
onen samlades dessa reaktionära revolutionärer i VOPRA, De pro-
letära arkitekternas allryska organisation. Även de hade svårt att
kontrollera sin avsky för modernismen, men där nazisterna i KDAI
hävdade att fyrkantiga former och platta tak var något främmande
och i grund ohälsosamt för den ariska rasen, hävdade männen i
VOPRA att dessa ting var något främmande och i grund ohälso-
samt för proletariatet.

Den som gav VOPRA:s kattskriksretorik både ton och text var
Karo Albajan, alltså samme man som ritade den stjärnformade
teatern i Moskva. Han var son till en armenisk köpman och hade
gått i prästseminarium i Tblisi – ironiskt nog detsamma som Sta-
lin en gång bevistat när han övervägde en sakral karriär. Första
världskriget hade dock fått Albajan att överge sin religiositet, dock
inte på något vis sin trosvisshet. Efter februarirevolutionen 1917
hade han flyttat till Moskva där han under sex månader studerade
skulptur. Oktoberkuppen fick honom att raskt ansluta sig till bol-
sjevikerna, och under inbördeskriget gjorde han tjänst i Röda
armén som politruk. År 1923 skickade det armeniska kommunist-
partiet honom tillbaka till Moskva, för att studera arkitektur vid
den statliga högskolan för konst och teknik, VKhUTEMAS.

Karo Albajan skulle säkert vara en svår nöt att knäcka för en
övertygad fysionomiker. Han såg nämligen inte alls ut som man
förväntar sig en buse. Fotografierna visar en uppenbart stilig karl,
med mörka ögon, mörkt hår och öppna, rena drag, anslående
klädd i mörk kavaj och dito skjorta. Men om en betraktare styrd av
sina kunskaper granskar honom lite närmare i synen, går det att
ana något. Han bär nämligen den outgrundliga, lite småflinande
min som annars bara kan ses på halvvuxna gossar som med någon
sekund tillgodo just undgått att ertappas med att plåga katten.
Alla hantlangare var inte anständiga människor fångade i tidens
veck, alla medlöpare kunde inte skylla sitt öde på en omild slump

eller tvingande omständigheter. För många, som Karo Albajan, var det uppenbarligen ett val. Han var nämligen en på många vis arketypisk stalinist: ung, entusiastisk, hungrig, hänsynslös, auktoritetstroende och opportunistisk, lika orubblig i sin bild av världen som hans kunskaper om den var grunda. Han var fast inriktad på att göra karriär, på VKhUTEMAS och inom skrået, men tyvärr var hans fallenhet för arkitekturen begränsad. Visserligen lyckades han klösa åt sig sekreterarskapet i fakultetsrådet, men snart gick hans studier i stå. Albajan misslyckades först med att få ett viktigt projekt färdigt och senare nekade skolan honom att flytta upp i examensklassen. Motgångarna verkar bara ha gjort honom än mer beslutsam, och han fortsatte orubbligt uppåt, hjälpt av en uppenbar begåvning för intrigspel och en viss fallenhet för marxist-leninistiska klichéer.

En utmärkt plattform för utövande av dessa talanger fann han mot slutet av 20-talet just i VOPRA, då ett veritabelt ormbo där unga, oerfarna och karriärsugna stalinistiska arkitekter samlades för att stänka etter och hata modernistisk byggkonst. Spänt redo på varje liten vink från husse gick de löst på sina motståndare i konkurrentorganisationerna OSA och ASNOVA, alltid lika villiga att avlossa hotfulla kampanjer mot »borgerliga influenser«, hävda existensen av en »sant proletär arkitektur«, noga övervaka närvaron på kurserna i historisk materialism, snoka efter »sabotörer«, kräva att studenter med fel »social bakgrund« skulle relegeras från högskolan etc. Deras kampanjer lyckades väl; i detta var de hjälpta av rädda och opportunistiska kolleger, i regel förnuftiga människor som varken delade eller ens förstod deras fanatism, men som mot bättre vetande valde att antingen tiga eller samarbeta med de aggressiva vildpannorna i VOPRA. År 1932 beslutade kommunistpartiets centralkommitté att avskaffa samtliga fristående arkitekturorganisationer i Sovjetunionen och fösa samman alla godkända yrkesutövare i en gemensam, statsövervakad förening. Året efter gjorde nazisterna samma sak i Tyskland. Och nästan samti-

digt som den tyska Bauhausskolan stängdes snöpte stalinisterna
VKhUTEMAS.
En rad framstående tyska arkitekter lämnade Tyskland 1933. De
allra flesta hamnade i väst, ofta i USA. En av dem, Bruno Taut, val-
de dock att emigrera till Sovjetunionen. (Detta var inte så under-
ligt då Taut var, som Tom Wolfe sagt, »Marxist to the point of
popped veins on the fore-head«.) Taut kom till Moskva, tog en titt
på den nya arkitekturen i arbetarnas hemland och begärde skakad
att få resa tillbaka till Tyskland.*

5.

På samma gång som tusentals gamla hus i Moskva vräktes omkull
för att ge plats åt autostrador, monument och jättehus, vandalise-
rades också det intellektuella landskapet. Bland arkitekterna ersat-
tes diskussioner med detaljstyrda massmöten, tankearbete med
texttolkning, argument med klyschor. Vid ett möte redovisade en
av VOPRA-männen en långrandig utredning över huruvida kolon-
ner och kolonnader var nödvändiga i den sovjetiska arkitekturen;
på slutet avdömdes den kniviga frågan en gång för alla genom en
hänvisning till politbyråns arkitekturorakel Kaganovitj: »På frå-
gan om kolonnader har Lazar Moisejevitj svarat: 'ja, kolonnaden
är nödvändig'.« Punkt. En annan diskussion om huruvida arkitek-
turen var konst eller vetenskap avgjordes också med hjälp av ett
citat från dilettanten Kaganovitj.

Bildkonstnärerna hade det lättare att anpassa sig till påbuden
om en ny, social-realistisk konst än arkitekterna, av det enkla skä-

---

* Taut hade varit medlem i Mies van der Rohes grupp »Ringen« och hade ritat
en del av ett bostadsområde för arbetare i Berlin; han var ytterligt nöjd över att
de husen fått röda fasader och kunde visa upp dem och högt ropa »röd front!«,
»om nu någon var lite för trög att förstå poängen«, som Wolfe skriver i sin
skruvade men underbart underhållande bok *From Bauhaus to our House* (1981).
Försöket att återvända till Tyskland misslyckades då nazisterna vägrade att släppa
honom över gränsen, och Taut fick då för sig att resa till Japan men dog innan
han kommit fram.

let att det var rätt lätt för politruker och andra fåkunniga att före-
lägga regler för socialrealistiska målningar: oavsett om motivet
var framstående partiledare, dödsföraktande petrogradmatroser
eller glädjestrålande kolchoskvinnor skulle allt skildras med hjälp
av samma spikraka och nästan fånigt detaljtrogna realism. Men
hur skulle egentligen en socialrealistisk byggnad se ut? Uttalan-
dena i den frågan var lika mångordiga som de var vaga. Det hela
kokade i regel ned till å ena sidan ett idogt pekande på antiken
och å andra sidan tal om storhet, monumentalitet, stolthet. För-
virringen ledde till ett antal besynnerliga debatter. En av de allra
hårdaste gällde huruvida man i Sovjetunionen med sin överlägsna
teknologi skulle ha byggt Akropolis på *exakt* samma vis som
grekerna eller om det faktiskt gick att föreställa sig andra lös-
ningar.

Inte sällan avgjordes det hela med hjälp av hänvisningar till sär-
skilt lyckade verk som sades förkroppsliga denna socialrealistiska
arkitektur. I juni 1937 – medan den stora världsutställningen
pågick som bäst i Frankrike och den stora terrorn pågick som bäst
i Sovjetunionen – hade den statskontrollerade arkitektorganisa-
tionen sin allra första kongress, och där var det en byggnad som
gång på gång lyftes fram som mönster och exempel: Boris Jofans
Sovjeternas palats.

6.

Boris Jofan var inte som Karo Albajan en av tyranniets bandhun-
dar, utan tycks ha tillhört den där tysta majoriteten av tämligen
resonabla och välutbildade sovjetiska arkitekter. Under utrens-
ningarnas första skede höll han också på att råka illa ut, då han
anklagades för att ha kontakter med »kontrarevolutionärer«. Han
undgick dock den svepande lien och återgick till att vara det han
uppenbarligen varit hela tiden: en anpassling. Det vore fel att kalla
honom fanatiker. Han var inte som en rad yngre kolleger präglad
av den tro på tunghänta men snabba lösningar som sprungit ur

inbördeskrigets erfarenheter. I motsats till huvuddelen av dem var Jofan utbildad före revolutionen. Redan år 1914 hade han rest till Italien, där han börjat studera arkitektur. Efter examen hade han gått med i kommunistpartiet, uppenbarligen främst av opportunistiska skäl, och 1924 flyttade han hem till Sovjetunionen för att göra karriär. Där fick han uppdraget att sätta samman arbetarbostäder, men 1931, efter det att han ritat ett av de allra första kvartersstora bostadshusen för höga statsfunktionärer – utrustat med allt från egen biograf till egen begravningsplats – fick de styrande ögonen på honom. Samma år erbjöds han att vara med i den tävling som skulle avgöra vem som skulle rita Sovjeternas palats.

Hela projektet var ett politiskt hjärnspöke som varit ute på vålnadsvandring ända sedan de tumultuariska åren efter revolutionen. Det var dock först nu som det fanns tid och möjlighet att ge detta infall kropp. Palatset var tänkt att stå mitt i det ombyggda Moskva – Albajans femuddiga teater var förresten rest strax intill –, något som automatiskt gjorde det stora huset till Sovjetunionens och »hela den progressiva världens« mittpunkt; bara i detta var den en spegling av stalinismens extremt hierarkiska världsbild. Palatset självt var tänkt som ett triumfatoriskt rop i tre dimensioner, ett oomkullrunkeligt bevis på socialismens överlägsenhet och Sovjetunionens styrka.

Så medan upphetsade poeter rimmade om denna underbara skapelse, »tribunernas tribun och världens scen«, strömmade förslagen in, allt som allt 130 stycken, inklusive ett antal från olika namnkunniga utlänningar som funktionalismens lärofader Le Corbusier och Walter Gropius, ett av de mest kända namnen bakom Bauhausskolan. Platsen för uppförandet valdes av Stalin själv: palatset skulle ligga vackert nere vid Moskvafloden; visserligen återfanns där redan en flera hundra år gammal katedral, Kristi Frälsarens kyrka, men den vältes raskt omkull med hjälp av några ton dynamit. Tomten var klar, och den omvända ironin i att bygga socialismens största monument på ruinerna av en kyrka

tycks ha undgått de flesta inblandade, som istället kittlades av
handlingens symbolvärde.

Beslutet om hur byggnaden egentligen skulle se ut dröjde dock.
Byggnadskommittén – där Kaganovitj, Molotov, Vorosjilov och
några andra av Stalins mest förtrogna ingick – var inte vidare nöjd
med det som lades för deras ögon, utan utlyste en *ny* tävling för
ett antal utvalda sovjetiska arkitekter som kunde förväntas hålla ett
vått finger högt upp i den ideologiska vinden. En av dem var Boris
Jofan. De ansvariga lät för säkerhets skull inte någon sväva i tvi-
velsmål om vad det var de ville ha: inte några fler funktionalistiska
experiment – nej tack, ring inte oss, vi ringer er –, utan en mono-
lit med höjd, inte bredd, uppförd i den klassiska arkitekturens
anda.

Sista rundan i arkitekttävlingen ägde rum i början av 1933. Ett
av bidragen var något som på alla sätt och vis såg ut som ett vene-
tianskt dogepalats, komplett med tinnar, portaler och proletär-
prydd kampanil; i ett något senkommet försök att visa att detta
inte var en byggnad hämtad direkt ur den italienska renässansen
har arkitekten sett sig tvungen att infoga ett antal flygplan på skis-
sen, vilket emellertid bara understryker den förkonstlade anakro-
nismen i hela projektet. Karo Albajan var givetvis en av de utvalda,
och det som han och några andra rättrogna VOPRA-iter lade fram
var ett resultat av ett idogt hopkok av alla upptänkliga antika sti-
lar: vilande ovanpå ett fyrkantigt, funktionalistiskt podium stod
en Colosseumkopia, prydd framtill av två enorma torn av närmast
fornegyptiskt snitt och ovantill av något som mest ser ut som ett
på höjden farligt uttänjt athenskt tempel. Kanske var det inte så
underligt att valet föll på Boris Jofans förslag.

Jofans byggnad var nämligen precis så monumental och mono-
litisk som det alls var möjligt. Själva grundkonstruktionen påmin-
ner mest om en förvuxen bröllopstårta eller möjligen en jättelik
utdragen teleskopkikare, där sex sektioner av symmetriska, av-
smalnande och allt högre sektioner reser sig över 300 meter upp,

upp, upp i himlen. Och över alltihop står en 100 meter hög brons-Lenin iförd vad som verkar vara frack med tillhörande flytväst och pekar med hela handen mot Den Ljusa Framtiden.

Inga utgifter skulle sparas för att göra byggnaden så imponerande som någonsin möjligt. Huset och dess 6 000 rum och salar skulle rymma 20 000 kvadratmeter basreliefer, 17 500 kvadratmeter oljemålningar, 12 000 kvadratmeter fresker, 4 000 kvadratmeter mosaik, 170 skulpturer upp till 6 meter höga, 12 skulpturer upp till 12 meter höga, och så vidare. Som vanligt i denna typ av arkitektur förlitade man sig dock främst på höjden för att imponera på åskådaren. Genom att dra ut på de översta sektionerna hade Jofan fått upp den till hela 415 meter: se, världens högsta byggnad! Symboliken i det faktum att Lenin under vissa meteorologiskt ogynnsamma dagar skulle stå med sitt huvud i de grå molnen verkar inte ha stört vare sig arkitekt eller beställare, samtidigt som ingen heller verkar att ha haft invändningar mot att konstruktionens grundidé – alltså detta att en ofantlig byggnad reducerats till att vara bas för en enda mans kängor – också var en träffande metafor för den stalinistiska personkulten.

På en av Jofans skisser visas denna pjäs sedd underifrån, från gatuplanet, och den tornar upp sig hotfullt stor över de pyttesmå människorna, de flesta noga inrättade i flaggprydda fyrkanter, lika geometriskt korrekta som betongberget framför dem. Byggnadens tempelliknande kolonnader, fanorna och de militäriskt ordnade klossarna med folk ger sammantaget ett oväntat ålderdomligt intryck, som skådade vi en scen från det gamla Babylon, där en segerstinn här just håller på att tåga in i zikkurraten, antingen för att blota tagna trälar åt stadsguden Marduk, eller för att själva offras till det ofantliga beläte som grenslar skapelsens tak.

7.

Många kännare i utlandet hade svårt att se förträffligheten i de förväxta betongkrokaner som under den senare hälften av 30-talet sköt upp ur jorden runtom i Stalins rike. Verklig uppskattning rönte de egentligen bara från ett något oväntat håll, nämligen från nazisterna. Uppskattningen var dock ömsesidig. Den sovjetiske diktatorn var personligen intresserad av tysk byggnadskonst och för dennes räkning arrangerades det under senhösten 1939 i Kreml en privat utställning av nazistisk arkitektur; Albert Speer skriver att han efteråt fick höra att »Stalin hade tyckt om mina skisser«.* Utbytet blev senare mer handgripligt.

Sommaren 1941, i början av Hitlers överfall på Sovjetunionen, noterade propagandaministern Goebbels i sin dagbok att tyska soldater var motvilligt imponerade av den ideologiska arkitektur de kunde se i Sovjetunionen. Och när Speer fick möjlighet att vid några tillfällen flyga runt till nyligen härtagna storstäder i öst, drabbades även han av en känsla av respekt för den sovjetiska byggnadskonsten. I Kiev såg han ett idrottsstadion byggt helt efter antikt mönster, »utsmyckat med skulpturer av idrottsmän som rörande nog hade badbyxor respektive baddräkter på sig«, samt en pompös konferensbyggnad, ritad i en stil så nära Speers egen att han faktiskt »lekte med tanken att leta reda på arkitekten och ge honom arbete i Tyskland«.

Frågan är vad Hitler hade tyckt om ett sådant tilltag. Den tyske diktatorn var, precis som sin sovjetiske kollega, insatt i motpartens arkitektur och kände även till enskilda projekt. Dessa kunskaper underblåste dock bara de rivalitetskänslor han hyste inför Sovjetkommunismen. För Josef Stalin såg ut att vara på god väg att förverkliga sådant som han, Adolf Hitler, ville se som sitt.

* Det kan nämnas att Stalin också hade ett gott öga till den nazistiske monumentalskulptören Arno Breker och att han vid denna tid faktiskt planerade att ge honom uppdrag i Moskva.

År 1937, halvtannat år efter det att Stalin fastställt den stora ombyggnadsplanen för Moskva, hade Hitler inlett ett närmast identiskt projekt. Likt den sovjetiska huvudstaden skulle Berlin omgestaltas för att kunna bära sin roll som mittpunkt i ett tänkt imperium. Och den Führern valde för att sköta detta monumentala arbete var Albert Speer.

Dittills hade den unge arkitekten bara utfört mindre uppdrag: bland annat hade han skapat dekoren till ett förstamajmöte 1933 och byggt om interiören på ett par ministerier. Mötesarrangemangen avslöjade en förunderligt säker känsla för det monumentala och dramatiska, men det som fick Hitler att anförtro detta enorma uppdrag åt en så oprövad kraft var i första hand Speers uppenbara organisatoriska talanger; Führern hade brått och ville helt enkelt ha fatt på en karl som kunde hålla givna tidsramar. Och Speer, äregirig som alltid, gick till verket, energisk som alltid, ibland anfäktad av svåra ångestattacker orsakade av skräcken för att misslyckas, men för det mesta förtjust intill yrsel över makten, resurserna och det oväntat nära umgänget med rikets allra högste.

Hitler kläckte flera av grundidéerna, men det var Speers uppgift att tillsammans med en lydig stab av arkitekter, ingenjörer och räknenissar tugga om dessa hugskott till kalkyler, planer och blåkopior. Precis som i fallet med Moskva avsåg man att ge staden ett bärande skelett av grandiosa paradgator, vars huvudfunktion var att fungera som både scen och salong vid regimens återkommande massmanifestationer. Men medan stadsplanerarna i Moskva tänkt sig gatorna ordnade som ekrar i ett hjul, var tanken i Berlin att inrikta sig på att bygga två enorma avenyer (de så kallade nord–syd- och öst–västaxlarna) som skulle förenas vid centrum, i närheten av Brandenburger Tor, vilket skulle ge hela arrangemanget formen av ett kors. Som alltid när tyranner vill bygga upp så handlar det främst om att riva ned: planen innebar att cirka 54 000 hus skulle bort – ett faktum som Hitler senare gjorde bruk av när han försökte bagatellisera de engelska flygbombningarna av staden.

Själva tyngdpunkten skulle återfinnas i nord–sydaxelns mittparti, en 7 kilometer lång och 140 meter bred sträcka, innesluten av monument, statyer, storståtliga ministerier och vräkiga partibyggnader. Där, instucken bland kvadersten och kolonnader, låg två byggnader som nog kan kallas freudianska felsägningar i marmor, i det att de utan avsikt avslöjade regimens sanna natur.

Den första var en 120 meter hög triumfbåge, ritad av Speer efter en kladd Hitler gjort redan 1925, då han ännu var en bitter och lite udda veteran som nyligen släppts ut från fängelse. Vid den tidpunkten var triumfbågen ett lite patetiskt hopp om revansch och framtida segrar, men på bara tio år hade dagdrömmen utvecklats till en fantasi som fångat miljoner. Den andra var en tempelliknande koloss benämnd Soldaternas hall, som var tänkt att utgöra en minnesplats för stupade. Sådana palats för de döda finns lite varstans i världen, men de har alltid, utan undantag, byggts *efter* krig, för att högtidlighålla minnet av de nyligen dödade. Det som gör Soldaternas hall så avslöjande är att den – precis som den ovan nämnda triumfbågen – byggdes *före* ett krig och alltså var avsedd för håggkomsten av personer som faktiskt levde i all önsklig välmåga vid tidpunkten för byggnationen, men som förväntades att bjuda sina liv och sina starka bröst för fosterlandet i den nära framtiden. Dessa monument över planerade katastrofer visar på hur besatta nazisterna var av drömmar om våldsamma erövringar, och hur kriget för dem gick från att vara ett medel till att bli något av ett mål i sig.

Den som stod vid detta drömda palats för levande döda och lät blicken vandra nedför den breda avenyn kunde inte undgå att lägga märke till en svällande vidunderlighet som i sig var ett vältaligt vittnesbörd om varthän det hela syftade. Det var *Der Volkshalle*, en byggnad avsedd att bli världens största samlingshall, där 180 000 åhörare kunde rymmas under ett enda ofantligt kupoltak för att lyssna på sin Führer. Detta Speers *Monsterbau* föll liksom triumfbågen tillbaka på över tio år gamla skisser gjorda av Hitler och var tänkt att utgöra den ombyggda huvudstadens viktigaste och mest imponerande byggnad både till storlek och symbolik.

För att ge plats för byggnaden och dess vida bas skulle ett helt stadsdistrikt, gamla Alsenviertel, jämnas med marken; att floden Spree flöt genom den tänkta byggplatsen var mer ett irritationsmoment än ett problem: den skulle ledas bort i ett par kanaler nedsänkta under hallen.

Kupolen hade en inre diameter på inte mindre än 250 meter, vilket gav den en volym sjutton gånger större än Peterskyrkans – hela den katedralen skulle förresten ledigt gå in i hallens ljusöppning. Höjden och volymen var faktiskt så stor att det fanns farhågor för att det skulle uppstå små moln inunder taket och att byggnaden alltså skulle kunna dras med sina egna inbyggda regnoväder.

Precis som var fallet med de sovjetiska jättebyggena var uppenbarligen en av poängerna med *Der Volkshalle* att få den enskilda människan att känna av sin fullkomliga obetydlighet. Ytterst var det dock en kultplats, där ett tacksamt folk kunde samlas för att dyrka sin frälsare. Och allra högst upp på den kopparklädda kupolen fanns en lanternin som bar denne frälsares bild av världens framtid, i form av en örn, med aggressivt utbredda vingar och öppen rovfågelskäft, som i sina överdrivet stora klor håller en jordglob som vore den ett ägg färdigt att knäckas i någon rasutopisk stekpanna.

Ombyggnadsplanerna var inget som Hitler tog lätt på. Tvärtom. År 1938 gavs Speers projekt högsta prioritet. Han fick då bland annat befogenhet att stoppa sådan byggverksamhet i Berlin som inte var kopplad till den stora planen och helt diktatoriskt styra över både material och arbetskraft till det egna projektet. Budgeten löpte på ett årligt belopp av runt 130 miljoner riksmark per år fram till 1960, då den nya huvudstaden, högtidligen omdöpt till Germania, förväntades stå klar. Det smusslades dock en hel del med både kostnader och planer, för man var rädda att vanligt folk skulle börja ställa frågor om det vettiga i att satsa sådana

ofantliga summor på marmorpalats då det samtidigt började bli
ont om varor i butikerna. Sanningen var den att även de anslagna
beloppen inte skulle förslå. Men detta var en totalitär regim och
trogen sin natur satte den sig över det mesta som bar lukt av rak
ekonomisk rationalitet. Hitler förbjöd helt enkelt Speer och hans
underlydande att räkna ut vad det hela egentligen skulle kosta.
Det var o-i-n-t-r-e-s-s-a-n-t.
Rent ekonomiskt var projektet mer än vansinne: det var omöj-
ligt. Det inleddes nämligen under nazisternas andra fyraårsplan,
som i praktiken var ett mobiliseringsprogram inför det komman-
de kriget. Och både den raskt svällande krigsmakten och den ihär-
digt arbetande rustningsindustrin svalde då kopiösa mängder av
pengar och arbetskraft. På sätt och vis förutsatte planerna på Ger-
mania samma sak som det hyllade: ett krig. För om projektet skul-
le förverkligas behövde Tyskland ett tillskott av arbetskraft och
kapital så stort att det enbart kunde ske genom erövring och
tvång. Senare, efter 1939, flödade också slavarbetskraften in i Tysk-
land, och detta i en skala som Europa inte sett maken till sedan
romarrikets dagar; i de långsiktiga planerna ingick också import
av tre miljoner slaver från öst, som skulle arbeta i tjugo år på olika
byggarbetsplatser runtom i riket, bland annat i Berlin. Men även i
de fall då man hade riklig tillgång på arbetskraft så innebar de
krigstida ansträngningarna att det också blev brist på sådana enkla
men viktiga råvaror som stål och betong. Då tog Speer och andra
ansvariga skydd bakom den besynnerliga teorin om ruinvärdet, ett
annat av Hitlers påfund.

Hitler ogillade starkt den moderna byggnadskonsten. Ameri-
kanska skyskrapor såg han som ett slags rasblandning i tre dimen-
sioner, där stilar och byggmaterial från en rad olika länder och kul-
turer blandades hipp som happ;»arkitekturell esperanto«, fnös
han. Själv ville han helst undvika bruket av sådana»anonyma«
stoff som stålbalkar och armerad betong. Hans huvudargument
var att hus uppförda av sådana moderna material var så fula, inte

bara som de stod utan framför allt som framtida *ruiner*. Här hän-
visade diktatorn åter till det antika Rom, vars raserade byggnader
han fann både imponerande och vackra, och detta mer än tusen år
efter imperiets fall. Och så skulle också vara fallet med det tredje
rikets monument. Därför borde man bara använda natursten, i
första hand granit, helst tysk, förstås.*

Här står vi inför den nazistiska estetikens mittpunkt, nämligen
upphöjandet av katastrofen till en första rangens skönhetsupple-
velse, något som ytterst bygger på en förväxling av det skrämman-
de med det imponerande. Albert Speer, som under arbetet på
ommöbleringen av Berlin kommit allt närmare den annars så till-
knäppte diktatorn, noterade under helger som han tillbringade
tillsammans med honom uppe på Obersalzberg att Hitler, så vege-
tarian och naturvän han var, på sina många promenader i det
gröna ofta beundrade en vacker utsikt,»men mestadeles tjusa-
des han mer av avgrundernas mäktighet än av harmonin i ett
landskap«.

Speer hade vid det här laget helt dragits in i Führerns trollkrets.
Grundligt förförd av utstrålningen runt Hitlers person och bedö-
vad av energin i dennes irrbilder, och dessutom starkt eggad av
tanken att hans arbete skulle göra honom själv till en av historiens
stora arkitekter, följde han noga diktatorns vinkar. Och på den här
punkten var han helt ense med Führern. Han utvecklade också
teorin vidare och ritade bland annat romantiserande skisser över
hur vissa av de föreslagna byggnadsverken torde se ut som ruiner.
Omgivningen vred chockerade sina händer, då det antydde att
tusenårsriket faktiskt hade en ände. Hitler själv var förtjust.

Så när krigstiden klämde åt flödena av resurser förenades dygd

---

* Detta var en slutsats som var typisk för Hitler och nazismen, i det att den bygg-
de på en blandning av kvasivetenskapliga förenklingar och rena missförstånd.
Tämligen få av de romerska byggnader man så gärna hänvisade till var verkligen
byggda i natursten, utan istället, likt Pantheon, Circus Maximus och Hadrianus
stora mausoleum, uppförda i ett slags tegelstenstäckt betong.

och nödvändighet till ett rop på granit. Somt köptes av inhemska firmor, annat importerades för dyra slantar från utlandet, inte minst från Sverige, där vår inhemska stenindustri tack vare detta kunde njuta en mindre boom. Men den yttersta räddningen stod än en gång att finna i slavarbetet: fångar i olika koncentrationsläger sattes att bryta sten, ett arbete ofta utfört med otillräckliga arbetsredskap och alltid under vidriga förhållanden.* De block som Speer tänkte foga samman till att bli nazismens evighetsmonument över sig själv var alltså även bokstavligt talat fläckade av blod, blod spillt i Mauthausen och Flossenbürg, Natzweiler och Sachsenhausen, Nuengamme och Grossrosen.

Tal om att höra upp med de ofantliga ombyggnadsprojekten till förmån för mer krigsnyttig produktion ville Hitler i förstone inte lyssna på. För Speer förklarade han, med något grumlig logik, att projektet »var det mest betydelsefulla bidraget till det slutliga säkerställandet av vår seger«. De omfattande röjningsarbetena gick vidare enligt plan; så medan återklangen från exploderande bomber hördes från ena änden av Berlin genljöd ljudet av hussprängningar från den andra. Och inte förrän framåt slutet av 1942, då den ena illavarslande rapporten efter den andra anlände från fronten i öst, avbröts det hela.

Hitlers envisa vägran att hejda all denna byggenskap var givetvis ett uttryck för hans längtan efter historisk storhet. Efter ett hastigt tretimmarsbesök i Paris 1940 såg han inte längre den franska huvudstaden som en farlig rival till det framtida Germania, varför han liksom i förbigående släppte sina gamla planer på att fysiskt utplåna den. Dessutom var hans blick ända sedan tiden före kriget riktad mot öster. Han kände mycket väl till Stalins pla-

---

* Greppet var inte nytt. Före kriget blev Speer hyllad sedan han lyckats med att bygga det nya rikskansliet på bara nio månader; en hel del av tacken borde dock ha riktats till tusentals utsläpade koncentrationslägerfångar; mycket av den remarkabelt snabbt framskaffade stenen kom nämligen från KZ Flossenbürg i Bayern, samtidigt som tegelsten och takplattor slagits i KZ Sachsenhausen.

ner på att bygga om Moskva, och när han fick reda på vilka dimen-
sioner Sovjeternas palats skulle få blev han nära nog rasande. Här
hade han tänkt förlägga världens mitt till Berlin genom att bygga
världens största, mest imponerande byggnad där, och så kommer
kommunisterna och meddelar att de avser att bygga en *ännu* stör-
re! (Kupolhallen planerades att bli 290 meter hög, medan Sovje-
ternas palats skulle sträcka sig ytterligare 125 meter upp i 1900-
talsutopiernas blåa himmel.)

Efter att ha samlat sig avfärdade han dock Jofans Leninprydda
krokan som ännu en skyskrapa. Senare förstod Speer »att tanken
på den konkurrerande byggnaden gjort honom mer nedstämd än
han någonsin velat medge«. Men när de segerrika tyska pansarko-
lonnerna 1941 skramlade österut mot Moskva var åtminstone den
sorgen förbi.»Nu blir det för alltid stopp för deras hus«, sade han
lättad till Speer.

8.

Alla de här besynnerliga likheterna mellan nazistiskt och sovjet-
kommunistiskt var uppenbarligen ingen tillfällighet förbehållen
arkitekturen. Den här typen av långt gående överensstämmelser
går även att finna i den bildkonst som dessa två system gav upphov
till. Jämför man den konstsyn som växte fram i Hitler-Tyskland
med den som var förhärskande i Stalins Sovjetunion skiljer det
sig i stort sett bara i termer och utanverk: innehållet är nästan
identiskt.

Precis som var fallet i arkitekturen visade de styrande upp häts-
ka attityder till seklets nya konstriktningar. Stalin och Hitler älska-
de båda det moderna, antingen som mål eller som medel, men de
avskydde båda modernismen, och för både tyska och sovjetiska
konstteoretiker var allt som bar doft av avantgardism bara kanal-
jeri. Så medan nazistiska förståsigpåare gallrade sina museer på
degenererade otäckingar som van Gogh, Chagall och Braque, kla-
gade deras sovjetiska kolleger livligt över modernisternas brist på

folklighet, över deras kludd, deras vridna former och fula färger (nämen titta, en *grön* himmel), och lämpade med en mörk min deras målningar ut från konsthallarna, in i något fuktmörkt magasin. För både tyska och sovjetiska avantgardister stod valet mellan tystnad och anpassning. Och i många fall slutade det inte ens med det. Många försvann i läger och deras konst förstördes, antingen av myndigheterna eller – och det var särskilt vanligt i Sovjet under jezjovsjtjinan – av skrämda anhöriga.

Ibland stöter man på föreställningen att styrande i totalitära stater inte bryr sig stort om konst och kultur. Inget kunde vara mer fel.

Det är svårt att finna några samhällen där de styrande lagt ned sådana oerhörda summor på kulturen som just Sovjetunionen och Hitler-Tyskland. Generositeten hade dock en uppenbar hake: man måste göra exakt som husse sade. Den ryske konsthistorikern Igor Golomstock menar att den process som förde från fritt konstliv till förslavat var densamma i dessa två stater. I båda fallen går det att se ett slags femstegsraket som för i en rak bana in i det totalitära nattmörkret: 1. Staten förklarar att konsten är ett viktigt vapen i kampen om makten; 2. staten skaffar sig ett monopol över konstmarknaden; 3. en apparat för direkt kontroll av konsten byggs upp; 4. ur den mångfald av konstnärliga rörelser som finns väljer staten ut en – ofelbart den mest konservativa – och gör den officiellt sanktionerad; 5. alla andra konstriktningar utnämns till motståndare till Framsteget, Rasen, Klassen etc., och utrotas därefter.

De konstnärer som återstod efter denna hårda gallring, och som ansträngde sig att måla och skulptera på det politiskt korrekta viset, kunde inte sällan räkna med en generöst utmätt kompensation för sitt omak. Så till exempel tjänade Arno Breker, Hitlers favoritskulptör, på ett år mer än vad propagandaminister Goebbels gjorde på tre. Inget knussel där inte. (Det är nog en av anledningarna till att dessa tyrannier aldrig haft några som helst problem att finna konstnärer villiga att bära koppel och skälla på kommando.) I båda systemen spelade de konstnärliga pristävlingarna en avgörande roll, dels som en metod för direkta belöningar, dels som ett sätt för de styrande att finjustera den konstnärliga smaken. Denna politiskt korrekta konst kallades »socialistisk realism« i Moskva, medan man i Berlin talade om skapande enligt »Führerprincipen«. Två olika namn för en och samma sak, alltså en bombastisk, tvålskrubbad och detaljrik realism. I både nazistisk och sovjetisk bildkonst går det också att se samma hierarki av motiv: överst finns där devota porträtt av Ledaren, sedan följer, i tur och ordning, idealiserande avbildningar av Den Nya Människan, mytiska skildringar av Rörelsens Historia, heroiska bilder av Kampen – och den kan äga rum antingen på slagfält eller i stålverk – samt sist men inte minst vulgära idyller från Det Frälsta Folkets Nya Liv. Taget som en summa blev resultaten en kolossal mängd av sönderideologiserad realism, intill förväxling och förblandning lika, där det enda som skiljer åt ibland blott är storleken på ledarens mustasch.

Detta betyder inte att där saknas olikheter. Så till exempel är bilden av kvinnan en sådan punkt där nazistiska och kommunistiska konstnärer bryter av mot varandra. Medan den sovjetiska kvinna som vi möter på bilderna ofta är påfallande dekorativ, mjäll i hullet och högbröstad, så är hon ändå också påfallande aktiv: på vetefälten, i talarstolen, i paraden. Detta var givetvis en trogen spegling av den förhärskande jämlikhetsretoriken i Sovjet. Lika ideologiskt betingade är bilderna av de tyska kvinnorna, liksom sina ryska systrar dekorativa och mjälla i hullet om än betydligt mer plattbröstade – vad just det sistnämnda skall betyda har jag ingen aning om. Dessa ariska kvinnor är påtagligt passiva, och den roll de har att spela är antingen den som familjemoder eller den som pinuppa, där det mjukpornografiska dolts, till exempel bakom slarvigt påklistrad antik rekvisita. Visst, det finns ett tydligt pryderi i den sovjetiska 40-talskonsten, ett pryderi som Speer lade

märke till på den där stadion i Kiev. Jag tror dock inte att all den
nakna huden i den tyska konsten skall tolkas så att nazisterna var
så mycket mer sexuellt frigjorda. Kläder är klassmarkörer. Detta
gjorde dem viktiga i sig för Stalins målare –»detta är en arbetare«
– och oviktiga, på gränsen till farliga, för Hitlers dito, som i olja
och marmor gav kropp åt en ideologi som tvärtom förnekade klas-
serna –»detta är en tysk«.

Kvinnorna är dock satta i andra hand i båda systemen, om än på
olika sätt. I både nazistisk och sovjetisk konst är Den Nya Männi-
skan i regel en man, och både i Moskva och i Berlin blickar dessa
nya män alltid lika längtansfullt bort mot den sköna nya värld som
väntar. I en nutida betraktares ögon ser sovjetmännen närmast
korkade ut, sannolikt för att deras trosvisshet uttrycksmässigt lik-
nar berusning. Nazimännen har samma korkade blick, men de
utstrålar istället manlighetskult och brutalitet; Josef Thoraks och
Arno Brekers muskelknuttar med hakor som båtstävar verkar all-
tid vara på väg att slå någon på käften; ibland, som är fallet med
Arthur Kampfs »Venus och Adonis« från 1939, fördröjd i språng-
et mot något olympiskt råkurr av en blek, skön och svag kvinna
som hänger runt hans midja. Ingemar Karlsson och Arne Ruth
har påpekat att de socialrealistiska hjältarna är symboler för en
utopisk framtid, »förebilder att sporras av i den egna vardagen«,
medan nazismens övermänniskor blott är »narcissistiska projek-
tioner«, ställda utanför tiden och historien.

Enligt vissa betraktare skildrar tyska och sovjetiska konstnärer
systemets fiender på olika sätt. Detta stämmer delvis. Definitio-
nerna skiljer dem förvisso åt. Det var klasstillhörigheten som i
första hand avgjorde om man sattes på insidan eller utsidan i Sov-
jet; i Tyskland var det på rasens våg man vägdes. Skildringen av de
utstötta, de farliga, rymmer ändock likheter. I båda fallen handlar
det om ett uppenbart avmänskligande. Motståndarna liknas vid
djur: för kommunisterna blir den andre monster att slå till mar-
ken, för nazisterna ohyra att utrota, i det förstnämnda fallet

är grundkänslan skräckblandat hat, i det sistnämnda aggressivt förakt.

Nåväl. Oavsett om vi har att göra med då så hyllade tyska giganter som Padua, Hommel, Knirr och Breker, eller lika hyllade sovjetiska kolleger som Gerasimov, Samsonov, Finogenov och Sjurpin, är det uppenbart att det som de lämnat efter sig är kitsch, ren och oförfalskad kitsch.

Som Samokvalovs »Kirov vid sportparaden« från 1935, där stjärnögda ungkommunister paraderar förbi Leningrads partichef, och där leenden, kroppsställningar, ja till och med färger förenas i ett något som för en nutida betraktare känns lika falskt som sockersött. Frågan är då varför dessa regimer hade en sådan förkärlek för denna partiboksbestyckade hötorgskonst?

En del av svaret har nog med kitschens egen natur att göra. Det som gör kitsch till dålig konst är inte bara att den på ett så okänsligt och ointelligent sätt imiterar äldre stilar. Det blir också dålig konst för att den är så sluten. Det finns ingen plats för betraktaren, det finns ingenting kvar att tolka eller tillägga. Och just detta gör givetvis kitschen både lockande och användbar för en totalitär regim. Kitschen samtalar aldrig. Den predikar bara. Dessutom vittnar 30-talets totalitära måleri om vad som händer när konsten kallas in för att göra ideologisk värnplikt. Och exemplen från Hitler-Tyskland och Sovjetunionen visar att lika lätt som det är att hejda oönskad konst, lika svårt är det att kommendera fram önskad.

Men dessutom finns där med all sannolikhet en länk mellan dessa regimers kitschiga konst och deras föregivet folkliga natur. Dessa diktaturer skilde sig från olika äldre föregångare inte bara genom sina ambitioner att uppnå det perfekta samhället genom att upprätta en total kontroll över sina medborgare – något som ingen forntida tyrann ens vågat drömma om och än mindre kunnat genomföra. De skilde sig också på så vis att de inte som föregångarna var nöjda med att härska över en tyst och passiv befolkning. 1900-talets totalitära diktaturer krävde tvärtom medborgarnas eller snarare »massornas« entusiastiska och okritiska stöd.

Båda systemen sade sig också vara av folket och för folket: de stod minsann för något som egentligen var bättre än de korrupta och svaga demokratierna, vars folkmakt blott var formell, en origami av fraser.*

Att dessa regimer framställde sig som särskilt folkliga var inte enbart ord i vinden. Joseph Goebbels, Hitlers propagandaminister, sade i ett tal i Nürnberg året efter det att nazisterna gripit makten att »det kan vara tillräckligt att stödja sig på gevär för att behålla sin makt; dock är det bättre och mycket mer tillfredsställande att vinna nationens hjärta och behålla det«. Sådan var ambitionen. Och både Hitler och Stalin hade också ett betydande folkligt stöd.

Förvisso var dessa länder fängelser, men en hisnande stor andel av internerna fann livet bakom galler uthärdligt, ja till och med gott. Detta måste vi veta för att förstå det som hände och händer i dessa stater. Resultatet i en del östeuropeiska val efter murens fall visar om inte annat att minnet av livet i cellen inte behöver särdeles stort avstånd för att förvridas till nostalgi.

Så även om dessa regimer så här i efterhand har avslöjats som politiska misslyckanden, mänskliga katastrofer och ekonomiska fiaskon, så var det uppenbarligen något som de lyckades med. Därom vittnar uppslutningen. Därom vittnar en annan ofta bortglömd sida av deras väsen, nämligen förmågan att få anhängarna att offra inte bara andra utan även sig själva. Det är detta som gör dem så utomordentligt livsförbrännande: dessa regimer slukade nämligen inte bara verkliga och drömda motståndare i en helt ny skala, de förbrukade också sina anhängare. Och många av de egna lät sig offras med en förbluffande villighet. Det där egenoffret

---

* Och läsaren kan vara fullständigt övertygad om att när tyranniet nästa gång lyfter på hatten och presenterar sig kommer det inte att vara som Tyranni; istället kommer det att kalla sig en Högre Form av Demokrati eller en Mer Utvecklad Folkmakt eller något liknande.

kunde ta en mångfald skepnader. Ofta nog tog det form av hårt, fysiskt arbete under vidriga omständigheter; för vissa handlade det om att svälja både stolthet och falska anklagelser och utan knot låta sig ivägskeppas till ett arbetsläger; för många handlade det om att ge sitt liv på slagfältet, som de tyska skolpojkar utrustade med Mausergevär från 1800-talet som på senvåren 1945 marscherade ut för att möta sovjetiska stridsvagnar i det sorgliga ruinvimmel där världens mitt en gång skulle ha byggts av Albert Speer. Frågan är hur den skapades, denna *Opferbereitschaft* – för att använda en nazistisk term. En del av svaret står nog faktiskt att finna i konsten.

I och med att denna konst är så uttalat och nästan tjurigt realistisk är det lätt att läsa verken som avbildningar, av Den Nya Människan, av Det Frälsta Folkets Nya Liv etc., och så var de tänkta att fungera, åtminstone på ett ytligt plan. Som trogna avbildningar är de dock rätt fåniga, inte minst då vi vet, till exempel, att livet på den sovjetiska landsbygden under den första hälften av 30-talet var den raka motsatsen till vad som visas upp i Gaponenkos idyll »Till mamma för amning«. Men denna totalitära kitsch handlar ytterst inte om hur det *är* utan om hur det *borde* vara. Den erbjuder en bild av verkligheten som syntes bättre än verkligheten för anhängarna, då den i motsats till verkligheten var fri från både motsägelser och fläckar. Därför det uppenbara »sociala underskottet« i bilderna, alltså att det som ofta var allra mest frånvarande i verkligheten är det allra mest närvarande i konsten – i Gaponenkos fall lycka och traktorer.

För precis som regimerna var populära inte så mycket för vad de gjorde som för vad de lovade att göra, var detta en konst som med stor framgång talade till människans förmåga att längta. (Det är nog det som gör att den på något vagt vis känns bekant, för i detta är den förbluffande lik modern reklam.) Där ser vi längtan efter ett gott och vackert liv, längtan efter mening och moralisk symmetri, längtan efter stabilitet och trygghet. Och förmår man att ladda de kraftfälten med hot och med rädsla finns det få gränser för vad man kan förmå människor att göra. Med andra. Och med sig själva.

9.

Så vad säger allt detta oss? Om vi får tro den vulgärmarxism som var statsreligion i Sovjetunionen är det basen som styr överbyggnaden, varat som bestämmer medvetandet, kulturen som speglar samhället och käket som kommer före moralen. Och i så fall betyder det att nazism och kommunism står varandra närmare än någon i de båda systemen någonsin varit villig att erkänna. Debatten över huruvida de här systemen egentligen var två ansikten på en och samma historiska kropp är inte ny. Den har pågått länge, och den är ännu inte avgjord. Frågan är också om det alls låter sig avgöras. Debatten har varit skev, just därför att den i regel handlat mer om ideologikritik i dagsupplaga än verkliga historiska jämförelser. Sedan har det hela blivit än mer vridet av att paralleller till nazismen numera blivit något av retoriskt knep. Som sådant är det både snärtigt och tacksamt, men där det vandrar in brukar både nyanser och tankeskärpa vandra ut. Det är viktigt att iaktta både det som skilde och det som förenade, utan att detta behöver ses som försök att ursäkta den ena sidan eller försvara den andra.

De två systemen var onekligen varandras ideologiska motpoler. Grovt förenklat skulle man kunna påstå att medan stalinismen stod för en extrem variant av upplysningstidens idéer, kan nazismen ses som ett minst lika extremt förkastande av detta upplysningstida arv. Skillnaden kan också sägas vara den mellan en omänsklig tillämpning av en politisk idé och en politisk idé som i sig är omänsklig.

För Hitler var målet hypernationalismens renrasiga olymp, dold under en drömd förflutenhets billiga kulisser, inför Stalin däremot svävade kommunismens multikultidröm av valsat stål och elitarbetare som ler mot framtidens sol. I Sovjetunionen var det som ovan nämnts klassen och politiken som definierade en som vän eller fiende, önskad eller oönskad, i Hitler-Tyskland var det i första hand rasen. Detta är av betydelse. För även när Stalins terror var som allra värst fanns det vissa möjligheter för utpekade att undgå lien, genom avhopp, genom avbön, genom anpassning. Något sådant alternativ fanns inte för Europas judar och zigenare; för medan det alltid är möjligt att byta klass och åsikt, är det aldrig möjligt att byta ras. Därför tog sig mördandet i de två systemen så olika former: för nazisterna gällde det att fullständigt utplåna hela *grupper*, för stalinisterna var det nog att göra kål på alla de *individer* som ansågs vara farliga ... eller som ansågs kunna bli det. (Därför utvecklades också det stalinistiska massmordet rent tekniskt sällan bortom något vi skulle kunna kalla för hantverksstadiet, alltmedan det nazistiska av kall nödvändighet snart tog språnget över till industrifasen.) Märk väl att detta också innebär att det sovjetkommunistiska systemet hade fler möjliga fiender och därför också fler möjliga offer än det nazistiska. Som renrasig, lydig och anpasslig tysk levde man tämligen trygg i 30-talets nazistiska system, medan ens judiska grannar var dömda till undergång. Samma tid i Sovjetunionen var ingen dömd till undergång, men ingen var heller riktigt trygg: vem som helst, även de mest trogna, kunde fångas upp av säkerhetsorganens vilt slående fångstarmar.

Men samtidigt som målen skilde systemen åt förenade medlen. Vi bör minnas att både Hitler och Stalin var revolutionära utopister. Den ene sade sig följa Naturens lagar, den andre Historiens. De hade båda kommit till makten i samband med stora kriser, som de själva varit med om att både förvärra och utnyttja. Och när de väl fått kontroll så likviderade de nästan samtliga traditionella institutioner i samhället, ersatte dem med egna, noga statskontrollerade och släppte sedan lös en ohämmad terror mot Den Stora Fienden. Syftet med allt detta var inte att upprätthålla eller ens förbättra samhället, syftet var att förvandla det, att likt arkitek-

»Hon kom från en familj ryska yrkesrevolutionärer
och var som de flesta av dem typisk bildad medelklass,
en vacker, mörkhårig ung dam van vid stilla pianoklink i salongen
och reciterande av Sofokles till kvällsvarden.«

Anna Larina Bucharina vid tiden för sitt giftermål med Bucharin.

»Bucharin själv var en revolutionär svärmare, intelligent,
uppslagsrik och karismatisk, men också vacklande,
känslosam på gränsen till hysterisk – han föll lätt i gråt –
och politiskt naiv: han ledsnade aldrig på att försöka hejda
skenande tåg med hjälp av pappersark.«

Nikolaj Bucharin 1929, invid Stalin, men med blicken fäst i ett annat fjärran.

»Dessa överlastade pjäser med sin mångfald av tinnar,
torn och miniatyrtempel hade enligt plan platta tak,
men när Stalin fick se ett av dem färdigt frågade han:
'Var är spiran?' Arkitekterna försvann, sannolikt under skurar av ursäkter
och förstulna ögonkast, men inom en vecka stod
mycket riktigt en spira på plats, visserligen byggd i trä, men ändå.«
Universitetet i Moskva.

»Mittemot varandra stod två brutalt stora,
kvadratiska monoliter, höga, rätlinjiga och pompösa.
Den sovjetiska paviljongen kröntes av en jättelik skulptur,
den firade 'Arbetare och kolchoskvinna' av Vera Mukina;
på andra sidan, invid portalen till den tyska byggnaden,
stod Josef Thoraks 'Kamratskap', en grupp nakna biffar i brons.
Båda dessa skulpturer uppvisade samma totala realism,
samma förenade händer, samma muskelmassor,
samma fasta och allvarliga blick in i ... framtiden?«

Världsutställningen i Paris 1937: den tyska paviljongen, ritad av Albert Speer
och den sovjetiska ritad av Boris Jofan. Båda vann.

»Det var också som ung, nykläckt arkitekt Albert Speer
kom i kontakt med den blivande Führern.
Speer drogs genast till Hitler och, så småningom, Hitler till Speer.
Delvis för att de var varandras spegelbilder rent känslomässigt.«
Hitler och Speer begrundar arkitekturens möjligheter.

»Kupolen hade en inre diameter på inte mindre än 250 meter,
vilket gav den en volym sjutton gånger större än Peterskyrkans –
hela den katedralen skulle förresten ledigt gå in i hallens ljusöppning.
Höjden och volymen var faktiskt så stor att det fanns farhågor
för att det skulle uppstå små moln inunder taket och att byggnaden alltså
skulle kunna dras med sina egna inbyggda regnoväder.«

Samtida modell av Albert Speers Der Volkshalle.

»Och över alltihop står en 100 meter hög brons-Lenin
iförd vad som verkar vara frack med tillhörande flytväst och
pekar med hela handen mot Den Ljusa Framtiden.«

Boris Jofans vinnande förslag till Sovjeternas palats.

»Dessa muskelknuttar med hakor som båtstävar
verkar alltid vara på väg att slå någon på käften;
ibland fördröjd i språnget mot något olympiskt råkurr av en blek,
skön och svag kvinna som hänger runt hans midja.«

Venus och Adonis, av Arthur Kampf, 1939.

**»Som trogna avbildningar är de dock rätt fåniga,
inte minst då vi vet, till exempel, att livet på den sovjetiska
landsbygden under den första hälften av 30-talet var
den raka motsatsen till vad som visas upp i Gaponenkos idyll.«**

Till mamma för amning, målad av T.G. Gaponenko, 1935.

»Stjärnögda ungkommunister paraderar förbi Leningrads
partichef, och leenden, kroppsställningar, ja till och med
färger förenas i ett något som för en nutida betraktare
känns lika falskt som sockersött.«

Kirov vid sportparaden, av A. Samokvalov, 1935.

»Han var en osannolik SS-man.
Det enda som talade för honom var fysiken.
Han var lång, hade stålgrå ögon, ett uttryckslöst ansikte,
en hård, befallande röst och bar håret kortrakat
på sidorna och i nacken.«

Kurt Gerstein vid inträdet i SS 1941.

**»Ryktena om massarkebuseringarna spred sig snabbt,
och för det mesta kom både tyska militärer och lokala åskådare
dit för att titta, peka, ibland också för att själva låna ett gevär
och skjuta en jude eller två, och det förekom berättelser om
hur 'avrättningsturister' stått där i tätt packade hopar och ätit glass.«**

En Einsatzgruppe i aktion; fotot taget sommaren 1941
i närheten av Kraigonev i Sovjetunionen.

»De fick höra att de nu skulle bli undersökta och sedan avlusade och badade. Därför skulle de ta av sig allt, även glasögon och proteser, och lägga det på särskilt utmärkta platser.«

Människorna på fotot är ungerska judar, nyss anlända till Auschwitz, som inom kort skall gasas.

»Invasionen av Sovjetunionen sommaren 1941
kan sägas vara den punkt då råa förföljelser övergick i
systematiskt massmord. Under de första fem veckorna
efter inmarschen dödades det fler judar än under
de föregående åtta åren av förföljelse.«

Fotot, som återfunnits i ett Gestapoarkiv, visar en massgrav vid Lvov.

ter skapa samhället på nytt, från grunden, och göra det till något fulländat, fullbordat, felfritt och perfekt – bara det i sig något modernt.

Förr hade sådana romantiska drömmar regelmässigt förlagts till någon religiös eller litterär hinsidesvärld, men nu infann sig något som sociologen Zygmunt Bauman har kallat för en mordisk kombination, nämligen »en typiskt modern ambition till samhällsdaning och social ingenjörskonst, blandad med en typiskt modern koncentration av makt, resurser och företagsledningsförmåga«.

För detta lyckorike skulle alltså nås genom noggrann styrning från toppen, en styrning utförd med en kraft och en brutal konsekvens som varit ideologiskt otänkbart och teknologiskt omöjligt i det gamla Europa. Det var alltså oprövat, vilket i sig gjorde det till något lockande i ett sekel besatt av de vackra möjligheter som dolde sig i Det Nya. Så båda dessa system var exempellösa tyrannier, styrda av ledare med oinskränkt makt, vars minsta ord var lag. Detta gjorde att Hitler och Stalin också hade en gemensam plattform i tron på nävrätten och i föraktet för demokratin, som de helst ville plåna ut från jordens yta.

Det var givetvis denna samsyn som gjorde det möjligt för nazister och kommunister att från två olika flanker attackera demokratin, som till exempel skedde i Tyskland före 1933. Känt sedan länge är Hitlers ord att det är lätt att göra en nazist av en kommunist, men att det är nästan omöjligt att göra samma förvandlingsnummer med en socialdemokrat. De tyska kommunisterna lade också stundtals ned mer energi på att piska upp sina demokratiska motståndare än nazisterna; Komintern menade framåt slutet av 20-talet på fullaste allvar att socialdemokraterna på sätt och vis var ett större hot än nazismen, då de förstnämnda öppet försvarade kapitalismen; eller som ledaren för KPD-distriktet* i Chemnitz-Erzgebirge deklarerade i september 1930:

---

* KPD = Kommunistische Arbeiterpartei Deutschlands.

O ja, vi erkänner att vi samarbetar med nationalsocialisterna, att vi tillsammans med nationalsocialisterna vill förstöra det existerande sociala systemet ... Bolsjevism och fascism delar ett gemensamt mål; förintandet av kapitalismen och av det social-demokratiska partiet. För att nå detta mål är vi berättigade att tillgripa alla medel.

På högsta nationella nivå präglades förhållandet mellan de två extrema rörelserna av avsky och glåpord, men nyare forskning – bland annat av Conan Fischer – har visat att det förekom många besynnerliga kopplingar på det lokala planet. De tyska kommunis-terna, KPD, och nazisterna tävlade delvis om samma väljare, alltså folk inom arbetarklassen som var missnöjda med republiken och som gärna såg den ersatt av något nytt. Så när NSDAP seglade upp som en verklig rival under andra hälften av 20-talet, tillgrep KPD helt logiskt samma enhetsfrontstaktik i kampen mot dem som man tidigare gjort i striderna med den andra stora rivalen om arbetarnas gunst, socialdemokraterna. Den gick ut på att veckla in folk från motståndarorganisationer i samarbete »underifrån«, för att så småningom locka dem över till den egna sidan. Därför före-kom det många kontakter och inte sällan direkt samarbete mellan nazister och kommunister på den så kallade gräsrotsnivån.

Dessutom kunde KPD sällan stå emot frestelsen att knipa billiga populistiska poäng. Detta ledde bland annat till att de tyska kom-munisterna anpassade sig till tidens chauvinistiska stämningar och pep fram nationalistiska slagord som i vissa fall – till exempel i fråga om kritiken mot Versaillesfördraget – faktiskt tangerade de nazistiska. Allt som allt var det en vågad strategi: den bomb de rig-gat för nazisterna kom nämligen att explodera rakt i ansiktet på dem själva 1933.

Efter sitt makttillträde använde Hitler som vi alla vet den famö-sa riksdagshusbranden som förevändning att avskaffa pressfrihe-ten, förbjuda konkurrerande partier och jaga tusentals av sina fien-

der in i koncentrationsläger. Inte minst drabbade var kommunis-
terna. Trycket utifrån fick KPD att implodera. Detta skedde dock
med en hastighet som överraskade de flesta. Partiets högsta funk-
tionärer gick, med några få undantag, i landsflykt. Av alla som
stannade kvar valde en mindre del att aktivt bekämpa den nazis-
tiska regimen. Och detta fortsatte de med, envist, trots att det vid
vägs ände sällan väntade annat än en fängelsecell eller en galge.
Flera valde att tystna. Vissa såg ett tredje val: desertering.

Att KPD föll samman så fort berodde inte minst på att delar av
partikadrerna faktiskt valde att byta sida – ett faktum som städades
undan efter kriget, då det inte fanns plats för annat än hjälteepos.
Så till exempel rapporterade polisen i Westfalen redan i mars 1933
oroat att »före detta kommunister eller människor som i alla fall
var knutna till KPD som anhängare, har i betydande antal gått över
till NSDAP och SA«; inflödet hade nämligen tagit en sådan omfatt-
ning att nazisterna – inte utan rätt – såg det som ett säkerhetspro-
blem; dessutom var det en fråga om trovärdighet för dem: bland
gemene man muttrades det nämligen om att många av de mer
bångstyriga kommunisterna inte bara gjort comeback som brun-
skjortor, utan att dessa förfärliga konvertiter också kommit att
ange tonen i hela SA-förband. Visserligen är de beräkningar som
säger att en tredjedel av SA:s medlemskår efter 1933 utgjordes av
före detta kommunister med all sannolikhet överdrivna, men den
utbredda deserteringen från KPD till NSDAP är ett faktum. Histo-
rikern Peter Merkl menar att speciellt för de yngre verkar den här
övergången »inte ha varit mer ovanlig eller betydelsefull än ett
byte av medlemskap i något ungdomsgäng i en stor stad«; det
som lockade i båda fallen var »doften av slagsmål och det kamrat-
skap som föds i kamp«. Men skall vi begripa det skedda är det
dessutom omöjligt att bortse från den uppenbara ideologiska
samsynen i vissa frågor som faktiskt fanns mellan dessa två ytter-
lighetsriktningar.

Nåväl. Så här efteråt, då likheterna visat sig vara så stora, då det visat sig att sovjetkommunismen och dess olika ätteläggar runtom klotet misslyckats med att nå alla de stora mål man föresatte sig och då de öppnade massgravarna dessutom visar att folken i de staterna fick betala ett högt pris för denna icke-prestation, kan man möjligen, som den engelske historikern Eric Hobsbawm, söka tröst i det helt korrekta faktumet att de mest energiska motståndskämparna i det ockuperade Europa inte sällan var just kommunister*, samt – än viktigare – att de soldater som till sist slog sig fram till Hitlers rikskansli faktiskt var sovjetiska. Enligt Hobsbawm var det just besegrandet av fascismen och – ironiskt nog – räddandet av de kapitalistiska demokratierna i väst som blev oktoberrevolutionens mest bestående resultat.

Något ligger det i detta. Andra världskriget hade helt visst fått ett annat förlopp om det inte varit för Stalins tunga industri; planekonomin var och förblev fullständigt hopplös när det gällde att fylla alldeles vanligt folks behov av alldeles vanliga vardagsvaror, men den var både bildligt och bokstavligt talat som skapt för att spotta ut strategiska basvaror som kol och stål, enkla lastbilar och tunga stridsvagnar. För det andra världskriget var precis som det första till syvende och sist ett fabrikernas krig, ett faktum enkelt fångat i en dikt av poeten Louis Simpson, som skildrar en strid utanför Düsseldorf år 1945:

> För varje granat som Krupp sköt
> sände General Motors fyra tillbaka.

* Att kommunisterna var framträdande i många av dessa motståndsrörelser – som var av vikt i Östeuropa, avgörande i Jugoslavien och utan större betydelse i Västeuropa – beror, som Hobsbawm mycket riktigt har påpekat, på att de rent organisatoriskt var väl anpassade för det underjordiska hemlighetsmakeri som sådana aktiviteter krävde, medan de demokratiska krafterna ofta fann de illegala formerna smått stötande och hade svårt att klara sig utan sina fria val, omständliga diskussioner och dito omröstningar, varför vissa retirerade in i något som i längden var etter värre: ett samarbete med ockupanterna gjort mer smakligt genom vissa kvasilegala former.

Även om det faktiskt stod och vägde vid ett par tillfällen, så kunde
Hitler-Tyskland inte tävla med Sovjetunionens och USA:s förena-
de produktionsresurser, och det var detta som till sist fällde avgö-
randet, inte några genidrag utförda av hyperintelligenta fältherrar
– under andra världskrigets brutala och blodigt utdragna kampan-
jer saknades ofta det ena och nästan alltid det andra.

Direkt konstigt blir det dock om man, som Hobsbawm anty-
der, ser nedkämpandet av nazismen som sovjetkommunismens
historiska *uppgift*. Då förgasas det hela till ren metafysik. Proble-
met är att vi här rör oss på det stora, vita fält som historiker bru-
kar benämna det »kontrafaktiska«, alltså resonemang av typen
»vad skulle ha hänt om Hitler dött när han gasades i första världs-
kriget …« Sådana frågor är lika kittlande att ställa som de är omöj-
liga att besvara.

Felet är att förutsätta att enbart ett i hast tvångsindustrialiserat
Sovjetunionen, och inte ett icke-kommunistiskt Ryssland, skulle
ha stått rycken; det enda vi kan förutsätta med en viss säkerhet är
att en demokratisk stat aldrig – som Stalin – skulle ha ingått en
militär pakt med ett nazistiskt Tyskland, en pakt som gick ut på en
styckning av Östeuropa, en pakt vilken förutan Hitler aldrig skul-
le ha vågat att inleda sitt erövringskrig, en pakt som gjorde det
andra världskriget möjligt. Och även om stalinismens tunga indu-
stri i mycket är att tacka för att kriget vanns, så bär stalinismens
tunghänta politik ansvaret för att det nästan förlorades. Den ovan
nämnda Ribbentroppakten var idioti från första början; Stalin
själv var en militär klåpare som ledde kampanjer med hjälp av en
jordglob och som bara lämnade kaos efter sig när han då och då
fick för sig att avlossa strategiska snilleblixtar; och orsaken till att
– som man säger i Ryssland – marschen till Berlin fick ta den
mödosamma omvägen över Stalingrad var inte minst diktatorns
omsorgsfulla nedslaktning av Röda arméns officerskår. Och så
vidare.

Ett sätt att förstå de här totalitära staterna och deras förhållande till varandra står att finna i den amerikanske samhällsfilosofen Lewis Mumfords tankar om »megamaskinerna«. Det är hans namn på de monolitiska samhällen som då och då har uppstått i historien: stora, noga reglerade och genomorganiserade kollektiv, där varje individ, varje grupp förvandlats till en liten kugge i en ofantlig, toppstyrd apparat, vars syfte är förverkliga olika fantasifulla planer och storartade projekt. Det bränsle som driver dessa megamaskiner är enligt Mumford myten. Längre tillbaka i historien tog denna myt formen av religion, i modern tid heter den ideologi. Och väl försörjd med bränsle börjar den ofantliga maskinen stånka och rista, och ur dess inre ramlar pyramider, kanaler, monument, rymdskepp, dammar, jättelika arméer, vapen av dittills osedd kraft samt byggnader av ofantliga mått. Samtidigt begynner megamaskinen att tugga i sig hött och mött i sin omgivning. Detta är den otrevligaste delen av det hela, för det finns egentligen bara två sätt att få stopp på en sådan här skapelse. Antingen brakar megamaskinen under sin gluffande ban ihop med en annan, än större megamaskin, som under gny och brummanden välter den första omkull; det var så som Nazi-Tyskland 1945 med en förfärlig smäll fick sin ände. Eller så kör maskinen slut på sitt bränsle av myter; det var ungefär så det gick till när Sovjetunionen 1991 med ett beskedligt pip förpassades ut ur historien.

Något ligger det även i detta. Det sovjetiska systemets haveri berodde dock uppenbarligen på att *både* bränsle och olja tog slut vid ungefär samma tidpunkt.

Redan i början av 50-talet stötte regimen i Moskva på planhushållningens moment 22. Under 30-talet hade man byggt upp vad som i praktiken var en tämligen enkel krigsekonomi som svalde kol och sket stål: 1930 klarade ett enda statligt organ av att sköta den. Men allteftersom ekonomin tog fart, mängderna och framför allt specialiseringen ökade, försvårades planeringen, med följd att de byråkratiska organen växte likt ogräs: 1948 hade av det första ursprungliga industriministeriet blivit 32, och innan 50-talet var slut uppgick de till runt 40. Systemet blev i och med detta allt trögare, offer för sin egen framgångs fetma. Ännu en tid kunde man hålla det hela flytande med samma metoder som på 30-talet, alltså storslagna men ack så slösaktiga ekonomiska »offensiver«. Den här bullriga offensivekonomin byggde emellertid på ett överflöd av billiga naturresurser. De fanns där under 30-talet. Framåt 1970-talet började de ta slut, och i deras ställe infann sig utbrända ekologiska katastrofområden, som de vid Aral och runt Bajkalsjön. Vid den här tidpunkten var förtrycksapparaten dessutom blott en skugga av sitt gamla jag. Massiv statsterror kan sannolikt bara användas med framgång i ett samhälle där ekonomin är av tämligen enkel 30-talsmodell och funktionärerna är lätta att byta ut. Det fungerar nog inte i ett mer sammansatt system. Redan 1937 års terror höll på att bryta ryggen på viktiga sektorer i ekonomin; hade man tjugo år senare återupprepat den gamla skräckföreställningen hade sannolikt hela systemet gått i kras. Ingen ville heller se en akt två av den stora terrorn, särskilt inte den allt större och allt bekvämare nomenklaturan.

Det fatala för Sovjetsystemet var dock att samtidigt som käppen förvittrat hade också moroten krympt ihop. Ideologin hade förlorat sin kraft. Megamaskinen hade kört torrt i tanken. Efter drygt 40 år av oinfriade löften var det allt färre som längre trodde på den grälla plakatprosan. Alltför ofta hade man lockat folk till uppoffringar med tal om framtida betalning. Alltför länge hade man talat om allt det goda, stora och sköna som snart, snart skulle byggas. Som Sovjeternas palats.

Arbetena på Jofans drömhus hade hejdats av det tyska anfallet. Så långt hade Hitlers förhoppningar blivit uppfyllda. Boris Jofan såg dock med all rätt på byggnaden som sitt livs projekt, så han fortsatte att rita och rita på denna världens största byggnad. Men Stalin och systemet fortsatte att odla sin nyckfullhet, och Jofan föll i onåd när han 1948 höll på att skissa på det nya Moskvauniversitetet. Det ville sig heller aldrig med hans stora verk. Byggnadsarbetena nere vid Moskvafloden återupptogs nämligen inte på allvar efter krigets slut. Det som under många år omskröts som beviset på den sovjetiska arkitekturens överlägsenhet kom egentligen aldrig längre än till den grävda grunden. »Se vad fyrtio år av socialism har gett oss«, brukade vissa skeptiskt lagda Moskvabor säga, »ett hål i marken.«* Och detta hål var ännu en grav. En grav för förhoppningar.

10.

De två kontrahenterna från den stora utställningen i Paris dog båda långt senare: Boris Jofan 1976 och Albert Speer 1981. Vid den tidpunkten var Jofan grundligt glömd, och somt av hans verk hade tillskrivits andra. Speer däremot gick ur tiden som något av en berömdhet.

Vid denna tid hade Hitlers favorit en remarkabel karriär bakom sig. Ända till 1942 tjänade han regimen som arkitekt, men i februari det året blev posten som rustningsminister plötsligt ledig, och Speer, som då råkade befinna sig i Führerhögkvarteret, fick frågan av Hitler om att han var villig att axla ansvaret. Speer sade ja. Det var hans pålitlighet, improvisationsförmåga och bevisat goda känsla för organisation som fick Hitler att erbjuda honom jobbet. Führern behövde aldrig ångra sig.

Under de följande tre åren lyckades Speer tredubbla den tyska vapenproduktionen, något som kan ha förlängt kriget i uppåt ett halvår – hade han varit än mer framgångsrik i detta hade världshistoriens första atombomber med all sannolikhet detonerat över Tyskland istället för över Japan. Speer anhölls vid krigsslutet och ställdes också inför rätta i Nürnberg. Där bröt han av mot de

---

* Under Chrusjtjovs tid gjordes hålet om till en jättelik friluftsbassäng, där Moskvaborna kunde bada om somrarna. Det kan dessutom nämnas att det enda som, enligt uppgift, nu återstår av Speers pelarhall är ett betongblock på 3 miljoner kubikmeter utanför Berlin, framställt på prov, för att testa hur den lokala sandmarken skulle klara av att bära en sådan ofantlig massa.

andra finkade nazikoryféerna genom att faktiskt erkänna sig skyldig till det som lades honom till last, utan omsvep om än med vissa reservationer. Ja, han bar det yttersta ansvaret för slavarbetarnas öden, nej, han hade inte haft något att göra med den direkta behandlingen av dem; ja, han hade gått regimens ärenden, nej, han var ingen mördare eller antisemit. Mest troligt var det hans ångerfulla uppträdande och hans öppenhjärtiga erkännande av skuld som räddade honom undan galgen. Istället dömdes han till 20 år i fängelse.

Om förtrollningen inte brustit redan vid krigsslutet så gjorde den det under den långa isoleringen i Spandau. När Speer kom ut igen var han en sluten, sorgsen man, som knappt klarade av att åter ställas inför sin familj – när han mötte hustrun skakade han bara hennes hand. Han var dock inte bruten, utan kom att göra sig både namn och pengar på en rad intelligenta, detaljrika och högst värdefulla böcker, där han avslöjade mycket av det mest vridna och ihåliga i Tredje riket. Många av hans gamla vänner övergav honom, upprörda över något som de såg som förräderi mot den ledare de tjänat och den sak de trott på. Den skuld Speer kände var stor, samtidigt upphörde han aldrig att också vara lite grand stolt över den roll han spelat i iscensättandet av historiens största katastrof. Han var aldrig inblandad i utrotningen av judarna, och han förnekade med stor bestämdhet och betydande manipulativ skicklighet att han alls känt till det som höll på att ske med dem. Men detta var inte sant: det var omöjligt för någon så högt uppsatt som Speer att inte veta.*

Viktigare än frågan hur skyldig han *egentligen* var, är frågan hur denne begåvade man lyckades att rättfärdiga sitt arbete i regimens tjänst, inför sig själv och inför andra. Här ger hans egna texter vik-

---

* Just på denna viktiga punkt har Gitta Sereny kunnat beslå honom med en rad förtiganden, glidningar och ibland direkta lögner. Bland annat var han uppenbarligen med på ett senare ökänt möte i Posen 1943, då ss-chefen Himmler informerade en rad höga dignitärer om utrotningsprogrammet.

tiga ledtrådar. I dem framträder han faktiskt som representant för
två snarlika typer, utan vilka 1900-talets totalitära stater aldrig
skulle ha kunnat finnas till. Det ena är experternas, teknikernas
och byråkraternas släkte, alla de som säger sig stå över all banal
politik och som troget, ja nitiskt utför sin anförtrodda specialist-
syssla i den inte helt fördrömda förhoppningen att detta skall
skänka honom eller henne en liten ö av privat trygghet i polissta-
tens hav av mörker och dimma. Det andra är de stillsamma sym-
patisörernas släkte, alla de som skyr »rörelsens« överdrifter och
extremism men som ändå följer med, inte sällan i tron att de skall
verka återhållande på fanatikerna, medan de tvärtom gör dem
respektabla. Och efteråt kan man ursäkta sig med att man egentli-
gen inte visste. Och säga att man ångrar sig. Och att man bara ville
gott. Eller att man egentligen bara försökte göra sitt jobb, detta
oavsett om jobbet handlade om att lappa ihop tågtidtabeller för
människotransporter eller, som Speer och Jofan, bygga marmor-
klädda bländverk till regimens pris.

Det är talande att varken Speers pelarhall eller Jofans palats blev
av. Kanske finns det ett löfte i det faktum att inget av systemen kla-
rade av att infria sina löften eller ens överleva. Den orubbligt järn-
hårda historia som tyrannerna påstod sig tjäna visade sig vara mer
böjlig, mer oförutsägbar, mer mänskoverk än de själva kunnat
föreställa sig.

Den tanken kom till mig en sen kväll i Moskva. I bil passerade
jag stadens centrum, det centrum där betydande delar av Stalins
generalplan skär fram i form av ofantliga autostrador och grund-
ligt sönderdekorerade politrukpalats och skyskrapande skyskra-
por. Dessa marmorpjäser med alla sina kolonner, tinnar och torn
kan te sig rätt löjliga i dagsljus, för i det avslöjande solskenet
understryker överlastningen byggnadernas högtidliga tomhet.
Nattetid är det en annan sak. När jag åkte där genom spillet av
orangefärgat natriumljus fick åsynen av en av dessa spöklikt illu-
minerade kolosser – jag tror det var utrikesministeriet – mig att

rysa en smula; och jag kunde inte bestämma mig för om jag verkligen sett något eller om jag själv blivit duperad av den totalitaristiska arkitekturens spegeltrick. Mörkret och den sneda fasadbelysningen lyfter fram en annan kvalitet hos dessa konstruktioner, nämligen tyngden, den oerhörda tyngden. Och plötsligt tyckte jag mig se en inkarnation av systemets brutalitet och utstuderade kyla. Och jag fick en aning om hur fullständigt hjälplösa offren en gång måste ha känt sig. För vem kan stå upprätt när alla de där miljonerna ton av sten och betong läggs på ens axlar?

Senare passerade vi en plats vid flodsidan som föreföll mig vagt bekant. Där syntes dock intet förutom stängsel och stora byggnadsställningar. Min ciceron Johan pekade genom bilrutan och förklarade att det var just här som Sovjeternas palats skulle ha legat. Byggarbetsplatsen som förfallit till rivningstomt hade på nytt blivit byggarbetsplats. Hålet i marken är borta nu och Kristi Frälsarens kyrka håller på att byggas upp igen.

På rundtur i labbet

1.

TÅGET höll som vanligt tiden. Klockan sju rullade sättet med 45 godsvagnar in på den lilla järnvägsstationen. De som kikade ut kunde då se en laduliknande byggnad i två och ett halvt plan med en stor täckt skorsten på taket, omgiven av låga byggnader där den tyska lägerpersonalen bodde – på ett av husen satt en skylt: *Sonderkommando Belzec*. När tåget stannade klev besättningen av någon anledning ned ur lokomotivets förarhytt och en ny, ledd av en äldre tysk man med tjock, svart mustasch, klättrade upp i deras ställe. Sättet kördes så in på ett stickspår, drygt 300 meter långt, som löpte fram över några tomma fält bort mot en stigning. Efter ungefär två minuters långsam färd nådde det fram till ett läger, som låg i anslutning till en höjd och var inhägnat av ett två meter högt taggtrådsstängsel. Det var omöjligt att se bortom och in i lägret, då stängslet täcks av inflätade grenar och en ridå av träd planterats framför det.

Infarten skedde genom en taggtrådsklädd träport i lägrets nord-östra hörn. Strax vänster om porten låg ett vakthus med telefon, framför vakthuset stod ett antal SS-män med hundar. Tågsättet körde så in på en öppen plats. När den sista vagnen rullat förbi stängde männen med hundarna porten och försvann åter in i vakthuset. På planen invid rälsen väntade ett hundratal ukrainska SS-vakter. I sina händer höll de gevär och läderpiskor. Invid rampen, en bit bort från vakterna, stod tre uniformsklädda karlar, två kortare och en något längre. Den långe mannens namn var Kurt Gerstein, och han och en annan besökare hade fått tillåtelse att följa hela processen, steg för steg. Kommendanten skulle vara deras ciceron. Lägret var förvånansvärt litet. Det hade formen av en något sned fyrkant, ungefär 280×250 meter, vars bortre södra del slöt an till en tät tallskog. Strax innanför tre av stängslets ytterhörn gick det att se höga vakttorn. Ett fjärde torn stod mitt i anläggningen. Själva lägret bestod av tre avdelningar: sektion 1 låg strax bortom vakthuset och bestod av de baracker där det ukrainska vaktmanskapet var inkvarterat; tåget hade dock åkt en bit bort, till det som kallades sektion 2, där de nyanlända togs emot och där arbetsfångarna bodde; lägrets egentliga verksamhet ägde rum i sektion 3, men det var noga avskärmat med ännu ett grentäckt stängsel.

En polack som bodde några mil från lägret har beskrivit hur tågen såg ut:

> De små fönstren var täckta av bräder eller mängder av taggtråd, och på vissa ställen i väggarna fattades plankor, vilket var bevis på den desperata kamp som ägde rum där inne. Rädda människoansikten kikade ut genom hålen i väggarna och genom de av taggtråd förbommade fönstren.

Vakterna gick fram till vagnarna. På var och en av dem angavs antalet ilastade människor med en siffra skriven i vit krita. Rudolf Reder, en sextioårig tvålfabrikant från Lvov, som anlänt till lägret bara några dagar tidigare och som då blivit uttagen till arbetskarl, berättar:

> I det ögonblicket öppnade några dussin ss-män vagnarnas dörrar och skrek »Los!« De föste ut människorna med sina piskor och gevär. Vagnarnas dörrar var ungefär en meter ovanför marken. Pådrivna med slag från piskorna tvingades människorna hoppa ned, både gamla och unga, det gjorde ingen skillnad.

142

De bröt armar och ben, men de måste lyda ss-männens order. Barn blev skadade, alla föll ned, smutsiga, hungriga, rädda.

Skriken, slagen och sparkarna skall nog inte ses som uttryck för sadism utan var snarare ett väl genomtänkt moment i processens första steg: de utmattade människorna i vagnarna skulle mötas av en omskakande demonstration av makt som avsåg att skrämma dem till underkastelse.

Allt som allt rymde tåget 6 700 judar i alla åldrar som nu på ett par korta minuter vällde ut genom dörrarna, ned på rampen, män, kvinnor och barn. Vid det här laget låg runt 1 450 redan döda inne i vagnarna. Förhållandena under transporterna var mer än olidliga. Det hände att upp till var fjärde avled, främst på grund av bristen på vatten och luft i de noga tillslutna och helt fullpackade vagnarna. (En reglementerad last i en godsvagn var 40 personer. Uppenbarligen satte man ibland mellan 120 och 140, ja ibland ända uppåt 160 personer i var vagn.) Dessutom blev många skjutna under sina försök att fly från de övervakade tågen. Lokalbefolkningen behövde inte tveka om vad det var som hände, för när loken letade sig fram med sin last genom det polska landskapet skvallrade skriken och skottlossningen om vad det var för typ av transport. Det förekom ibland så talrika utbrytningsförsök att vakterna – uppflugna på vagnstaken eller klängande på fotstegen – sköt slut på sin ammunition, så att de var tvungna att använda sina bajonetter eller till och med kasta sten på de flyende.

Tysken med den svarta mustaschen gick längs tågsättets långa rad. Han svingade sig upp i vagn efter vagn och såg efter att ingen dröjt sig kvar. Hittade han någon kastade han ut honom eller henne. När han väl nådde den sista vagnen signalerade han med en liten flagga att allt var klart. Tåget backade ut igen.

En skrällande röst ur en högtalare meddelade att de kommit till ett genomgångsläger och snart var det dags för vidaretransport till olika platser där de skulle arbeta. Rösten beordrade den amorfa

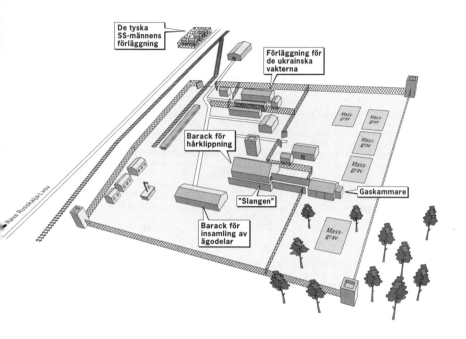

De tyska SS-männens förläggning

Förläggning för de ukrainska vakterna

Barack för hårklippning

Massgrav
Massgrav
Massgrav
Massgrav

Gaskammare

"Slangen"

Barack för insamling av ägodelar

Massgrav

Rava Russkaija-Lvov

Utrotningslägret i Belzec, augusti 1942.

massan med människor vid rampen att ställa upp i led. Därefter vallades de iväg av de svartklädda vakterna. De tre männen följde efter, genom en sommarluft tjock av stank och flugor. Det var dags för processens andra steg.

2.

Kurt Gerstein var en osannolik ss-man. Det enda som talade för honom var fysiken. Han var lång, hade stålgrå ögon, ett uttryckslöst ansikte, en hård, befallande röst och bar håret kortrakat på sidorna och i nacken. Civilklädd blev han ibland tagen för en Gestapoman, men väl iförd den dödskalleprydda uniformen förlorade hans mörka och hemlighetsfulla aura mycket av sin kraft. Paradoxalt nog, för det finns onekligen personer som är liksom gjorda för en uniform, som begriper de krav den ställer på likformighet, lydighet och stil, som suger åt sig dess auktoritet och därför växer i den – och berövas de den krymper de följaktligen ihop till grå och ointressanta nulliteter. Kurt Gerstein var ingen sådan uniformsmänniska. Tvärtom verkade han inte ens vilja bära den på ett särskilt övertygande vis: livremmen hängde alltid, mössan såg ut att vara några nummer för stor, fickorna bågnade av snask och i det stängda pistolhölstret satt ... en klädborste.

Gerstein kom från en borgerlig familj i Münster. Fadern var nationalist, monarkist, protestant, antisemit och domare, en rätt typisk representant för släktet preussiska patriarker. Uppväxten i denna självgoda men stabila miljö gjorde Gerstein fallen för tal om plikt, punktlighet, moral och ärlighet, inte minst ärlighet mot sig själv. Han var ett intelligent, olyckligt och egensinnigt barn som lagom i tid till gymnasiet förvandlades till en sökande individualist. Betygen blev följaktligen usla. Han utbildade sig till gruvingenjör men fortsatte att söka och läsa. I honom fanns den där blandningen av otålighet och naiv idealism som hör ungdomen till, men till skillnad från de flesta skavdes de egenskaperna aldrig av honom. Hans religiösa tro fördjupades istället med åren och hans moraliska patos med den, ett patos som under en tid fann utlopp i en beskäftig och tröttande sedlighetsiver. Inför sina kamrater i den protestantiska ungdomsrörelsen mullrade Gerstein gärna om avhållsamhet och självkontroll och undvek demonstrativt cigarrer, sprit och krogar med dåligt rykte. Ibland begick han nitiska stadsvandringar, under vilka han nogsamt raderade obscent klotter från husväggarna och rev ned vågade affischer. Samtidigt kände även den excentriske Gerstein av nazismens gravitationskraft. Inte så att han avskydde eller ens vantrivdes i republiken, men han var utan tvekan nationalist och som sådan kittlad av Hitlers löften om en återuppväckt tysk storhet. Sedan ungdomsåren fanns det uppenbarligen en motsägelsefull längtan i honom att både vara med och vara sin egen. Hitlers maktövertagande i januari 1933 ledde till att en veritabel flodvåg av opportunister och nykläckta entusiaster sökte sig till NSDAP, och ett av huvudena i det berusande vimlet av fanor, facklor och triumfatoriska slagord tillhörde Kurt Gerstein. Men även i anslutningen till nazismen fanns det ett moment av troskyldigt avståndstagande. Att kritisera partiet utifrån fann han verkningslöst. Han tänkte gå med för att se med egna ögon, för att förändra, inifrån.

Problemet var bara att han inte var villig att schackra med sin tro. När den protestantiska ungdomsrörelsen åts upp av *Hitlerjugend* var Gerstein en av ett fåtal som vågade protestera; och när *Wittekind*, en klart rasistisk och kristendomsfientlig pjäs av nazisten Edmund Kiss, hade premiär i hans hemstad, ställde sig Gerstein upp och avbröt föreställningen med burop, vilket omedelbart ledde till att en skock SA-män slängde sig över honom, slog ut två av hans tänder och släpade honom halvt medvetslös ut ur den knäpptysta teatern. På hans kavajslag satt då fortfarande den lilla rosett som visade att han var medlem i NSDAP. Och han höll envist fast vid sin anslutning till partiet, trots att han började umgås med de kristna regimkritiker som samlat sig runt den berömde teologen och före detta ubåtskaptenen Martin Niemöller. En tid räddades han från apparatens vrede av de besynnerliga men ilskna organisationsrivaliteter som fanns överallt i Hitlers Tyskland, men framåt hösten 1936 kunde inte ens hans kontakter i Gestapo skydda honom längre, utan han arresterades och hans hem rannsakades – polisen fann då bland annat ett tusental illegala kyrkopamfletter. Efter sex veckor i fängelse spottade den nyckfullt fungerande apparaten ut honom. Han var fri men utesluten från partiet, avskedad från sitt arbete vid gruvministeriet samt beslagen med talar- och yrkesförbud.

Upplevelsen lämnade Gerstein skakad och rädd. Hans första impuls var att lämna Tyskland, kanske emigrera till Afrika för att sprida evangelium och penicillin bland de färgade folken. Detta hugskott lät han dock snart falla och började istället studera medicin, samtidigt som han idogt arbetade på sitt återinträde i nazistpartiet. Medlemskapet i NSDAP var viktigt, inte bara för att han fortfarande hyste ärligt känd beundran för Hitlers världsliga politik, utan framför allt för att det skulle återskänka honom arbete, ställning och trygghet.»Jag känner mig djupt länkad till rörelsen, och det är min brinnande önskan att tjäna den och att främja Adolf Hitlers verk«, skrev han i en krypande avbön, men partidomstolen i München var inte särdeles imponerad.

På sommaren 1938 blev han till sin fasa arresterad på nytt och skickad till koncentrationslägret Welzheim utanför Stuttgart. Då var detta och andra koncentrationsläger rätt små inrättningar där främst regimfiender och vanliga kriminella lades på lager och där vardagen präglades mer av förnedrande översitteri än av regelrätta mord. Återigen var han ute efter mindre än två månader – denna gång var anklagelserna mot honom ogrundade – men hungern, smutsen och vakternas brutalitet var en chock för honom. Flera gånger hade han övervägt självmord.»En tredje arrestering innebär slutet för mig«, skrev han bedrövad till en vän.

Med desperat energi drev han sitt arbete på ett återinträde i partiet, nu hjälpt av alla de kontakter som hans bekymrade och infly-

telserike far domaren kunde leta fram. Gerstein skrev nya siratliga
brev till partidomstolen där han intygade allvaret i sin nazistiska
övertygelse och tog avstånd från Niemöller. Mycket var rädd
opportunism. Visserligen erkände han att Hitler var värd beröm
för allt som uträttats på det materiella planet, till exempel vad gäll-
de »arbetslöshet, vägar, byggnader«, men hans högst privata åsikt
var att regimen också var en katastrof för kristendomen och rätts-
säkerheten i Tyskland. Men detta höll han nogsamt tyst om, och
efter en hel del dragande i tåtar och viskande i öron släpptes Ger-
stein i juni 1939 tillbaka in i NSDAP. Han fick nytt jobb som gruv-
ingenjör, gjorde sig synlig på partimöten och började dessutom
arbeta för *Hitlerjugend*. Och när kriget bröt ut några månader
senare anmälde han sig som frivillig. Armén sade dock nej. Då
sökte han till flygvapnets fallskärmsjägare. Flygvapnet sade också
nej, men gav honom rådet att försöka hos SS väpnade gren.

Han förblev dock kluven och vacklade uppenbarligen mellan å
ena sidan utbrott av lojalitet och tillhörighetslängtan som kom ur
hans nationalistiska känslor, och å andra sidan den djupt kända
skepsis som föddes ur hans tro och moraliska patos. Avgörandet
kom med budet om Bertas besynnerliga död.

3.

Gerstein och de två andra följde nu efter de nyanlända när de val-
lades bort.

Kvar vid spåret fanns bara de kringslängda kropparna av dem
som dött under resan samt de som av en eller annan anledning
inte kunde gå själva: utmattade åldringar, sjuka, skadade och över-
givna spädbarn. Alla lades upp på bårar och bars iväg genom det
ristäckta taggtrådsstängslet, bort mot lägrets nordöstra hörn. Där,
utom synhåll för de andra som inte skulle oroas i onödan, lades de
upp på kanten till en stor öppen grav. Sedan sköts de en och en av
en SS-man med ett finkalibrigt gevär. Efter skotten knuffade han
med hjälp av gevärspipan ned de livlösa kropparna i gropen.

Under tiden fördes de andra fram till en öppen plan invid en
stor, taggtrådsomgärdad barack. Här fick de höra att de nu skulle
bli undersökta och sedan avlusade och badade. Därför skulle de
nu ta av sig allt, även glasögon och proteser, och lägga det på sär-
skilt utmärkta platser. En flicka med glasögon tvekade, men en
vakt manade lugnande på henne: »Oroa dig inte ... du får andra
där inne.« Gerstein såg hur en treårig gosse gavs en handfull snö-
ren och tillsades att dela ut dem så att människorna kunde knyta
ihop sina skor, »för annars skulle det senare bli omöjligt att iden-
tifiera paren«. Med tankfull noggrannhet delade barnet ut sina
snoddar, och högen av ihopsnörda skodon växte snart meterhög.
(Man försökte alltså försänka de nyanlända i en falsk känsla av
säkerhet. Talet om bad förklarade avklädningen, samtidigt som
det på ett skickligt vis manade till människornas förnuft: för dessa
smutsiga människor som suttit instängda i godsvagnar utan vat-
ten mitt i hettan – sommaren 1942 var ovanligt varm – lät det
givetvis lockande.) Alla pengar och värdesaker lämnades in genom
en särskild lucka på den stora baracken. De fick inga kvitton.

Sedan skildes karlarna från kvinnorna och barnen. Här utfördes
också en enkel selektion av männen. Med en gest av en ridpiska
kallade en ss-man ett antal av dem åt vänster. De fick befallning
att klä på sig igen.

Leden av nakna människor fördes bort mot en intilliggande
barack som mätte cirka 15 × 30 meter. De nakna männen och poj-
karna förblev utanför. Kvinnorna och flickorna styrdes in i den;
inne i baracken fanns ett hundratal trästolar och de beordrades att
sätta sig ned. Tigande »arbetsjudar« började med väl inövade,
mekaniska rörelser att klippa av dem håret. Proceduren var enkel:
två tre klipp med saxen varefter sjoken med hår trycktes ned i stora
potatissäckar. (En av ss-männen som gjorde tjänst där sade till
Gerstein att håret »var avsett för något specisaländamål i ubåtarna,
för tätningar eller liknande« – i själva verket användes det som
stoppning i madrasser.) Enligt lägerfången Reder var det först nu

som en del började ana vad som egentligen väntade. Andra steget i processen var slutfört i och med klippningen. Nu tog det tredje vid.

4.

I begynnelsen fanns ingen plan, blott en fobi.

Det handlade om ett illa ihopsytt vidunder av urgamla skällsord, moderna fördomar, grumligt hat, fåniga konspirationsteorier, halvsmälta kvasivetenskapligheter och, inte minst, en intensiv längtan efter en perfekt värld. Och denna värld skulle fulländas på samma sätt som man fulländar en trädgård: genom planering, styrning, gallring och övervakning och kontroll. Enda skillnaden var att man här avsåg att tukta folk istället för gurkor. Detta var inget underligt, för denna utopiska längtan efter det fulländade samhället var ytterst ett rop på en fulländad människa. Och för att denna nya människa skall bli till måste de förtjänta, de sunda, de starka, dras in i en trygg och nära *Volksgemeinschaft*, styrd av en allsmäktig stat, en stat som skyddar och vårdar de egna med ena handen, samtidigt som den med den andra handen motar iväg dem som inte hör dit. Och steget från *Auslese*, urval, till *Ausmerzung*, utgallring, är kortare än man tror.

Att den sociala ingenjörskonstens utövare i Hitler-Tyskland fann en måltavla för sin urvalsiver i de lytta och galna är ej att förvåna sig över. De var ju så uppenbart onyttiga, ovärdiga och obotliga; till råga på allt var de allra flesta av dem omöjliga rent utseendemässigt för en politisk rörelse som upphöjt banal skönhetsdyrkan till en ideologisk princip – och skönhet, det var högbröstade blondiner i flätor det.

Att nazisternas utopiska raseri också riktades mot judarna och zigenarna är dock inte lika självklart. Det som Kurt Gerstein fick skåda den där sommarförmiddagen i Belzec går helt visst inte att förstå utan antisemitismen. Men judehatet är, som man brukar säga i filosofin, en nödvändig men ej tillräcklig förutsättning för det skedda. Antisemitismen var en viktig politisk faktor i Tyskland, men i början av 30-talet var den betydligt starkare i till exempel Frankrike. Den tyska judenheten hade som ingen annan i Europa smält in i det vanliga samhället, och de uttalat antisemitiska partierna hade litet stöd före 1914, varför utländska judar inte sällan betraktade sina tyska trosbröder med viss avund. (Under första världskriget hände det att polska judar hurrande hälsade tyska trupper som befriare. Och när högersionisten Vladimir Jabotinsky 1938 pläderade för en massevakuering av Europas judar ansåg han dock inte att den väntade katastrofen skulle vara nazisternas verk, utan att den snarare skulle komma ur den östeuropeiska antisemitismen. Och ännu 1941 försökte vissa extrema sionister som Abraham Stern få till en allians med Tyskland, som av dem betraktades som ett mindre hot än Storbritannien.*)

Lika lite som att Förintelsen sprang ur någon vag främlingsfientlighet kan den enbart beskrivas som en attack på »de svaga«: de tyska mongoloiderna var förvisso en »svag« grupp, den tyska judenheten däremot var rätt stark, och just det gjorde det möjligt att framställa den som ett hot.

När nazistpartiet började sin klättring mot makten efter första världskrigets förödmjukelser och genom Weimarrepublikens ekonomiska och politiska kaos, fanns antisemitismen med i det förvirrade ideologiska lapptäcke de kallade program. Som Sarah Ann Gordon har visat spelade den dock en rätt underordnad roll under partiets tidiga år – varken Goebbels, Göring, Himmler, Hess eller ens den framtide utrotningsbyråkraten Adolf Eichmann drogs till NSDAP på grund av judehat. För många i NSDAP var det etniska alltså inte en drivkraft utan en taktik, något att ta till, helt skamlöst, då man hoppades kunna vinna något på det, men också något man kunde tona ned om det inte visade sig vara opinionsmässigt lönsamt. Emellertid var antisemitismen mycket viktig för en myc-

* För en diskussion av detta se Joseph Hellers *The Stern Gang – Ideology, politics and terror*, 1940–1949 (1996).

ket viktig person: Hitler. För honom var den en besatthet, en fix idé, den fasta ideologiska punkt med vars hjälp historien kunde förklaras, världen lyftas och framtiden vinnas.

Det tyska folket var för sin överlevnads skull tvunget att slå sig fram till nytt livsutrymme, men de som mer än några andra stod i vägen för detta var judarna. Och Tyskland skulle aldrig kunna vinna vare sig yttre storhet eller inre styrka om inte de skaffades ur vägen, på något vis. Så gick visan. Och genom att Hitler hade en så utomordentligt central position i rörelsen – han var det järnband som höll samman NSDAP:s bågnande helhet av grälsjuka småpåvar, kivande underorganisationer och ideologiskt förvirrade partikadrer – kunde hans och andras stortartat hatiska fantasier upphöjas till storpolitik. Målet var satt: ett judefritt Tyskland.

Hur man skulle komma dit var dock inte givet på förhand. Som bland annat historikern Karl Schleunes har visat var den väg som till slut ledde fram till läger som Belzec både krokig och motsägelsefull. Under nazisternas första år vid makten prövades den ena metoden efter den andra för att nå målet ett judefritt Tyskland.

Först bedrevs kampanjer av slumpmässig terror och bojkott. Tiden efter makttillträdet blev rader av judar misshandlade och förödmjukade av kringskenande SA-män, men dessa spontana dåd gav dock få resultat på det hela taget, förutom en massa fula rubriker i utländsk press. (Dessutom stred de ständiga bråken mot Hitlers snygga löften om att upprätta lag och ordning i landet.) I ett uppenbart försök att styra över partiradikalernas rastlösa energier i något mer PR-mässiga banor inleddes istället en bojkott av judiska företag. Idén som sådan lät säkert utmärkt i slagordspolitikens förtunnade luft, men när den väl skulle sättas i verket stötte man på ett antal problem som sunt tänkande personer hade kunnat förutse men som var oväntade för de ideologiskt rätvinklade. Börsen dök – givetvis –, vilket inte alls var bra för den ekonomiska återhämtningen. Många lokala nazister fick svårartad huvudvärk när de sattes att avgöra vad ett »judiskt« företag egentligen var för något, för hur bär man sig till exempel åt om en majoritet av aktierna ägs av judar, men en majoritet av de anställda är »arier«? När det dessutom visade sig att gensvaret bland vanligt folk var klent fann regimen för gott att avbryta bojkotten, den motvilliga reträtten dold i en dimridå av Orwellskt nyspråk.

Därnäst försökte nazisterna lagstifta bort judarna. En rad stadgor inrättades: »icke-arier« förbjöds att besitta vissa statliga tjänster, antalet judiska studenter begränsades, »icke-arier« hindrades att göra militärtjänst, äktenskap mellan judar och »arier« gjordes olagliga samtidigt som sexuella förbindelser mellan dessa olika grupper gjordes straffbara. Och så vidare. (Dessa lagar gällde också zigenare.) Allt som allt malde den kamrersgrå rättsbyråkratin fram runt 400 antijudiska lagar, men redan efter några år stod det klart att inte heller denna väg skulle leda fram till ett judefritt Tyskland. Vad de efteråt så besvikna nazisterna inte tänkt på den här gången var att genom att strängt avgränsa vad judarna inte tillläts göra så stadgade man på ett indirekt sätt också vad de tilläts göra, vilket på sätt och vis var ett erkännande av deras rätt att existera. Den blotta mängden av regler upplevdes också som besvärande av många nazister, som var mer disponerade för nävrättens omedelbarhet än för paragrafernas omständligheter. Visserligen var det tänkt att raslagarna skulle ge staten en möjlighet att sätta tumskruvar på judarna, men de flesta ärenden kom snart att gälla »arier«, som i linje med de nya reglerna nu måste visa upp stämpelöversållade renrasighetsbevis när de sökte jobb, gifte sig, undervisade etc. (De enda fullt nöjda var de professionella släktforskarna som njöt ett uppsving utan like.)

Även nästa försök, »arieriseringen«, blev en missräkning. Grundtanken var att göra alla judiska företag ariska och på så sätt tränga ut de misshagliga från Tyskland. Tusentals små judiska företag tvingades också i konkurs eller lades ned efter trakasserier och bojkotter. (Många tyskar blev över en natt rysligt rasmedvetna när de upptäckte att de utan risk kunde strunta i att betala sina skulder hos judiska köpmän.) Ett antal företag togs också över efter något som gick för frivilliga överenskommelser, vilket betydde att de gamla ägarna sålde sina företag till nöjda tyskar för en bråkdel av vad de var värda. Storföretagen var dock ett krux. Där var ägarna i regel många och inte sällan fanns även främmande intressen med i spelet, vilket gjorde många enskilda arieriseringar till en förvirrad lek med kinesiska askar. Till råga på allt tvingade hänsyn till den ekonomiska återuppbyggnaden och de utländska marknadskrafterna regimen att gång på gång lägga benen på ryggen. Rättrogna partimedlemmar klagade 1938–39 över att penningen tilläts styra över ideologin och kved över misslyckandena.

Judarna upplevde givetvis inte det skedda som misslyckanden. För dem hade tiden med Hitler tvärtom varit ett pärlband av små katastrofer. Vad de kunde se var dock den förvirrade ryckighet som dessa misslyckanden gav upphov till, och den fick tyska judar att i trots mot den åskdigra stämningen nära ett vilt hopp om att det var värsta var över. Visserligen hade cirka 200 judar dödats sedan 1933, men de allra flesta av dessa hade mist livet under regimens första fjorton månader vid makten; antalet inspärrade hade också gått ned sedan dess, och tal om nya frigivningar låg i luften. Rent statistiskt gick det åt rätt håll. *

Fobin var dock orubbad. För Hitler och andra nazistiska radikaler var det bara en fullständig framgång som räknades. Regimen hade inte lyckats att göra Tyskland *Judenfrei*, trots att den i sin frustration prövat det ena greppet efter det andra. Men målet låg fast. Och en sak kunde regimen räkna sig till godo: under de år nazisterna trevade sig fram mot en lösning på sitt egenkon-

---

* Den minskning av de spontana övergreppen som inträffade efter det att Hitler 1934 låtit mörda delar av ledningen för SA, och de lättnader som regimen av rena PR-skäl infört i samband med olympiaden 1936 (alla antijudiska skyltar togs till exempel bort från affärerna) lurade också de förföljda att tro på bättre tider: det hände till och med att emigrerade judar återvände.

struerade problem hade de byggt upp ymnigt bemannade staber av experter, utredningsmän och specialister. Och sådana byråkratier har som vi alla vet en förmåga att inte nöja sig med det lilla utan tvärtom vidga sitt verksamhetsfält och växa till självgående maskiner.

Byråkratin tickade troget vidare och fann snart på en ny metod att bli kvitt judarna: tvångsutflyttning. När Österrike anslöts till Tyskland 1938 hade en ung, ambitiös ss-man vid namn Adolf Eichmann tagit över det judiska emigrationskontoret i Wien, och på bara ett år lyckades han få hälften av landets 200 000 judar att emigrera. (Detta var resultatet av en ovanligt skrupelfri förening av hot och utpressning, men Eichmann hade också österrikarna själva att tacka för sina framgångar: den österrikiska antisemitismen var starkare än den tyska, och det var ingen större svårighet att finna lokala »arier« villiga att delta i trakasserierna och angiveriet.) De styrande läste upprymda statistiken från Österrike. Här fanns vägen till lösning på judeproblemet! Lovorden duggade över Eichmann, och order utgick att organisera en likadan massutvandring i Tyskland. Innan denne hann sätta tänderna i sin nya uppgift annekterade dock Hitler Tjeckoslovakien. Detta ställde givetvis till trassel för byråkraterna i Berlin, som nu hade 50 000 judar till att ta hand om, så Eichmann packades iväg till Prag för att begå sitt gamla paradnummer.

Det var inte helt lätt. Judarna måste ju ta vägen någonstans. Redan tidigare hade grannländerna, inklusive Sverige, varit tämligen ovilliga att ta emot judiska flyktingar, och de började nu neka rakt av. Och när bomberna började falla i september 1939 blev situationen närmast desperat. ss-byråkraterna fann sig vara fångade i en sax mellan å ena sidan Hitlers erövringspolitik, som genom det framgångsrika överfallet på Polen lett till att de fann sig stående med två miljoner judar till, och å andra sidan de stängda gränser som kriget ofelbart orsakade. Eichmann och de andra gnetade dock vidare. Först tänkte de upprätta ett jättelikt reservat i det centrala Polen, »Lublinland«, där man kunde tippa av alla judar, zigenare och andra »rasmässigt underlägsna«. Stora mängder av judar och zigenare blev också tvångsomflyttade till området, men efter en tid tvingades man hejda transporterna. Området blev nämligen illa överbefolkat och dessutom gnällde den lokala ockupationsmakten över att den knappt hann med att övervaka de lokala judarna, än mindre de ditfraktade. Den oförtröttlige Eichmann lät sig dock inte stukas. Den överraskande snabba segern över Frankrike 1940 gav upphov till ett nytt hugskott: utanför Afrikas östkust låg som bekant den franska kolonin Madagaskar, och varför inte nyttja den ön som avstjälpningsplats för alla miljonerna av oönskade? Freden var ju ögonskenligen nära, och då borde det vara möjligt att få dem dit per skepp, så kunde de få upprätta sin egen stat där. Men freden infann sig inte, utan tvärtom vände sig den omättliga nazistiska megamaskinen mot den kommunistiska ärkefienden i öster. Det fortsatta kriget innebar slutet på Eichmanns vilda Madagaskarplaner, samtidigt som den förestående erövringen av Sovjetunionen innebar att man fick ytterligare fyra miljoner judar att skaffa ur vägen. Emigrationsidén var död som en dörrspik.

I slutet av juli 1941 var Smolensk erövrat, Leningrad hotat och det verkade blott vara en tidsfråga innan de tyska pansarkolonnerna skulle rulla in i Moskva. Den militära slutsegern tycktes nära, men Målet var ännu inte uppnått. Så den 31 juli anlände ett hemligt brev från riksmarskalken Hermann Göring till Reinhard Heydrich, chef för säkerhetstjänsten inom ss. Där beordrades han »att göra alla de organisatoriska, praktiska och materiella förberedelser som krävs« samt »förbereda och tillsända mig en huvudplan som syftar till att uppnå den slutgiltiga lösningen på det judiska problemet«.

Det byråkratiska maskineriet gick igång med ett ej hörbart klick. Sammanträden hölls, PM skrevs, experter tillfrågades, grafer ritades, mål- och medel-kalkyler utfördes, budgetar upprättades, upphandlingar gjordes och drygt en månad efter det att Heydrich fick brevet utfördes de första gasningarna.

5.

Dödsfallet var oväntat. I brevet från sjukhuset i Hadamar sades det att Berta avlidit till följd av en blodpropp i hjärnan. Hon var Kurt Gersteins svägerskas syster, och kanske var det hennes historia av psykiska problem och mentalsjukhusvistelser som fick vissa att säga att det som hänt nog var en välsignelse. Begravningen i februari 1941 var ett stillsamt arrangemang, men när de vandrade tillbaka från kyrkogården kunde Gerstein inte hålla sig längre. »Förstår ni vad de gjorde med Berta?« frågade han sin bror Karl och dennes hustru, de upprörda orden bubblade ur honom. »Hadamar är ett slakthus. Nazisterna rensar ut alla mentalsjukhus i Tyskland genom att systematiskt utrota patienterna. Berta dog inte en naturlig död. Hon blev mördad!«

Karl fann idén otrolig, ett illasinnat påhitt av det där slaget som rikets fiender brukade sprida ut, och han försökte lugna sin bror. Kurt lät sig inte lugnas. »Jag tänker ta reda på vad det är som pågår«, sade han med hög röst. »Jag tänker gå in i ss. Det är det enda sättet att få klarhet.«

Det var ingen propagandalögn. Kurt Gersteins familj hade fått känna på vad nazisternas bygge av det perfekta samhället egentligen kostade. Karls förnekanden måste nog delvis förstås som en ovilja att veta, för vid det här laget hade hemligheten börjat läcka ut. Människorna som levde i närheten av sjukhus som Hadamar och Grafeneck hade redan förstått, och när barnen såg de gråmålade före detta postbussarna med täckta rutor köra förbi skränade de: »Här kommer ännu en hög som skall gasas!« Sedan brukade det gå cirka en halvtimme så började den där underliga röken stiga upp från de slutna byggnaderna, en rök som ibland drev in mot de omkringliggande husen och fick hästarna på fälten att stegra sig i skräck.

Drivkraften var återigen ideologisk. I hela Europa, även Sverige, fanns det under mellankrigstiden föreställningar om möjligheten av att skapa en bättre människa genom att skydda de sunda från allehanda genetisk röta.* En av de åtgärder som denna vetenskapliga modefluga kom att utmynna i var lagar om tvångssterilisering av människor som drabbats av ärftliga sjukdomar – tanken var att de inte skulle tillåtas att föra vidare sitt skadliga arv.

Detta var ännu en av tidens idéer som nazisterna snappade upp, och precis som fallet var med antisemitismen förde de denna tanke till sin logiska fullbordan; och detta med en konsekvens som bara kan kallas fasansfull. Den vindlande vägen förde från tal om ovärdigt liv till tal om »onyttigt liv« och från idéer om dödshjälp till idéer om »barmhärtighetsmord«. Än en gång visade sig dock regimen vara känslig för vissa invändningar, särskilt om de kom från utlandet, men precis som i fallet med judarna erbjöd krigets förvirring och strypta nyhetsflöden en möjlighet att söka totala och slutgiltiga lösningar.

I oktober 1939 undertecknade Hitler en hemlig order om att inleda det så kallade eutanasiprogrammet, där vissa läkare gavs möjligheten att »skänka en barmhärtig död åt patienter som mänskligt att döma och efter noggrann undersökning anses vara obotliga«. Man började med att i största tysthet kamma igenom Tysklands samtliga psykiatriska sjukhus och kliniker: för varje patient fylldes det i en särskild blankett som sedan kopierades och sändes in till den patriciervilla i Berlins fashionabla förort Charlottenburg som utgjorde organisationens högkvarter, och vars adress, Tiergartenstrasse 4, skänkte den dess namn: T4. Där satt det ett antal läkare och gick igenom fallen, bokstavligen talat på

---

* I vårt land fanns det en stor politisk enighet i denna fråga. När Statens institut för rasbiologi inrättades i Uppsala 1921 hade beslutet ett brett stöd i riksdagen, och idéer om rasförädling går att finna både i Bondeförbundets program från år 1933 och i makarna Myrdals så firade verk *Kris i befolkningsfrågan*, publicerat året efter.

ackord. På formulären skrev de antingen ett plus eller ett minus. Inget mer. Plus betydde liv. Minus betydde död.

Diskreta bussar sändes sedan kors och tvärs över landet och plockade samman de minusmärkta och körde dem till någon av sex lika diskreta institut, varav Hadamar var ett. Nätet kastades långt. Inte bara utvecklingsstörda och svårt sjuka drogs med i svepen, utan ävenså blinda, döva och epileptiker; för vissa hette dödsdomen »kronisk alkoholism«, andra fick ett minus för att de så sällan fick besök av anhöriga. De som skötte ruljangsen var mestadels medicinskt utbildade – inte sällan folk med höga akademiska grader –, som alla var övertygade om att det som de gjorde var rätt och riktigt. Själva avlivandet och omhändertagandet av kropparna sköttes dock av speciellt uttagen militär personal under överinseende av en sällsynt grov och brutal poliskommissarie från Stuttgart, Christian Wirth – han var den som följde Gerstein och den andre ss-mannen runt i Belzec den där förmiddagen.

Alldeles i början avlivade man patienterna med nackskott, men snart började man istället ge dem överdoser eller dödliga injektioner, ett mindre klumpigt förfarande som uppenbarligen hjälpte de inblandade att tänka att de faktiskt höll på med »medicinsk« verksamhet. Även det tillvägagångssättet hade dock sina nackdelar, inte minst när det gällde kapaciteten. Wirth började därför experimentera med giftgas, en metod som var både klinisk och effektiv.* Han använde komprimerad koloxid, som antingen pumpades in i hermetiskt tillslutna källarrum – som sminkats om till badrum med hjälp av duschmunstycken – eller användes i särskilda bussar, där passagerarutrymmena gjorts lufttäta. Därefter kremerades kropparna, varefter en registrator knåpade ihop en lagom falsk dödsattest, som sändes till de anhöriga.

Den arroganta vårdslöshet som kännetecknade hela urvalspro-

---

* Idén var inte ny. Den går bland annat att finna hos den fransk-amerikanske kirurgen och nobelpristagaren Alexis Carrel, som i en berömd bok från 1935 argumenterade för att avrätta vissa kriminella och sinnessjuka brottslingar med gas.

cessen fanns med även i denna avslutning. Till de rykten som spreds bland dem som levde invid dessa institutioner lades snart berättelser från upprörda anhöriga: någon familj hade fått sig tillsänd *två* urnor med aska, en annan fick veta att den nära och kära dött på grund av blindtarmsinflammation, trots att patienten ifråga fått den avlägsnad för flera år sedan, och så vidare. Lokala partiorganisationer började motta brev från missnöjda. Somliga var skakade, arga och rädda, andra – typiskt nog – ifrågasatte inte så mycket moralen i dödandet som dess formellt legala grund. Uppgifterna nådde också kyrkorna, och flera av dess höga dignitärer protesterade ljudligt. (En av dem var den modige biskopen av Württemberg, som också var den som berättat för Kurt Gerstein om vad som pågick.) Regimen var som sagt känslig för vissa typer av protestrop, och därför avbröts eutanasiprogrammet i augusti 1941. Då hade över 100 000 mindervärdiga »arier« i alla åldrar förlorat sina liv.

Vid det laget hade dock det ursprungliga programmet fått en mindre utlöpare, kodbeteckning »14f13«, som efteråt visade sig ha stor betydelse, då den verkade som en brygga som förde från eutanasiprogrammets kvasivetenskapliga mord i vita rockar till den slutgiltiga lösningens industrialiserade masslakt. Steget var logiskt. Varför bara inskränka sig till dem som återfinns på sjukhus och kliniker? Borde man inte också utvidga utrensningarna till att gälla fångar och andra inspärrade? Sagt och gjort. På sommaren 1940 började medicinska experter från T4 göra sina turer på fängelser och koncentrationsläger, där de gick igenom utvalda fångars papper och med van hand satte ut sina diskreta plus- och minustecken. Återfallsförbrytare, politiska motståndare samt andra utvalda fångar som befanns vara sjukliga eller för svaga för hårt arbete behängdes sedan med diagnosen obotligt mentalsjuka, varefter de bussades till något av de sex instituten för omedelbar gasning. Och varför bara hålla sig inom rikets gränser? Under 1941 fick Christian Wirth order om att upprätta ett slags filial till eutanasiverksamheten i den polska byn Chelmno.

Och det var där, i Chelmno, som de två kretsarna förenades och det som vi nu känner som Förintelsen tog sin fasta form.

6.

Grovklippta kvinnor och flickor kom ut från baracken och förenades med leden av väntande män och gossar. Så sattes de alla i rörelse av ropande vakter.

I täten gick en bildskön ung kvinna, sedan de andra, alla nakna: karlar, tjocka och smala, korta och långa, unga och gamla, kvinnor, tjocka och smala, korta och långa, unga och gamla, mödrar med spädbarn vid bröstet, små gossar, stora flickor, linkande krymplingar. De styrdes med slag och skrik in mot en några meter bred gång, som löpte fram invid några björkar. Gången verkade vara inhägnad av något som liknade en häck men som på nära håll visade sig vara ett tjockt taggtrådsstängsel maskerat med istuckna gröna grenar. Vid gången syntes skyltar: *Zu den Inhalier- und Baderäumen*. Detta var den så kallade Slangen – *der Schlauch*. Längst bak i den fyra fem personer breda kolonnen gick ett dussin ukrainska vakter med gevär och drev människorna framför sig. Under detta processens tredje steg framträder den industriella formen allt tydligare. Människorna var nu fångade i »Slangen«, för när trycket bakifrån fortplantades i trängseln skapades en löpande band-effekt, där de i täten hela tiden drevs framåt mellan de höga taggtrådsstängslen, uppför den sandiga kullen.

»Slangen« mynnade rakt mot kortsidan på en byggnad. Christian Wirth hade nu lett Gerstein och den andre ss-mannen fram till en plats alldeles intill.

Till det yttre såg byggnaden faktiskt ut som en vanlig avlusningsanläggning. Den mätte cirka 17 × 15 meter och hade tak täckt med tjärpapp, och på var långsida fanns en meterhög plattform. Ett inte obetydligt arbete hade lagts ned på att få byggnaden att se så oskyldig ut som möjligt. På taket syntes en Davidsstjärna. På en skylt strax framför huset stod det *Hackenholt-Stiftung* – vad nu det betydde. Byggnaden var målad med klara färger. Framför väggen stod en stor kruka med pelargoner. I bakgrunden hördes musik.

Detta var det kritiska slutmomentet i steg tre: det gällde att få människorna över från »Slangen« in i byggnaden. Enbart trycket bakifrån räckte inte. En fet ss-man stod mitt inne i floden av nakna lemmar och talade med mjuk stämma: »Ingenting kommer att hända er. Se bara till att andas djupt när ni kommer in i rummet, det stärker lungorna. Det är nödvändigt att ta den här inhalationen mot sjukdomar och smitta.« Beskedet och åsynen av det vackert målade huset med Davidsstjärnan på taket lugnade dock inte alla. Någon frågade vad som skulle hända dem sedan. Den fete ss-mannen svarade lugnande att männen skulle sättas i arbete och bygga hus och vägar, kvinnorna kunde hjälpa till med kökssysslor och liknande, men bara om de själva ville.

Så bar det av.

Uppför en liten trätrappa utan räcke, som bestod av tre meterbreda steg. In genom en tudelad dörr. Bakom den en korridor. Den smala korridoren var runt 16 meter lång. Takhöjden var märkligt låg, strax under två meter. Längs den högra väggen tre dörrar av trä. Längs den vänstra tre dörrar av trä. Invid dörrarna små titthål av glas. Bakom var och en av de sex dörrarna ett rum. Sex identiska rum. De var ungefär 4 × 5 meter stora. När människorna gick in såg de att rummen hade elektrisk belysning men att de saknade fönster. I dunklet mitt emot rummets ingångsdörr, på ytterväggen, fanns ännu en dörr. Den såg inte ut som ingångsdörren. Den var större, tudelad och löpte på skenor. Den liknade mest en garagedörr. Den var noga tillsluten. På den bortre kortväggen stack ett meterlångt rör upp ur golvet.

Nu började även de allra mest hoppfulla begripa vad som höll på att ske, om inte annat så på grund av lukten. Rummen stank av blod, urin och exkrementer. Och ute luktade det förruttnelse.

Hela lägret stank himmelshögt. Lukten var så stark att den kändes på flera kilometers håll. Både närboende polacker och förbiresande tyskar hade upprörda klagat till myndigheterna. Även den som inte såg en enda död kropp kunde ändå ana vad som pågick. Invid järnvägsstationen, bakom ett lokstall, låg ett jättelikt berg av kläder. Så den genomträngande stanken. Och överallt flugor: miljoner och åter miljoner flugor.

Ibland kunde slussandet av människor in i byggnaden och vidare in i de sex rummen vara besvärligt. Folk grät, skrek och fick hysteriska utbrott. ss-männen och de ukrainska vakterna blev vid de tillfällena tvungna att hetsa de nakna människorna framför sig med piskslag och bajonetthugg. Då var det blod överallt.

Även den här morgonen i augusti fick vakterna driva på med sina läderpiskor för att få människorna in i de små rummen. Det hela gick dock utan större besvär. Gerstein noterade bara en enda incident. En fyrtioårig judinna »med flammande ögon« började att nedkalla förbannelser över sina mördare. Wirth ingrep själv och gav henne fem eller sex slag i ansiktet med sin ridpiska, varefter hon också försvann in i byggnaden. De flesta av judarna var tysta. Ett par såg Gerstein där han stod invid trappan och bönföll honom: »Ni måste hjälpa oss, ni måste hjälpa oss.« Några bad.

Gerstein såg hur en flicka tappade sitt korallhalsband bara någon meter från en av gaskamrarna, såg hur en treårig gosse plockade upp det, började leka med det, såg hur en vakt avbröt pojken och förde honom genom den öppna dörren in i rummet, såg att detta gjordes utan all brutalitet, vakten gjorde det försiktigt, nästan ömt och Gerstein tänkte att här fanns åtminstone en som »ännu hade kvar några känslor«.

Och kanske är detta det mest fasansfulla: det var inte ett avtrubbat monster som föste in den lille gossen med korallhalsbandet i gaskammaren, utan uppenbarligen en man som kände barn, som kände *för* barn, men som gjorde det likafullt.

»Die Kammern füllen sich – gut vollpacken«, beordrade Wirth

kort. Det gällde nu att få in så många som möjligt. ss-männen tryckte på allt vad de kunde. Här brukade de ibland skjuta skräm- skott i luften och sedan avsluta med att kila in några små nakna barn ovanför de vuxnas huvuden. Så blev det fullt. I husets kam- rar fanns nu sammanlagt mellan 700 och 800 människor, ungefär sex personer per kvadratmeter. De stod på varandras fötter. När byggnaden fyllts hejdades flödet av människor i »Slangen«. Där fick de nu stå, nakna, och vänta på att det skulle bli deras tur. Dörrarna stängdes. Reglarna slog igen. Processens tredje steg var slutfört. Nu inleddes steg fyra.

7.

Den 15 mars 1941 blev Kurt Gerstein antagen till ss. De visste att han varit i klammeri men såg honom uppenbarligen som en omvänd med möjligheter. En ss-man sade till honom: »Du som är så idealistisk borde kunna bli en fanatisk partimedlem.« Soldat- utbildningen i Hamburg klarade han av med minsta möjliga mar- ginal – han klädde sig som sagt illa och marscherade uselt. Det gjorde dock inte så mycket då gruppen han tillhörde bestod av idel doktorer, ingenjörer och andra akademiker, som alla var märkta för skrivbordskarriärer i den oformliga stat i staten som ss höll på att bygga upp och där det gick att finna allt från pansardivisioner och koncentrationsläger till människostuterier och fabriker som buteljerade mineralvatten. (En av hans kurskamrater var en öster- rikare med ärrat ansikte och vågigt hår: Ernst Kaltenbrunner, bli- vande chef för säkerhetstjänsten sd.) De mer betydelsefulla delar- na av utbildningen klarade den klipske och självdisciplinerade Gerstein av utan vank och hans slutbetyg blev lysande. I juni samma år sändes han till sin nya arbetsplats: Waffen-ss Institut för hygien i Berlin.

    På kort tid lyckades Gerstein göra sig bemärkt, bland annat genom att bygga en lättrörlig vattenreningsanläggning som kun- de användas vid fronten och genom att förbättra rutinerna vid avlusning av uniformer. Han fick snart rykte som hygienavdelningens store problemlösare, befordrades och skickades på det ena uppdraget efter det andra i det ockuperade Europa. På ytan gick allt mer än väl, men framåt våren 1942 greps han av tvivel och förnyade moraliska kval. Vad var egentligen vunnet med inträdet i ss? Visserligen hade han kunnat utnyttja sin nyvunna ställning till att då och då smuggla in mat till fångar i koncentrationsläger som Oranienburg – han mutade sig fram med hjälp av svartabörsvaror han kommit över under sina många resor. Visserligen hade han haft vissa trevande kontakter med motståndsmän både i Tyskland och utomlands, och visserligen hade han snappat upp bevis som visade att det faktiskt pågick massmord av judar i öst. Men sedan då? Han hade råkat in i det dilemma som alltid hotar en *agent provocateur*, nämligen att göra mer skada i sin öppna roll än nytta i sin dolda. Han var ju faktiskt förvandlad till en liten skruv i den ofantliga maskin som dräpt Berta, som börjat slakta nya grupper oskyldiga och som nu mänskligt att döma var på väg att vinna kriget. Och Gersteins arbete vid hygienavdelningen hade onekligen hjälpt nazisternas krigsinsats.*

Det hela ställdes på sin spets i början av juni 1942. Då fick Gerstein en underlig order om att införskaffa 260 kilo extremt giftig vätecyanid och sedan diskret transportera hela laddningen till hemlig ort. »Hela saken stinker av död«, sade han skakad till en underlydande. Redan tidigare hade han, ss-expert på rörliga anläggningar, fått en minst sagt besynnerlig förfrågan, om hur man på bästa sätt kunde pumpa avgaser från lastbilar in i slutna utrymmen. Han hade gett dem några enkla skisser, och kanske försökte han tro att det bara handlade om något slags avlusningsförsök, men han måste redan då ha anat oråd. Nu tvekade inte

---

* Så hade den rörliga vattenreningsanläggningen producerats i stort antal och den nyttjades också flitigt av krigsmakten: Gersteins uppfinning hade bland annat varit starkt bidragande vid hejdandet av en tyfusepidemi bland de tyska trupperna vid östfronten.

Gerstein längre. Lydde han den här ordern skulle det göra honom till medbrottsling i massmord, samtidigt som han inte visste hur i hela friden han skulle kunna krångla sig ur uppdraget. Ett tag övervägde han att ta sitt liv. Samtidigt lockade här just de hemligheter som han en gång sökt sig till ss för att finna ut. Gerstein beslöt sig för att följa befallningen.

I början av augusti reste han så till Kolin utanför Prag, till en fabrik ägd av den privata tyska kemifirman *Deutsche Gesellschaft für Schädlingsbekempfung mbH* – DEGESCH. Där tog han emot ett parti vätecyanid i kristallform, marknadsfört som ohyremedel under varunamnet »Zyklon B«. Så gick färden österut, in i det ockuperade Polen, med burkarna med vätecyanid stuvade på en lastbil, Gerstein själv i en personbil tillsammans med en viss doktor Wilhelm Pfannenstiel, professor vid universitetet i Marburg och kopplad till ss som konsult i hygienfrågor. Den 17 augusti nådde de Lublin och mötte där *Gruppenführer* Odilo Globocnik. Globocnik spillde ingen tid, inskärpte att det de nu skulle få se var en statshemlighet, »den viktigaste av dem alla«. »Varje person som andas ett ord om det han ser här begår självmord«, sade han ominöst, »igår sköt vi två för att de sladdrade.« Orsaken till att Gerstein kallats dit var att Globocnik behövde råd om hur man bäst skulle desinficera de enorma lager med beslagtagna kläder som nu samlats ihop. Dessutom ville de ha hjälp med att finna en giftig och snabbt verkande gas att använda vid avrättningar. Pfannenstiel skulle inspektera hygienen.

Nästa dag åkte de alla vidare mot sydväst, lämnade slätten bakom sig och kom in i landskap av björk, tall och myr. Framåt eftermiddagen nådde de fram till det sommarvarma Belzec.

8.

Efteråt infann sig missförstånden och bortförklaringarna. Det som hänt var för många, som Zygmunt Bauman skriver, »ett misslyckande för och inte en produkt av det moderna samhället«. Och detta trots att Förintelsen *bara* kunnat ske under 1900-talet, för innan dess fattades både de ideologiska irrbilder som behövdes för att få något sådant att framstå som önskvärt, och de tekniska och administrativa resurser som krävdes för att det skulle kunna äga rum. Men nej, det skedda var en unik olycka bara: det ständiga stigandet från bra till bättre hade råkat ut för en tillfällig urspårning, ett missgrepp utfört av människor som på något vis inte hörde hemma på det ljusa 1900-talet utan snarare var hemsökelser från en föregivet mörk medeltid eller varför inte en obeskrivligt barbarisk stenålder och ytterst ett exempel på vad »uråldrigt hat« och »medfödd mänsklig aggressivitet« kan ställa till med. Så smälter genetik och fördomar adlade till historia samman till nya hokuspokusfilosofier.

Förvisso kan den förmoderna människan verka grym. Avrättningar under bar himmel var utan tvekan ett av de stora folknöjena i det förindustriella Europa. Det som lockade var alltså inte bara den offentliga döden som spektakel och moralitet. Man gick också till dessa tillställningar för smärtornas skull, för att se och höra.

Stegling och även rådbråkning byggde båda på ett långvarigt plågande av delinkventen. Det sällsynta straffet pålning – då offret levande träddes upp som en metmask på en grov stång som kördes upp i ändtarmen – fungerade också på detta vis. Samma sak gäller kvartering. Ett exempel på hur det kunde gå till finner vi i den kända och välbesökta avrättningen av den man som 1757 i ett attentat skadat Ludvig XVI med en kniv. Först nöp de honom här och där med en glödgad tång och brände hans högra hand med svavel, varefter smält bly och kokande olja hälldes i såren. Sedan skulle han slitas i bitar av hästar, men först sedan man ökat ut det ursprungliga spannet av fyra djur till sex, och sedan bödeln med en liten kniv karvat av muskelfästen och senor runt arm- och benleder, lyckades detta. Mannen levde in i det sista.

Att denna offentliga tortyr inte bara var en följd av ett rättstänkande som var fixerat vid bestraffandet av kroppen och att det verkligen fanns en smärtans teater visas av en annan företeelse i det gamla Europa: djurplågeriet. Förutom det rätt vardagliga marterandet av djur i form av nöjesjakt, djurhetsningar eller små tävlingar i att bita huvudet av höns, förekom det också ett mer rituellt dräpande i samband med olika högtider. I Frankrike hände det då att kungen själv var med och tände på bål tryfferade med rävar och andra levande djur; och vid fackelsöndagen i Semur brukade barnen knyta fast katter på pinnar och sedan grilla dem över öppen eld. Djurens skrik ackompanjerades sedan av jubel och skratt från åskådarna, för detta sågs verkligen som något kul.

Det är nog lite väl enkelt att säga att detta är exempel på folk som ännu inte hunnit att civiliseras och därför var mer våldsamma, grova och hårdhjärtade än vi nutida. Den holländske historikern Johan Huizinga kom nog närmare sanningen när han talade om en människa som på grund av sitt kontrastrika liv levde i ett nästan evigt spänningstillstånd som yttrar sig i »skiftande stämningar av rå uppsluppenhet, vild grymhet och innerlig gripenhet«. Men det är inte hela svaret. Grymheten i det gamla Europa kan nog bara förstås om vi ställer den i förhållande till något annat, nämligen den dåtida synen på smärtan.

Länge var smärtan en ofrånkomlig del i alla människors liv. På grund av den outvecklade läkekonsten fanns det inget sätt att undfly eller ens mildra den; detta gäller oavsett om det handlar om den ständigt närvarande tandvärken, alla de obotbara krämporna eller de dåligt läkta benbrotten. Smärtan togs för given och man var bekant med den på samma självklara vis som man umgicks med döden. Att å ena sidan uthärda värk och å den andra se andra plågas eller till och med själv tillfoga dem smärta, var två olika sidor av samma mynt. För karlar sågs förmågan att kunna både ta och utdela lidande som ett tecken på manlighet, och för gossar verkar pinandet av kryp och smådjur nästan ha varit ett slags passagerit som förde dem in i de vuxna männens värld.

Den här smärtans teater började att ifrågasättas redan under 1700-talet. Det uppstod ett korstryck från en rad olika men jämnlöpande impulser. Så till exempel ledde den mer mekanistiska världsbilden – som inte längre såg människan som skapelsens givna mitt och naturlige härskare – till att man började angripa den vanemässiga grymheten mot djur, filosofer som Rousseau började hävda att piggsvin hyste samma känslor som människor; och samtidigt blev juristerna mer intresserade av att reformera brottslingens själ än att straffa hans kropp. Den verkligt avgörande förändringen verkar dock ha dröjt till mitten av 1800-talet. Det som verkar fälla avgörandet är en radikalt förändrad syn på smärtan. Under 1840-talet infördes en rad medel som användes för att döva eller stilla plågor, främst lustgas – känt redan tidigare men då bara använt som ett marknadsnöje –, eter och kloroform. Visserligen dröjde det ännu en tid innan dessa medel kom i allmänt bruk, men när de väl blivit etablerade så innebar det att smärtan inte längre var ofrånkomlig. Och det verkar vara först nu, när smärtan går att undvika, som människor verkligen börjar frukta den. Och det är när man fruktar plågorna som Grymhet blir till en allvarlig brist i den mänskliga karaktären.

Det är intressant att se hur den här nya känsligheten, hur ärligt känd den än var, också blev till en ideologi som hjälpte till att rättfärdiga industrikapitalismen. Tortyr av fångar, offentliga stympningar och omänsklighet mot djur hölls under 1800-talet ofta fram som något typiskt för den gamla, förindustriella ordningen. Industrialism och mildhet kom så att länkas samman: se på vår tid, se så känsliga och förnuftiga vi är, här rådbråkas inga fångar längre och vi har till och med infört lagar som hindrar plågeri av djur! (Vad man dock ofta inte ville se, till exempel när man under viktoriansk tid talade sig rödkindad för kornas rätt till »självförverkligande«, var att djuren stundtals hade bättre lagligt skydd än arbetarna. Och den tyske diktator som senare startade Förintelsen var som bekant uttalad hundvän.)

Men detta att smärtans teater är borta och den personliga grymheten har blivit förkastad betyder inte att grymhetens historia har nått sitt slut. Vi har istället fått en modern grymhet som är avpersonaliserad och just därför så mycket mer hjärtlös. Det var detta som senare blev bekräftat genom Stanley Milgrams kända psykologiska experiment med elstötarna.* Där bevisades det vi redan vet: att den moderna människans beredskap att utföra grymheter står i omvänt förhållande till offrets närhet. Grymheten kommer inte längre i första hand ur människan själv, utan ur ett rationellt organiserat men ondskefullt socialt arrangemang, där individen styrs av en makt som pumpar henne full med svärmisk humbug, löser henne från ansvar och, mycket viktigt, skyddar henne från att åse de direkta följderna. För bara man *slipper* att se och höra är det lätt.

Gaskammaren som idé springer ur detta faktum.

9.

I rummen släcktes ljuset. Människorna tystnade.

Professor Pfannenstiel gick närmare och böjde sig hukande fram och kikade in genom det lilla titthålet av glas. Efter ett tag immade glaset igen och det blev svårt att se. Pfannenstiel lade då örat mot trädörren, hörde ljudet av stön och gråt. »Som i en synagoga«, sade han.

---

* Experimentet gick i korthet ut på att ett antal försökspersoner sattes att utdela vad de trodde var elstötar till fastspända människor – de sistnämnda var i verkligheten skådespelare och elchockerna simulerades. Försöksledaren beordrade sedan försökspersonerna att utdela allt plågsammare och allt farligare stötar till dessa. Det visade sig bland annat att andelen försökspersoner som var villiga att utdela riktigt smärtsamma stötar ökade från 30 till 40 procent om de slapp att röra vid offret utan bara kunde sköta det hela med hjälp av en uppsättning spakar, och att beredvilligheten gjorde ett språng upp till över 60 procent om offret doldes bakom en skärm. Det viktigaste resultatet är nog att försökspersonerna fortsatte att utföra grymma handlingar, »enbart på grund av att de befalldes att göra det av den auktoritet de godkände och överlät det slutgiltiga ansvaret för sina handlingar åt«.

Gerstein stod några meter bort i korridoren, svag i knäna. Han berättar:

Till slut förstod även jag varför denna inrättning kallades för »Hackenholtstiftelsen«. Hackenholt heter den som sköter dieselmotorn som ger de avgaser som dödar människorna i rummen. Enligt Wirth var Hackenholt en hårt arbetande liten tekniker med gott om idéer; han hade redan skaffat sig stora meriter under arbetet på att avrätta de sinnessjuka. Den här dagen startade inte dieseln. Man sade mig att detta hände mycket sällan.

Wirth blev tydligt generad över att detta skulle inträffa just den dag man hade besökare ända från Berlin. Ursinnig rusade han fram till en ukrainare som hjälpte Hackenholt med dieseln och slog honom med piskan. Gerstein tittade på, sneglade på sitt armbandsur.

Efter 2 timmar 49 minuter startade dieseln. Efter ytterligare 25 minuter är många döda. Vi kunde se det som skedde genom ett litet fönster i väggen, då det elektriska ljuset för ett ögonblick lyste upp kammaren.

Wirth frågade mig noggrant huruvida jag trodde att det var bättre att låta människorna dö i mörker eller i ett upplyst rum. Han frågade mig på samma sätt som om han skulle ha frågat: »Föredrar du att sova med eller utan kudde?« eller »Föredrar du kaffe med eller utan mjölk?«

Efter 26 minuter levde bara några få, och efter 32 minuter var alla döda.

Nu var det alldeles tyst i kamrarna. Steg fyra var klart.

10.

Den tyska ockupationen av Polen var från allra första stund en förbluffande brutal historia. Inte att undra på, fienden var ju rasmässigt underlägsen. Mängder av polacker, judar och zigenare fördrevs, misshandlades, förödmjukades och tusentals mördades, antingen i klent motiverade repressalieaktioner eller helt enkelt för att enskilda tyska soldater kände för det, och kunde göra det utan större risk för straff. När Tyskland överföll Sovjetunionen 1941 drogs skruven ytterligare några varv i botten. För nu var fienden inte bara undermänniskor, utan dessutom ideologiska ärkefiender; redan i mars 1941 hade Hitler sagt till sina generaler att den kommande offensiven i öst skulle bli »ett utrotningskrig«.

När invasionen inleddes följdes de framryckande trupperna tätt i hälarna av fyra specialförband från ss, *Einsatzgruppen*, med en sammanlagd styrka av 3 000 man. Deras uppgift, omskriven i militära termer, var att hjälpa till med säkrandet av de tagna områdena genom att eliminera alla motståndsmän, verkliga, inbillade eller bara möjliga. Bakom det hela svävade dock de rasutopiska idéerna om livsrummet, som nu skulle förverkligas med en helt ny handgriplighet: medan ockupationen av Polen innebar att förföljelserna av judar och zigenare brutaliserades i en avsevärd grad, kan invasionen av Sovjetunionen sommaren 1941 sägas vara den punkt då råa förföljelser övergick i systematiskt massmord. Polacker och ryssar skulle förslavas. Judar och zigenare skulle utrotas. Under de första *fem veckorna* efter inmarschen dödades det fler judar än under de föregående *åtta åren* av förföljelse. I detta var tyskarna hjälpta av den utbredda antisemitismen i öst, som de både gynnade i sak och uppmuntrade i handling. ss-männen fann ofta att den lokala befolkningen gått till anfall mot traktens judar redan innan de själva ens hunnit fram.

Överallt ställde *Einsatzgruppen* och band med frivilliga från trakten till med massarkebuseringar av judar. Förövarna och deras uppdragsgivare fann dock snart att metoden inte saknade problem. Det var nämligen hart när omöjligt att utföra dessa avrättningar i smyg. Ryktena spred sig snabbt, och för det mesta kom både tyska militärer och lokala åskådare dit för att titta, peka – ibland också för att själva låna ett gevär och skjuta en jude eller två –, och det förekom berättelser om hur »avrättningsturister« stått där i tätt packade hopar och ätit glass medan de följde scener som mest verkade vara hämtade ur någon medeltida helvetesvision av Hieronymus Bosch.

Trots stränga regler var det inte heller ovanligt att förövare eller åskådare hade med sig kameror och tog fotografier, och vissa av dessa kom snart på drift. Till dem hör en serie på åtta bilder, som togs av en okänd någon gång mellan den 15 och den 17 december 1941 i Skeden, strax norr om Liepaja i Lettland* – då var *Einsatzgruppe* A tillsammans med lokala frivilliga sysselsatta med »att lösa det judiska problemet« i Baltikum.

På fotografi nummer ett har en grupp kvinnor och barn anlänt till platsen för avrättningen. De har just fått order om att sätta sig ned och vänta. Sanddyner. Det är en strand. Vinden ligger på åt havet. Havet är Östersjön. Gotland ligger strax över 15 mil bort. Det är blåsigt, kallt, rockskörten fladdrar. Både vakterna – med karbiner, armbindlar och käppar – och kvinnorna är varmt klädda. Hucklen, sjalar, nedfällda öronlappar. På kvinnornas kläder syns fläckar som troligtvis är gula tygbitar: tecken på att bäraren är jude. Främst i gruppen sitter en kvinna i ljus (ljusbrun?) rock. I sin famn håller hon ett spädbarn. Spädbarnet är insvept i ett täcke. Kvinnan kastar en blick snett åt vänster, lystrar. Är det något hon ser eller är det något hon hör?

* Den 31 december 1941 rapporterade Wolfgang Kügler, *Teilkommandoführer Einsatzkommando* 2 (i det civila polis) till sin chef *Polizeistandortführer* Fritz Dietrich (i det civila filosofie doktor) att man avrättat 2 731 judar och 23 kommunister. I en rättegång som avslutades vid *Hannover Landesgericht* i oktober 1971 fastställdes att denna »Dezember-Aktion« utanför Liepaja utförts av en tysk och en lettisk polisbataljon i nära samarbete.

På fotografi nummer två har order getts om avklädning. Att döma av den knöliga, mångfärgade matta med plagg som omger dem pågår avklädningen i omgångar. Lager efter lager av tröjor och blusar åker av. Längst till höger står en mörkklädd, korpulent kvinna. Den vassa vinden river i hennes halvlånga hår. Hon knäar en aning medan hon drar ned kjolen över höfterna. Hon verkar titta bort mot en avlägsen grupp vakter som står till vänster, invid vad som verkar vara ett brett dike, fyllt med något. På fotografi nummer tre har avklädningen kommit längre. Fem kvinnor står tätt samman. De är i bara underkläderna: mamelucker, linnen. Det kan vara en familj. Modern, kanske i 40-årsåldern, har krokat arm med en äldre kvinna, kanske mormodern; bredvid dem syns två mörkhåriga unga kvinnor. Snett bakom den medelålders kvinnan gömmer sig en flicka, tio–elva år gammal, barbent i tunn randig klänning. En person bakom de två äldre kvinnorna talar med flickan. Den lilla flickan fryser, hon kurar med uppdragna axlar ihop i lä bakom de fyra framförstående. Den lilla flickan är barfota, men för att slippa stå på den kalla sanden har hon ställt sig på sina strumpor.

På fotografi nummer fyra ser vi avklädningens sista steg. Personen i förgrunden har just knäppt upp sina långkalsonger och under dem syns ännu ett par. Hon tittar på de kringstående, på det vis man gör när man är osäker på hur man egentligen skall bära sig åt och en aning villrådigt söker vägledning genom att titta på de andra. Runtom står små grupper av vakter. Allt begås utan hets och synbarligen också utan ilska eller hat. Detta är rutin. Vakterna verkar vara rätt ointresserade av det som pågår. De har sina karbiner slängda över axeln, bekvämt hängande i vapenremmen, några har händerna i byxfickorna. De står i klungor och pratar, med ryggen mot kvinnorna som håller på att klä av sig. En av kvinnorna är nu helt naken, och det är uppenbarligen henne fotografen velat fånga. Hon är nämligen ung, mörkhårig, med skulpterade ansiktsdrag som låter en ana skönhet. Hon sitter på huk med armarna korsade över brösten. Det skulle kunna vara till följd av kylan, men med all sannolikhet har hon precis satt sig ned så här ihopvikt för att hon sett kameran höjas. Den här unga kvinnan har bara några minuter kvar att leva, men hon presterar ändå en så banalt mänsklig gest som att bli generad över sin nakenhet. Och hon möter mulen kameraögats blick.

På fotografi nummer fem hastar några människor nakna över sanden, bort från lapptäcket av tröjor och kjolar och sockar och linnen, förbi en rad med påbylsade vakter, i en böj runt vad som tycks vara kanten på ett djupt dike. Det skulle kunna vara personerna från den föregående bilden: en klase med tre unga kvinnor – sammanpressade, liksom ihopflätade för att de söker skydd mot vinden eller för att de är rädda eller för att de blygs – springer bakom en något äldre person. Stegen är små och korta, som de blir när man löper på något kallt. En av de tre tittar ned i marken som för att se att hon inte kliver på något vasst, den andra slänger en blick rakt in i kameran, den tredje stirrar, liksom den äldre kvinnan, oavvänt framför sig, mot den punkt dit de alla är på väg. Hur många steg är kvar? Hundra? Hundrafemtio?

På fotografi nummer sex står en grupp på nio kvinnor uppradade på en avsats vid den bortre kanten av ett djupt, nygrävt dike. De har fått behålla sina underkläder på. De står med armarna krokade i varandra – det närmaste man kan komma en omfamning i en sådan här situation. De har ryggarna vända bort från kameran, mot de män som just skall skjuta dem. Den tredje personen från vänster lutar sig hårt mot den som står till höger om henne. Söker hon kroppsvärme? Vill hon viska något? Eller håller hon på att svimma? De andra står stilla, stirrar stelt och rakryggat framför sig. Vad ser de? Stranden? Havet? Himlen? Himlen.

På fotografi nummer sju har en ny grupp kommit på plats. Möjligen bara en 10–15 meter bortanför det ställe där den föregående klungan stod. Metoden är uppenbar. Små grupper, ett tiotal personer åt gången, vallas in på gravkanten, får gå förbi kropparna –

det kan man se av att gången är ordentligt nedtrampad på de uppställdas högra hand men nästan orörd till vänster – och radas upp. Man skjuter på en och samma plats ända tills graven fyllts upp i nivå med avsatsen. Då flyttar sig skyttarna ett antal meter åt vänster. En person har till uppgift att hålla avsatsen ren från kroppar. De nya måste kunna komma fram. Han syns i bortre högra hörnet. Han har en käpp i handen, en käpp som han av allt att döma använder för att fösa undan liken med – att använda ett enkelt instrument av något slag innebär att han inte behöver kladda ned sig i onödan.

Nu böjer han sig ned, ena benet i spjärn för att inte glida nedför den halkiga sandkanten, och petar på en kropp, kanske för att få se om den ännu rymmer det vi brukar kalla för liv. Nedanför honom ett virrvarr av lemmar: armar, ben, huvuden, kroppar som tunna sjöstjärnor. Alldeles invid avsatsen, strax intill de uppradade, skymtar något som uppenbarligen är en barnkropp. Två armar, eller möjligen två ben, hänger tungt över något, sannolikt liket efter en vuxen.

Mitt i gruppen som väntar med ryggen mot skyttarna syns också ett barn. En flicka i kjol, åtta–tio år gammal. Medan alla de andra bredvid henne fäst blicken i ett fjärran vrider hon sig om, inte bara med huvudet utan med hela överkroppen. Hon vrider, töjer på sig, men vad är det hon försöker se? Är det mannen med käppen? Är det skyttarna? Är det så att hon skymtat någon hon kände igen i svallet av kroppar? Skotten måste bara vara några ögonblick bort. Kanske har hon ännu inte förstått?

Hur känns det att bli skjuten?

Så här beskriver George Orwell vad som hände när han 1937 i Spanien blev allvarligt sårad av en fascistisk krypskytt:

Plötsligt, mitt i en mening, kände jag – det är ytterst svårt att beskriva vad jag kände, fast jag minns det oerhört klart. Kort sagt, känslan av att befinna sig *mitt* i en explosion. Jag tyckte att det var en skarp knall och ett bländande ljussken runtikring mig och jag fick en fruktansvärd stöt – ingen smärta, bara en våldsam stöt, en sådan som man får av ett vägguttag; med den en känsla av yttersta svaghet, en känsla av att ha åkt på en smäll och skrynklats ihop till ingenting ... Allt detta hände under en mycket kortare tidrymd än en sekund. I nästa ögonblick vek sig knäna och jag föll, huvudet slog i marken med en våldsam smäll som till min lättnad inte kändes.

Fotografi nummer åtta är taget sekunderna efter skotten. Sekunderna efter den föregående bilden. Den uniformsklädde mannen med käppen har vänt om och vandrar tillbaka längs avsatsen, fram mot de ihopsjunkna gestalterna. Han går en aning tungt, liksom framåtlutad. Han stöder sig på käppen. (Det går att ana hur sanden ger vika en aning för varje steg han tar.) Några av de skjutna ligger kvar uppe på avsatsen. Ett par har kasat ned i diket. Efter sig har de lämnat långa spår i den lösa sanden. En kvinna ligger utsträckt på dikets botten. Hennes ben är krampaktigt raka, och pekar upp mot avsatsen. Hennes vänstra arm är böjd bakåt, lyft över hennes huvud. Sannolikt lever hon fortfarande. Den lilla flickan går knappt att ana, men hon ligger kvar där uppe på avsatsen, kroppen fortfarande vriden i samma vinkel som stunden innan, men nu liggande, uppenbarligen fastklämd.

Det här var en metod som inte dög, inte längre, inte i den här skalan – det första halvåret dödades ungefär 500 000 människor på det här viset, de allra flesta var judar, men där ingick även zigenare samt politiskt opålitliga balter och ryssar. För det första var det, som sagt, svårt att upprätthålla sekretessen runt dessa tillställningar. För det andra var avrättningsmetoden både stötande och föga effektiv. Många offer skadsköts bara, och det hände att sårade grävde sig upp genom lagren av svallande kroppar, slet sig loss från händer som grep tag, munnar som bet och kravlade fram i dagsljuset, täckta av blod och exkrementer, varefter man fick skjuta dem på nytt och kasta tillbaka dem. I längden blev detta psykiskt pressande för bödlarna.

Vad man måste förstå är att en betydande del av dem som stod där och sköt dag ut och dag in var, som Christopher Browning har visat, i regel inga grymma och psykopatiska fanatiker som kände »uråldrigt hat« mot judar och som nu kunde släppa fram sina vilda och primitiva känslor.

De här karlarna var inte ens ss-män, utan helt vanliga karlar som blivit uttagna för tjänst i så kallade polisbataljoner, då de hade en bakgrund inom den reguljära tyska ordningsmakten och dessutom var något för gamla för fronttjänst. De sköt för att de fick *order* om att göra det, men *inte* för att de *måste* göra det. Den som inte ville kunde alltid säga nej, lägga ned vapnet och gå därifrån utan att riskera hårdare straff än svordomar från befälet och tråkningar från kamraterna, och möjligen en inbromsad karriär.

Att inte fler än runt var tionde tog chansen och drog sig undan kan därför verka förvånande, särskilt då nästan samtliga upplevde både äckel och fasa när de allra första gången sattes att arkebusera människor. Enligt Browning var det i första hand kamrattrycket och rädslan för utstötning ur gruppen som gjorde dem till mördare: för den enskilde var det enklare att skjuta än att låta bli. Några få lärde sig att tycka om slaktandet, och de anmälde sig gärna som frivilliga när ännu några obeväpnade män, kvinnor och barn skulle skjutas till döds, men huvuddelen gjorde bara som de blev tillsagda, inget mer, inget mindre.

De psykiska påfrestningarna var som sagt stora för alla gärningsmän, särskilt som en stor del av offren var kvinnor och minderåriga barn. Vissa bedövade sig med alkohol, andra grät ofta eller blev impotenta, några begick självmord eller fick regelrätta nervsammanbrott.

En bättre metod måste till. Helst en där man slapp att se och höra: för då är det lätt. Det var då någon kom ihåg eutanasiprogrammet.

Christian Wirth och ett urval av hans allra mest förhärdade hantlangare fick order att packa sig österut med alla sina special-kunskaper om massgasningar av människor. I Chelmno användes först det i Tyskland prövade systemet med bussar som kördes omkring medan de inlåsta passagerarna sakta kvävdes av motorns avgaser. Visst, det var en förbättring jämfört med arkebuserings-arna, men bussarnas kapacitet upplevdes som för liten, och dess-utom tog det alltför lång tid innan de instängda dog.

Det var i Belzec som Wirth och hans folk först prövade på att ställa till med löpande massgasningar i särskilt byggda fasta anläggningar. De följdes av två till: Treblinka och Sobibór, men Belzec var prototypen, eller »labbet«, som en ss-man kallade läg-ret efteråt. Runtom i Tyskland och i det ockuperade Europa upp-rättade nazisterna över 500 större läger. Några var ett slags impro-viserade fängelser, andra fungerade som genomgångsplatser, inte så få var avknoppningar till andra anläggningar, de flesta var efter 1941 platser där det bedrevs slavarbete, alla var skådeplatser för hunger, förnedring, övergrepp och mord. De fyra anläggningarna Chelmno, Belzec, Treblinka och Sobibór står dock i en klass för sig. De var nämligen förintelseläger, dödsfabriker vars enda syfte var att slakta ned människor, och de var alla i bruk en tämligen kort tid. I ytterligare några läger, som Auschwitz-Birkenau och Majdanek, mördades också ofantliga mängder människor enligt löpandebandprincipen, men om man sändes till något av dem hade man i alla fall en viss chans att överleva. Den möjligheten fanns inte för dem som sändes till något av de fyra förintelseläg-ren. Alla som kom dit var dömda att dö.*

Christian Wirth själv var en medelålders karl med tjurnacke, brett, kantigt ansikte, små runda stålbågade glasögon och en liten Hitler-mustasch. Många av kommendanterna i den här typen av läger – till exempel Franz Stangl i Treblinka eller Rudolf Höss i

---

* Bara 84 överlevande från dessa läger är idag kända. De allra flesta av dem und-kom i samband med de två fångupror som inträffade i Treblinka och Sobibór.

Auschwitz-Birkenau – var genuina byråkrater, milda familjefäder som gärna kliade hundar, odlade rosor, arbetade hårt vid sina skrivbord för att få urverket att snurra så felfritt som möjligt men som undvek att gå nära grovgörat och få stänk på kläderna. Inte så Wirth. Om de var kyliga tekniker var han en kolerisk mekaniker. Han tvekade inte att bokstavligen talat kavla upp ärmarna och hugga i själv. Så till exempel hade han personligen lett försök i just Belzec, där en grupp ss-män fått pröva att själva lägga ned lik i en massgrav, för att utröna *exakt* hur stor plats så och så många döda egentligen tog. Wirth och hans män hade under våren 1942 genomfört två serier med försök i Belzec. Vad man avsåg att göra i lägret var att döda människor i en industriell skala och med hjälp av industriella metoder, och detta var något som aldrig tidigare hade prövats, någonstans, någon gång. Mycket var nytt och okänt. Med hjälp av testen ville man eliminera de olika tekniska problem som fanns dolda i processen samt få en uppskattning av lägrets totala kapacitet. En gasningsanläggning med plåtklädda väggar, rörledningar i golvet och gummitätade dörrar hade inretts i en byggnad i närheten av järnvägsspåret. I denna gasade ss-männen mindre grupper av judar som sändes till dem som försöksmaterial.

Dessa prov ledde till att man framåt sommaren bytte gasningsmetod: i den första serien hade man gjort bruk av ren kolmonoxid i tryckbehållare, under loppet av den andra serien gick man över till att använda avgaser från vanliga motorer. Det ursprungliga lilla huset med tre gaskammare revs också och ersattes av en byggnad i sten med betydligt större kapacitet. Under Wirths ledning arbetade man också fram en process för massavlivning i sex steg. Framåt juli 1942 var lägret i full funktion.

Som ett erkännande av hans insatser och sakkunskap fick Wirth det övergripande ansvaret för de tre förintelselägren i östra Polen: Treblinka, Sobibór och Belzec. Det var inte utan stolthet han nu visade de två gästerna sitt »labb«.

11.

Steg fem i processen började när ukrainska vakter gick upp på ramperna som löpte längs byggnadens långsidor, reglade upp portarna och drog dem slamrande åt sidan. Tätt i hälarna följde arbetskommandots judar. De skulle tömma kamrarna så att nästa grupp kunde fösas in. Dagsljuset slog in i de små rummen. Där fanns fabrikens produkt: döda människor.

De var så hårt ihoppressade i det trånga utrymmet att de ännu stod upp. Det fanns ingen plats för dem att falla. Gerstein tyckte att de liknade »statyer av marmor«. Ansiktena var lätt uppsvällda. I de tätt packade lagren av upprättstående kroppar gick ännu några familjer att urskilja: föräldrar och barn hade i dödskrampen låst fast sig vid varandra med en sådan kraft att männen från arbetskommandot först hade svårt att skilja dem åt.

Men de var utrustade med krokar som de körde in i de döda människornas munnar varefter de drog hårt. Sedan började männen langa de nakna och ännu varma liken ut genom de stora dörrarna. De föll med flaxande lemmar ned över rampen. De blåaktiga kropparna glänste våta av svett och urin, benen nedsmetade av avföring och menstruationsblod. Små barnkroppar beskrev bågar i luften.

Ukrainare gick runt och slog till höger och vänster med sina piskor. Det var bråttom nu. Trasslet med motorn hade lett till förseningar:»Slangen« var fylld av nakna människor som väntade på sin tur. Och genom det grenklädda stängslet trängde gnisslet av vagnsljud: en ny fullastad transport var på väg in till rampen.

Männen i arbetskommandot arbetade febrilt. Handgreppen var väl inövade och var och en hade sin noga angivna funktion i denna processens näst sista steg – vi anar igen ett löpande band. Ett speciellt sorteringslag på ett tjugotal man gick runt bland de döda nedanför rampen och bröt upp deras munnar med hjälp av hakar. De kikade in i de gapande munnarna. Liken med guldtänder skickades åt vänster. Liken utan guldtänder åt höger. Till vänster stod ännu en grupp med »tandläkare«. Med hammare och tänger slog de loss guldtänder och kronor och kastade ned dem i tomma konservburkar. I arbetslaget fanns också en särskild »juvelerare« som tog hand om alla funna värdesaker. Wirth, som nu gick omkring bland arbetarna, ropade till sig Gerstein och visade honom juveleraren, visade på en konservburk full med tänder, och talade nöjt om hur de varje dag samlade på sig »guld, briljanter och dollar«. Efter detta tog några andra arbetare vid. De bände isär benen på liken, vidgade analmuskeln och sökte i den nedersta delen av tarmen, på kvinnorna grävde de runt i skötet, allt för att kontrollera att där inte fanns undangömt guld, ädelstenar eller andra värdesaker.

När kamrarna var helt tömda drogs de stora portarna igen, ingångsdörren öppnades och den ihopträngda massan som stått väntande i »Slangen« strömmade in i byggnaden, in i de väntande rummen.

Hela tiden hördes glad musik. För uppställd intill byggnaden med pelargonier stod lägrets lilla orkester som spelade oavbrutet. Äldsten för det judiska arbetskommandot var en liten man som under första världskriget varit kapten i den österrikisk-ungerska armén, och som då vunnit det tyska järnkorset, första klassen. Han spelade fiol.

De genomsökta kropparna slängdes upp i en stor hög. Därefter vidtog processens sjätte och sista steg.

12.

I lägret fanns det en arbetsstyrka på 500 judar som hade hand om det mesta av grovgörat, som att sköta lägrets underhåll, sortera de nyanländas tillhörigheter och ta hand om liken. Det fanns några kvinnor bland dem, men de allra flesta var män. Varje gång som en transport anlände valde ss-männen ut några som skulle fylla på den här styrkan, för avbränningen bland »arbetsjudarna« var stor.

Dödsstraff kunde utmätas för de mest triviala förseelser. Dessutom fick de hela tiden ta emot hugg och slag från ss-männen och de ukrainska vakterna, och varje vecka slogs några ihjäl. De som blev sjuka eller som inte förmådde att hänga med i det hårt uppdrivna arbetstempot dödades saklöst. I den dagliga lägerrutinen ingick att en läkare gjorde upp en lista över de allra svagaste. I samband med lunchrasten brukade man samla ihop dessa och ta dem till någon öppen grav i närheten där de sköts. Upp till fyrtio per dag kunde dödas på det här viset. Att bli uttagen till »arbetsjude« var alltså bara en kort galgfrist; av dem som arbetat i lägret under våren fanns nu i augusti inte en enda kvar. Och om det var några som tyskarna var beslutna att döda till varje pris så var de dessa som sett allt och gjort allt.

De kanske olyckligaste av alla de judar som sändes till Belzec, de döda inberäknat, var nog dessa, för de tvingades till ett slags medansvar. Utan deras arbete skulle maskineriet aldrig ha fungerat. I vart och ett av förintelselägren Belzec, Sobibór och Treblinka fanns bara mellan 20 och 35 tyskar, som till sin hjälp hade ett hundratal ukrainare. Fler krävdes det inte. Bara de cirka 150 personerna i Belzec lyckades under de nio månader som lägret var i gång döda runt 600 000 människor.*

Primo Levi har påpekat att det är »naivt, absurt och historiskt falskt att tro att ett så djävulskt system som det nationalsocialistiska skänker sina offer något slags helighet: tvärtom, det förnedrar dem, det gör dem lika sig självt«. Ibland sker detta i en yttre, fysisk bemärkelse.

---

* Hur har man kommit fram till denna summa? Tyskarna förde ju ingen egen statistik och förstörde noga alla transportdokument. Siffran bygger på uppgifter som samlats in från polska järnvägsanställda, bland annat stationsföreståndaren i Belzec, Alois Berezowski. Verksamheten i lägret var koncentrerad till tre perioder under 1942. Den första perioden löpte från 17 mars till början av maj, den andra från början av juli till slutet av september: under dessa två perioder varierade antalet transporter mellan en och tre per dag. Den tredje perioden gick från oktober till mitten av december: då anlände i genomsnitt två transporter i veckan till

Det var inga levande skelett i randiga kläder som vandrade runt i Belzec – där tilläts ingen ens komma i närheten av ett sådant svaghetstillstånd. Arbetarna var starka och friska, och förmännen, *Kapos*, samt de som hade hand om särskilt synliga sysslor, var inte sällan välklädda – de döda lämnade som sagt kopiösa mängder av plagg efter sig. En fånge som arbetade vid rampen i systerlägret Treblinka har efteråt berättat att han vanligtvis bar ridbyxor, sammetskavaj, skjorta, sidenkravatt och blankputsade bruna stövlar, att han aldrig sov i samma pyjamas mer än två nätter i sträck och att han lade ned mycket tid på att se snygg och prydlig ut: han bar alltid med sig en liten spegel och rakade sig ibland uppåt sju gånger per dag. (Det hela var fråga om ren överlevnadsstrategi. Det gällde att vinna något slags respekt eller gillande från lägrets tyskar, och ett sätt att få detta var att försöka se ut som dem.) Arbetsjudarna i Belzec fick order att sätta upp ett fotbollslag, och varje söndag spelade de mot sina plågoandar, en otänkbarhet i »vanliga« koncentrationsläger; och råkade ss-männen förlora ingick det i spelet att inte klaga över detta. Det värsta var dock att systemet också fick lägrets arbetare att likna gärningsmännen i en inre, själslig mening: arbetsjudarna blev snart själviska och förhärdade, inte av val, utan för att man måste vara självisk för att överleva och förhärdad för att inte bli galen.

Ungefär 450 av lägrets »arbetsjudar« var sysselsatta med omhändertagandet av liken. Av de 450 gjorde ungefär 250 inget annat än att släpa lik och gräva massgravar. Alla gravar fanns

lägret. Man har sedan räknat lågt: en transport per dag under de två första perioderna ger runt 130 transporter, två per vecka i period tre ger runt 20 transporter. Man har sedan räknat att varje enskild transport i genomsnitt bestod av 40 vagnar – de varierade enligt vittnen mellan 15 och 60; varje enskild vagn har man antagit innehöll 100 personer – vilket igen är att räkna medvetet lågt – vilket ger 4 000 människor per transport. Ergo 600 000. Bara två av de dittransporterade överlevde: dels den nämnde Rudolf Reder från Lvov, som efter kriget emigrerade till Kanada, samt Chaim Hertzmann, som mördades av ukrainska antisemiter i mars 1946, samma dag som han avgett vittnesmål om sin tid i lägret.

innanför stängslet, i lägrets nordöstra hörn, och de upptog ungefär en femtedel av hela området. Till en början hade liken kastats ned i några stora stridsvagnsfällor, men de var sedan länge fyllda, så nu grävdes nya av arbetskommandots folk, för hand och med hjälp av en grävskopa. Varje sådan massgrav mätte ungefär 100×20×12 meter och tog en dryg vecka att gräva. Det var till en sådan massgrav alldeles i närheten de döda nu släpades. En av dem som inför Gersteins och Pfannenstiels ögon var sysselsatt med detta var den i början nämnde Rudolf Reder. Han berättar om sitt arbete:

Marken var sandig. Ett lik drogs av två män. Vi hade läderremmar som vi slog runt de dödas vrister. Det hände ofta när vi drog liket att huvudet körde fast i sanden. Barnkroppar bar vi två åt gången, en över var skuldra – detta var det order på.

Sedan kastades de döda ned över kanten till massgraven. Processen var slutförd – och borta vid rampen gjordes det klart för ännu en avlastning.

13.

Kurt Gerstein skulle aldrig komma över det han såg den där dagen. Han åldrades i förtid, hans hår vitnade och hans blick blev märkligt tom.

Helt visst måste han försöka få stopp på det oerhörda som höll på att hända. Först måste han göra sig av med lasten Zyklon B, så inte den kom till användning. Det var det lättaste. Gerstein skyllde på att cylindrarna läckte gas och lät därefter gräva ned hela partiet. Nästa åtgärd var också uppenbar. Omvärlden måste få veta.

Han började genast. På nattåget tillbaka till Berlin lät en lycklig slump honom möta en svensk diplomat, Göran von Otter, och Gerstein berättade – sittande i den mörka tågkorridoren, kedjerökande, då och då i tårar – för denne om det som han sett föregående förmiddag. Väl hemma i Berlin berättade han om Belzec för en rad betrodda vänner och kolleger. Han uppsökte en kontakt i den holländska motståndsrörelsen och lyckades via honom få en rapport om det skedda till London per radio. Varmt troende som han var fäste Gerstein dock sitt största hopp vid kyrkan; han lyckades *muta* sig till en audiens hos påvens sändebud i Tyskland, kardinal Orsenigo, men denne lyssnade ointresserat på hans skildring och körde sedan ilsket ut honom. Ingenting hände. Ingenting. Till von Otter hade han föreslagit att de allierade i alla fall skulle släppa flygblad över Tyskland, flygblad som avslöjade vad som pågick i lägren i öst. Inte ens så mycket hände, och vid jultid 1942 var Gerstein nära nervsammanbrott. På en fest fick några vänner hindra honom från att skjuta sig. Det var inte bara den ständigt närvarande skräcken för att bli ertappad som nötte ned honom – rädslan hade fått honom att byta tillbaka klädesborsten i hölstret mot en laddad pistol; de flitiga förintelsebyråkraterna i ss hade nämligen fortsatt att nyttja honom som mellanhand i införskaffandet av Zyklon b, något som innebar att hans medskyldighet samtidigt växte. Han krånglade, trasslade och gjorde besvär, men rekvisitionerna forsatte att komma. Det hade nog varit lättare om han aldrig hade fått se, men nu visste han hur mycket blod som kan pressas ur en enda namnteckning.

Hans beteende under det följande året blev alltmer excentriskt och vårdslöst, och hans planer alltmer desperata. I sin desperation raggade han vid ett tillfälle upp några utlänningar på gatan, bjöd hem dem på mat och berättade *allt*. Han träffade von Otter på nytt, uppvaktade en schweizisk diplomat, och försökte dessutom komma i direktkontakt med folk i Sverige. I det syftet tänkte han flyga till Helsingfors, i ett plan som han med hjälp av falska papper beställt i Himmlers namn. På grund av ett mekaniskt fel tvingades dock flygmaskinen gå ned i Riga, varvid Gerstein halades ut ur dess inre och återbördades till Berlin, där Himmler personligen gav honom en skrapa. Gerstein kom emellertid undan tack vare en osannolik tur och beskydd från sin chef, Mrugowsky.

Senare började han arbeta på en än vildare plan: han skulle döda Himmler och hela ss-toppen genom att samla dem till en fabrik i Berlin, ögonskenligen för att demonstrera en ny typ av avlusningsanläggning, men när de väl var där skulle han spränga hela rasket i luften. Av det blev intet. Han fanns med någonstans ute på den yttersta kanten när sammansvurna i juli 1944 försökte mörda Hitler, men motvilligt, för han trodde inte på grundidén. Kuppmännen ville dräpa Hitler och på så vis rädda Tyskland undan nederlaget. Gerstein hoppades tvärtom på ett sammanbrott. Och det måste bli totalt och apokalyptiskt. Bara det kunde svepa bort rötan i Tyskland. Bara det kunde umgälla de monstruösa brotten. Av hans avslöjanden kom fortfarande intet. Från himlen över Berlin föll inga flygblad, men däremot alltfler bomber. Grannarna mötte honom titt som tätt nere i det gemensamma skyddsrummet, där han satt i sin ss-uniform, lyssnade på radio och åt snask. Han verkade inte kunna sova.

Så vad hade hänt med hans berättelse och alla andra rapporter som gavs om Förintelsen?

Man kan som historikern Yehuda Bauer säga att det helt visst fanns mycket information om Förintelsen, men att denna information sällan fick möjlighet att bli till kunskap, alltså spridd, trodd och förstådd. Somt hade fastnat i de byråkratiska kvarnhjulen, annat hade hållits tillbaka av rädda diplomater – som von Otters rapport om mötet med Gerstein – eller gömts undan av sekretessglada underrättelsemän. I några fall hade rapporterna avsiktligt tonats ned, antingen av journalister – som efter första världskrigets propagandafiasko gärna berömde sig av sin väl utvecklade skepsis – eller av antisemitiskt anfäktade – särskilt i USA nådde antisemitismen något av sin höjdpunkt just under krigsåren.

Helt visst går det att finna slöhet, likgiltighet och motvilja bakom långsamheten i reaktionerna. Den allra viktigaste delen av förklaringar har dock sannolikt att göra med något helt annat, nämligen att verkligheten var så monstruös att den trotsade både logik och förnuft.

Nu har vi alla fakta, nu har vi bilderna och berättelserna och vi kan röra i tingen och besöka platserna, men frågan är ändå om vi, i någon rimlig mening av ordet, någonsin kommer att »förstå« Förintelsen? Säkert inte. Man kan till och med, som Barbara Foley, fråga sig om denna händelse helt enkelt är »ovetbar«, därför att det som skedde på ett så avgörande vis skär sig mot våra egna mentala och ideologiska värdeskalor. Och detta är ändå *efter* det skedda, efter det att vi fått se att det faktiskt kan ske.

När andra världskriget började hade någon »Förintelse« aldrig ägt rum i Europa. Folkmord kände man helt visst till. Det var något som utövats av både inom- och utomeuropeiska kulturer, alltifrån assyriernas förstörelse av Babylon och romarnas förstörelse av Kartago, över Djingis khans slakt av mesopotamier och Timur Lenks slakt av turkar till spanjorernas massmord på azteker och amerikanernas massmord på siouxer. Men det fanns då något slags logik i övergreppen. Dödandet var då ett medel för att nå ett visst mål, nämligen att tvinga dem till underkastelse, förslava dem. Ett folkmord, det kunde åskådarna föreställa sig. Och det stämde ju, till en viss punkt: mot ryssar och polacker bedrev tyskarna en klar folkmordspolitik. Miljoner dödades, deras ledare och intellektuella jagades som djur. Slaverna skulle bli slavar. Att man kunde gå ett steg till, att dödandet kunde förvandlas från medel till mål, det låg dock bortom föreställningsförmågan. Hos neutrala diplomater. Hos allierade militärer. Och, inte minst, hos judiska offer.

En hel del har sagts om judarnas passivitet. Med all sannolikhet hade Hitlers massmord – och Stalins, och Pol Pots – inte alls blivit lika omfattande om offren hade gjort mer motstånd. Detta är dock tämligen billig efterklokskap. Europas judar levde som de flesta andra kvar i det gamla Europa. Där hade det tid efter annan förekommit pogromer och judeförföljelser, men man hade alltid uthärdat, alltid överlevt, genom att huka under tak och tåligt vänta till dess stormen dragit förbi. Och så försökte judarna göra även med nazisterna, men de förstod inte att historien än en gång gjort ett språng och lämnat människorna bakom sig.

Men snart började ryktena gå: överlevande letade sig tillbaka till gettona med svarta och förvirrade berättelser om taggtråd och giftgas, men i förstone blev de inte trodda. Även judar avvisade fullt sanningsenliga rapporter som överdrivna och opålitliga; sanningen, den att tyskarna bedrev ett industrialiserat massmord, verkade vara befängd. Även judar underkastade situationen en rätlinjigt rationell analys och kom då fram till att så inte *kunde* vara fallet – om inte annat så vore det ekonomiskt vansinne av tyskarna.

Det stämde, det *var* ekonomiskt vansinne, inte minst detta att man lät slakta människor som skulle gjort större nytta som slavar, men det struntade mördarna högaktningsfullt i. (Till yttermera visso var Förintelsen även en militär idioti: medan de tyska trupperna i både öst och väst periodvis led av svåra underhållsproblem användes en betydande del av den tyska järnvägens resurser till att frakta miljoner judar kors och tvärs över Europa.)

Offren kunde bara inte sätta sig in i förföljarnas patologiska världsbild, och på sätt och vis kan man säga att det var den här oskuldsfullheten som blev deras öde. För nazisternas lögner och maskspel, judarnas vilja att tro det bästa samt brottets monumentalitet kom att sammanfalla till att skapa en atmosfär av förnekelse och falskt hopp, där folk lät sig fösas in i boskapsvagnar och täckta bussar för att »omlokaliseras«. Och när informationen blivit till kunskap var det redan för sent.

Det var detta vantrons svarta hål som hade svalt Gersteins avslöjanden. En präst som Gerstein anförtrott sig åt ansåg att han var galen. Och hans kontakter i den holländska motståndsrörelsen var inte alltför förtjusta över hans detaljerade rapport om lägret i Belzec*, som de ansåg vara överdriven: de manade honom strängt att inte »uppfinna« fler gräsligheter utan istället »hålla sig till den exakta sanningen«.

14.

Någon vecka innan den sovjetiska slutoffensiven inleddes mot Berlin satte Kurt Gerstein på sig civila kläder och lämnade i smyg staden. Han reste mot väst, genom ett raskt sönderfallande Tredje rike: apokalypsen hade till slut infunnit sig. Den 22 april fick han tag på en motorcykel och på den korsade han frontlinjen vid Reutlingen i södra Tyskland. Han gav sig åt den förste allierade soldat han såg, vilket råkade bli en fransk främlingslegionär. Med sig hade han dokument: fakturor på leveranser av vätecyanid, hans arresteringsorder från 1938, med mera. För nu, när himlarna brann, städerna störtade samman och jorden till slut tilläts ge ifrån sig sina döda, var räkenskapens tid inne. Och Kurt Gerstein tänkte vara med då, visa siffror, ge datum, nämna namn.

Men något gick fel.

Gerstein själv var inte i balans. Den ständiga anspänningen, problem med matsmältningen och en kronisk brist på sömn hade nött ned honom både kroppsligt och själsligt: han var utmärglad,

---

* Vid den här tiden var anläggningen försvunnen. Massgasningarna pågick nämligen bara fram till december 1942. Månaderna efter detta var lägrets arbetsstyrka sysselsatt med ett projekt som inletts redan under hösten, nämligen att gräva upp liken ur de överfulla massgravarna och bränna dem på jättelika galler gjorda av järnvägsskenor. I juni 1943 stängdes lägret och de »arbetsjudar« som fanns kvar sattes på ett tåg som förde till systerlägret Sobibór. Planer på revolt hade avslöjats bland fångarna i lägret, och därför tog man inga risker med dem: de fördes ut ur godsvagnarna i grupper av tio och sköts på fläcken. Alla papper förstördes, själva lägrets revs och resterna fördes bort. En särskild grupp från säkerhetstjänsten S D anlände sedan och gick noga över området, plockade upp alla kvarglömda föremål och brände dem omsorgsfullt. (Ett av de få ting som överlevt är en skylt som satt över den särskilda lucka i den stora baracken där alla pengar och värdesaker lämnades in.) Den sista åtgärden blev att plantera tallar över hela det gamla lägerområdet. Idag är Belzec en hög skog, men den som krafsar i den märkligt bördiga sandjorden hittar omedelbart benrester.

blek och led av tics. När han började veva fram sin berättelse om Belzec och flugorna och gasen och Wirth och barnet med korallhalsbandet var han inte alltid helt sammanhängande. I förstone var fransmännen inte vidare intresserade av Gerstein och hans historier, men när de väl tog sig tid att lyssna var det med viss fientlighet. De förstod av hans på kantig franska meddelade vittnesmål att den långe mannen framför dem faktiskt sett något oerhört, och de anade att han kunde bli till nytta i kommande rättegångar, men de var också osäkra på hans egen roll i spelet.

Det går att förstå dem. Om man våren 1945 välte på en sten i Tyskland rusade gråsuggorna kors och tvärs och intygade alla med pipiga röster att de aldrig varit nazister, och om de varit nazister så hade de i alla fall aldrig vetat något, och om de vetat något så hade de i alla fall aldrig gjort något, och om de gjort något så hade de i alla fall bara lytt order. Och vad sade att Gerstein inte var ännu ett av dessa kryp? Han var ju enligt egen utsaga medlem i både partiet och ss.

I början av sommaren fördes Gerstein till Paris för utredning och nya förhör. Själv blev han alltmer nedstämd och plågad. Fängelset bågnade av uppsnappade ärkenazister som slog ihop klackarna även när de fick sina matbrickor; Gerstein själv satt för det mesta naken i sin varma cell och knäppte löss. Såvitt han kunde märka hände det fortfarande ingenting. Ingenting. Allt han såg var franska utredare som slängde frågor och sneda blickar omkring sig.

I mitten av juni kom så beskedet.

Kurt Gerstein var inkallad till domstol. Dock ej som vittne, utan som brottsling. I första hand var han anklagad för att ha hjälpt till att förse ss med vätecyanid »och därigenom tillhandahållit medlen för utförande av brott i en enorm skala, därefter för att ha hjälpt gärningsmännen, eller bevittnat brottets utförande, i gaskamrarna i Belzec«. Gersteins fasa blev bara än större när han också förstod att en rad kolleger och myndighetspersoner som han, i största välmening, nämnt som hemliga medhjälpare, också blivit inkallade till prövning av domstol. Så var han också gjord till angivare ... Sannolikt låg det samma syfte bakom den åtgärden som bakom beslutet att stämma in Gerstein: de hade alla varit med, i en eller annan mening, och nu skulle de vägas.

När han fördes iväg till det speciella militärfängelset på Rue du Cherche-Midi – den anstalt där Dreyfus en gång satt inlåst – hördes han säga med förvånad röst, som om han behövde övertyga sig själv: »Jag är fånge!«

För Gerstein hade hans tidigare misslyckanden mynnat i en personlig katastrof. Han var nu nämnd i samma andetag som Eichmann, som Globocnik och Wirth* – det antyddes till och med att *han* kanske var den som uppfunnit gaskamrarna. *France-Soir* skrev om honom på förstasidan: »Nazistisk koncentrationslägerbödel erkänner«, »Jag utrotade uppåt 11 000 personer om dagen«. Han måste hela tiden ha frågat sig om de tjänster han gjorde förintelsemaskineriet som officiell tjänsteman någonsin uppvägdes av alla de gärningar han utförde i det fördolda. Frågat sig om fler hade dött, antingen på grund av det han *gjorde* som ss-man, eller *inte gjorde* som motståndskämpe? Och allteftersom tiden led, och intet verkade komma av alla hans vågade avslöjan-

---

* Christian Wirth var då borta, dödad i Trieste, sannolikt av någon underlydande, dit han och hans män stationerats efter det att utrotningslägret Belzec stängts. I augusti 1963 ställdes åtta av de överlevande vakterna från Belzec inför rätta i München, anklagade för medhjälp till mord: Josef Oberhauser i 450 000 fall, Werner Dubois, Robert Jührs, Heinrich Unverhau, Ernst Zierke och Schluch i 360 000 fall, Heinrich Gley i 170 000 fall och Erich Fuchs i 90 000. Ingen förnekade att de varit inblandade i massmorden – alla revisionister bör nogsamt lägga märka till detta –, men skyllde på att de bara lytt order och på att de inte haft något annat val. Tingsrätten i Hamburg visade förståelse för denna ursäkt och lät målet falla mot sju av anklagade. Den åttonde, Oberhauser, Wirths närmaste man och med all sannolikhet närvarande vid gaskammaren samtidigt som Gerstein, var dock en osedvanligt förhärdad typ, som under förhören faktiskt uttryckt förståelse för utrotningen av judarna. Han ansågs vara skyldig och dömdes därför till fyra och ett halvt års fängelse, vilket betyder drygt fem minuter per mord.

den, hemliga rapporter och nattliga samtal med främlingar, desto mer akut blev givetvis frågan. Kanske kändes utpekandet inte bara som en monumental orättvisa? Kanske övertygade det Gerstein om att han faktiskt var medskyldig? Ändå hade han gjort mer än de flesta, trots att det betytt att han satt sitt eget liv på spel. Nu när allt var över stod miljoner offer och åskådare där som överlevande, enbart för att de i det omöjliga valet mellan det moraliskt rättfärdiga och den egna överlevnaden följt självbevarelsens oemotståndliga logik. Och vem kan klandra dem? Samtidigt kände nog huvuddelen av dessa människor att de gjort ett val som på något vis svärtat ned dem – och detta, att gärningsmännen gned av stanken från sin egen moraliska förskämning på oskyldiga, det är inget litet brott. Och litet av den låder nog för alltid vid oss andra också, vi som slapp välja. Lärdomen kvarstår den med. Och hotet. En del av mekaniken finns nämligen kvar, lika glänsande och välsmord som i augusti 1942, blott vilande och redo för återupprepningen. För nu vet vi tyvärr att det är sant det som Zygmunt Bauman skriver:

Det onda behöver varken entusiastiska anhängare eller en applåderande publik – det räcker med självbevarelsedriften, uppmuntrad av tanken att det, Gud ske lov, ännu inte är min tur: genom att ligga lågt kan jag fortfarande slippa undan.

Samtidigt visade sådana människor som Kurt Gerstein att utgången i det där valet mellan det moraliskt rätta och den egna överlevnaden aldrig är på förhand given, att det till sist trots allt är just ett val.

Primo Levi har talat om att Förintelsens offer på ett naturligt sätt gick att indela i två grupper: de drunknade och de räddade, de som lyckades att med olika knep hålla sig flytande och de som bara sjönk. Kanske är det orätt att räkna in ss-mannen Gerstein i offrens skara, men faktum är att han inte överlevde sina avslöjanden.

Sommaren 1945 var Förintelsen tilländalupen, men händelsen i sig var så enorm att den likt ett sjunkande skepp skapade ett eftersug som drog människor med sig långt efter det att farkosten själv försvunnit ur sikte. En av dem som drunknade i de här virvlarna var Kurt Gerstein. En mindre moraliskt sinnad människa hade kanske uthärdat att förvandlas från vittne till anklagad, men för Gerstein var det mer än han kunde bära. På eftermiddagen den 25 juli 1945 hängde han sig i sin cell.

Och vi kommer aldrig att få veta om det var av besvikelse eller av skam.

När man kämpar mot vidunder

I.

UNDER kriget körde han alltid sportbil, och han körde fort.

En sen kväll, berättas det, när han som vanligt kom farande med sin svarta Bentley på väg från Flygministeriet i riktning mot högkvarteret i High Wycombe, lyckades en polis på motorcykel få stopp på det framskenande ekipaget. Konstapeln var förebrående: »Ni skulle ha kunnat döda någon, sir.« »Unge man«, klippte den glasögonprydde sportbilsryttaren av irriterat, »jag dödar tusentals människor varje natt!«

Mannen i bilen var Arthur Harris, marskalk och under andra världskriget chef för det brittiska bombflyget. För allmänheten var han känd som »Bomber« Harris, hans närmaste män och överordnade talade om honom som »Bert«, men hans underlydande kallade honom aldrig något annat än »Butch«, vilket var en förkortad version av *Butcher*, Slaktaren. Det är onekligen ett rätt passande smeknamn för en man som bär ansvar för runt 600 000 människors död.

Alla de flygare som kallade honom Butch gjorde det dock med blandade känslor. Visst kunde de känna att han drev dem iväg mot en förtidig död som vore de slaktdjur, men samtidigt fanns det onekligen en viss känsla av respekt och till och med beundran nedlagd i det där namnet: han var hänsynslös, envis, butter – han led under hela kriget av magsår –, kraftfull samt rak på gränsen till rå, och det ingav på något vis förtroende. Historierna om hans sportbilskörning och hans brutala humor gick hem hos de medelklass-

ungdomar som under de här åren utgjorde bombflygets ryggrad.
För de närmast under honom var det dock inte alltid lika roligt.

En av dem, ställföreträdaren Robert Saundby, skickade vid ett tillfälle en PM till honom, där han med stor möda och noggrannhet arbetat fram tio olika alternativa metoder för att anfalla ett särskilt mål. När han fick tillbaka sin PM hade en otålig Harris klottrat dit en kort kommentar:»Försök med vesslor.«

På sensommaren 1943 stod Harris på höjden av sin makt. När han tagit befälet över bombflyget i februari året innan hade pessimism rått: flygoffensiven mot Tyskland hade gått trögt och fört med sig fler besvikelser än verkliga framgångar. I augusti 1943 härskade dock en stämning av aggressiv optimism bland beslutsfattarna. Churchill låg på och ville öka insatserna. Harris, som ofta besökte premiärministern när han bodde på sitt lantställe Chequers, var också mer än villig att göra honom till viljes. Harris var nämligen övertygad om att ett avgörande var nära. Målet var givet. Den hösten skrev han i ett brev till Churchill:»Om det amerikanska flygvapnet är med på det kan vi föröda Berlin från den ena ändan till den andra. Det kommer att kosta oss båda 400 till 500 flygplan. Det kommer att kosta Tyskland kriget.«

Tyskarna anade vad som väntade. Och de brittiska tidningarna ropade ut det i fetstil:»Berlin nästa.«

Det fanns en enkel orsak bakom all den här belåtna tillförsikten. Hamburg.

2.

Under några månljusa nätter vid månadsskiftet juli–augusti 1943 hade Harris hela styrka av bombplan gått löst på Hamburg, Tysklands näst största stad. När den sista nattens av rök och damm fördröjda gryning kommit, och det med viss möda blivit möjligt att skåda hela katastrofen och mäta dess osannolika omfattning, såg det ut som om förkrigstidens alla överoptimistiska bombflygsprofeter trots allt skulle få rätt och att kriget snart, kanske redan inom ett par månader, skulle nå sitt förtida slut. Anfallen hade pågått i sammanlagt blott fyra timmar. Det hade ändå räckt till att förvandla staden till ett rykande, utbränt skal och befolkningen till en blandning av levande spöken och döda medborgare. Så mycket hade förstörelsekraften vuxit. Så få av hämningarna fanns kvar. Det var som om 1914 års apokalyps till slut infunnit sig.

Det som orsakat de största skadorna och de flesta förlusterna i Hamburg var den eldstorm, världshistoriens första, som uppstod till följd av bombningarna natten till den 28 juli. Vid en eldstorm flyter en rad små bränder ihop och blir till en enda sammanhängande yta av lågor. När nog många bränder förenats i det brinnande området – i Hamburg blev den här ytan uppåt 20 kvadratkilometer stor och tycks ha haft sitt ursprungliga centrum i ett stort timmerupplag vid Mittelkanal – så fattar allt brännbart eld, temperaturen ökar snabbt, och den upphettade luften stiger uppåt i en jättelik pelare, vilket leder till att kall luft sugs in utifrån och en blåsbälgseffekt uppstår: elden får ny näring, temperaturen stiger ytterligare, mer kalluft dras in, och så vidare. Nere på marken rör sig luften med orkanstyrka och sliter med sig levande människor, uppryckta träd och kullvälta bilar. Vindarna är fylld av stigande gnistor – ett ögonvittne i Hamburg tyckte det liknade »en snöstorm med röda flingor«. Vid det här laget har temperaturen passerat väl över tusen grader. I en sådan hetta har trä sedan länge exploderat, och bly, asfalt och till och med glas flyter.

Även en bit bort från en sådan hetta blir luften direkt smärtsam att andas. Alla människor närmast branden dör, antingen av syrebrist eller enbart av hettan. I Hamburg fångades många tusen i källare och skyddsrum och kvävdes helt enkelt: den friska luften sögs ut av hettan och i dess plats kom rök och kolmonoxid. När räddningspersonal tog sig in i vissa källare ställdes de inför scener som bisarrt nog påminde om dem som vid denna tidpunkt mötte arbetsjudarna när de öppnade gaskamrarna i öst: hopslingrade högar av avgasdödade människor tryckta mot lufthål och blockerade dörröppningar. I andra skyddsrum återfanns bara mängder

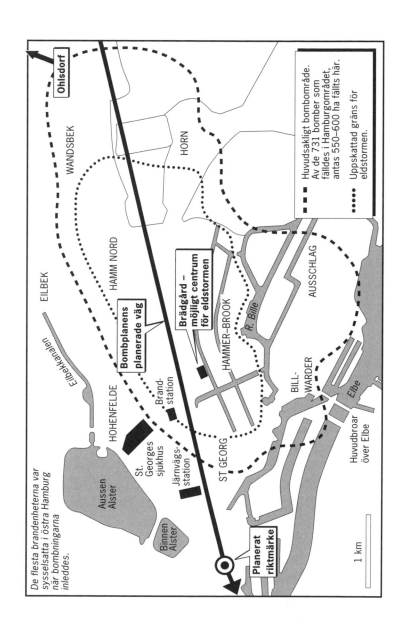

De flesta brandenheterna var sysselsatta i östra Hamburg när bombningarna inleddes.

Huvudsakligt bombområde. Av de 731 bomber som fälldes i Hamburgområdet, antas 550–600 ha fällts här.

Uppskattad gräns för eldstormen.

Ohlsdorf

WANDSBEK

HORN

EILBEK

HAMM NORD

AUSSCHLAG

Bombplanens planerade väg

Brädgård – möjligt centrum för eldstormen

Eilbekkanalen

HOHENFELDE

R. Bille

HAMMER-BROOK

Brand-station

Aussen Alster

St. Georges sjukhus

Järnvägs-station

ST GEORG

BILL-WARDER

Elbe

Binnen Alster

Huvudbroar över Elbe

Planerat riktmärke

1 km

Eldstormen i Hamburg, 27–28 juli 1943.

av ben, spretande i en klibbig svart massa; de dödas kroppsfett hade smält av hettan och sedan koagulerat. De som letat sig ut på gatorna och dött av syrebrist var i många fall fullt igenkännliga, även om deras kroppar bakats till en ljusbrun färgton. Vissa hade fastnat i gatornas smälta asfalt och stekts till döds. För att beskriva andra tvingades man uppfinna ett nytt oöversättligt 1900-talsord: *Brandbombenschrumpfleischen*. De hopkrympta kropparna efter en hel familj kunde ibland rymmas i en tvättkorg, en människa i en tvållåda. Ett ögonvittne berättar om några döda han såg:

> Deras hjärnor ramlade ut ur de spräckta tinningarna och deras inälvor från den mjuka delen under revbenen. Dessa människor måste ha dött en fruktansvärd död. De minsta barnen låg som stekta ålar på trottoaren. Även i döden visade de tecken på sitt lidande – deras armar och händer var utsträckta som för att skydda dem mot den skoningslösa hettan.

Någon större tid att sörja eller ens röja upp fanns det inte. Det stod nämligen klart för alla att Harris bombplan skulle komma tillbaka, och under mindre än tolv timmar rann en flod av 1 200 000 människor ut ur staden. Hamburg upphörde att fungera. För de överlevande stod det plågsamt klart att de vaknat upp i en tidsålder så modern, så teknologiskt mäktig att den förmådde upphäva både modernitet och teknologi.

Chockade, i många fall klädda enbart i sotiga nattkläder, vissa brännskadade, några bokstavligen talat galna, strömmade människorna förbi ut mot landsbygden och tryggheten. En kvinna har beskrivit hur hon bland de framvällande människorna skymtade en kvinna med bortbränt hår som satt och ammade ett barn, medan en annan kvinna låg på trottoaren en bit bort och födde. En annan överlevande, Anne-Kæte Seifarth, som gick till fots med sin make och sin son, berättar att »allt var sammanblandat och alla var tysta och bedövade, deras ansikten nästan deliriska. Varför?

Varför? Vad var orsaken till allt detta?« Frågorna kom inte bara ur den oförståelse som åsynen av modern förstörelsekraft alltid föder. De begrep inte varför just de drabbats så hårt. Den brittiske idéhistorikern Christopher Coker menar att människorna i Hamburg faktiskt bar en del av ansvaret för det öde som drabbade dem. Bland dem som dog, säger Coker, var de småbyråkrater som genomförde ordern om tvångsförsäljning av judarnas konst, de som konfiskerade deras radioapparater, de som bröt deras telefonabonnemang, de som hindrade dem från att använda offentliga bibliotek, de som tvingade alla över sex års ålder att bära den gula stjärnan, de som på hösten 1941 förklarade dem i husarrest och som sedan såg till att de lastades upp på godståg, samt alla de som sedan transporterna försvunnit i riktning Polen flyttade in i någon av de 7 812 våningar som då blivit lediga. (Och Reservpolisbataljon 101, det förband som genom Christopher Brownings forskning har kommit att framstå som något av symbolen för alla de »vanliga människor« som drogs med i Förintelsen, rekryterades just i Hamburg.) »Inget annat folk betalade så mycket för sin samhälleliga tystlåtenheten, för att ej ha sagt ifrån i tid.«*

Frågan är om det är vettigt att på det här viset låta kollektivskulden paras ihop med arvsynden, vilket rimligtvis är den enda förklaringen till de hopskrynklade barnliken på trottoaren. Hamburg var nämligen en av de orter i Tyskland där arbetarrörelsen var som allra starkast före 1933 och där nazisterna hade minst stöd. Och bombmattorna hade rullats ut, inte över de välbärgade kvarter där alla lokala nazistpampar bodde – de delarna av Hamburg var nästan oskadda –, utan över de tättbefolkade arbetarstadsdelarna. (Att det var civilbefolkningen de brittiska flygarna siktade på visas också av att de krigsviktiga industrierna i Hamburg, och särskilt ubåtsvarven, paradoxalt nog klarade sig utan större skador.) I eld-

---

* Se Cokers aning meandrande men högst intelligenta *War and the 20th Century – A Study of War and Modern Consciousness* (1994).

stormen dräptes helt visst många övertygade nazister med blod på händerna; i den dog dock dessutom lika visst många övertygade socialdemokrater, judegömmare och andra som på olika vis bekämpade regimen. Dödandet var nämligen fullständigt urskillningslöst. Offren var offer bara för att de råkade leva på en viss plats vid en viss tidpunkt. Och inte så få var nog de som 1943 levde i Hamburg och ansåg att regimen i Berlin var ond och måste bekämpas, men som inte kunde förstå att detta måste ske med metoder som i sin brutalitet överträffade det mesta som världshistorien skådat, och som helt enkelt hade svårt att se moralen i att bekämpa barbaren med hjälp av barbari. Men det finns offer och det finns offer.

En av de mest insiktsfulla böcker som någonsin skrivits om moderna krig – fullt jämförbar med sådana mästerverk som Curzio Malapartes *Kaputt*, Henri Barbusses *Elden* och Michael Herrs *Dispatches* – är Frederick Mannings *The Middle Parts of Fortune**. Författaren, en lärd poet som slogs i Sommeoffensiven 1916 som menig, har en hel del att säga om kanonmatens roll i dessa händelser. Manning menar inte att de vanliga soldaterna egentligen är goda och att de *bara* är lurade offer. Nej, kriget springer till viss del ur deras egna önskningar, egna drömmar, egna missförstånd. Krigets tragedi kommer snarare ur dess okontrollerbara väsen:

> Det finns ingenting i kriget som inte finns i den mänskliga naturen; men människornas passioner och våldsamhet blir, sammantagna, en opersonlig och oförutsägbar kraft, den kollektiva viljans blinda och irrationella rörelse, som man inte kan kontrollera, som man inte kan förstå, som man bara kan uthärda.

* Bokens ursprungliga namn var *Her Privates We*, men den upplagan var rensad på sådant som läsekretsen inte ansågs tåla; Manning gav också ut den under pseudonymen »Menig 19022«. Först 1977 gavs den ut i oavkortat, ocensurerat skick och fick då den ovannämnda titeln.

Människorna känner att de används av någon för dem outgrundlig makt, en makt som är likgiltig för dem som individer, så de kan inte identifiera sig helt med det som sker, samtidigt som de inte heller kan skilja sig från det, för, säger Manning – och detta är en sanning oerhörd i sin ryslighet –, »en människa må rasa mot kriget; men kriget med dess myriader ansikten kunde alltid vända mot honom ett som var hans eget«.

Tveklöst hade den totalitära regimen i Tyskland ett stort folkligt stöd. Det där stödet var som allra störst under det knappa år som gick från triumfen i väst 1940 fram till överfallen i öst 1941. Depressionens ekonomiska och politiska kriser var då bara onda minnen, arbetslöshet ett ord, underbart stora militära triumfer hade köpts till oväntat små kostnader och en fet och ärorik fred vinkade vid horisonten.

För många brast inte illusionerna förrän efter 1941. Med viskande röster berättade då hemvändande östfrontssoldater om massgravar och arkebuseringar av småbarn, det gick rykten om att mentalsjuka och utvecklingsstörda togs av daga på olika specialinrättningar. Samtidigt började de vanliga medborgarna för första gången känna av både krigsansträngningens pris och polisstatens bett.

Bombningarna av städerna, som inleddes på allvar 1942, var en oerhörd chock för den tyska civilbefolkningen. Förlusterna och förstörelsen skakade om, men minst lika upprörande för många var insikten att deras eget flygvapen inte förmådde att utmäta någon verklig vedergällning. Så till exempel när Hitler i ett tal i april det året lovat att hämnas de senaste flyganfallen, hade detta – enligt den ständigt tjuvlyssnande tyska säkerhetstjänsten – mötts med bifall bland vanligt folk, ett bifall som senare byttes i besvikelse när nyheten kom att Luftwaffe slagit till mot bland annat Bath: att bara bomba några »badorter« ansågs inte vara tillräckligt. Efter det blev luftkriget bara värre och värre. Vissa förvillade krävde då att myndigheterna skulle svara genom att avrätta judar –

en förslagsställare ville att man skulle bränna dem på bål. En inte
ovanlig attityd bland gemene man tycks ha varit att man antingen
måste slå tillbaka, hårt, gärna med något av de hemliga vapen regi-
men aldrig ledsnade att tassla om, eller se till att få en snar ände på
kriget.

För de döda var dock allt för sent.

Runt 45 000 män, kvinnor och barn miste sina liv under de där
attackerna mot Hamburg, huvuddelen under eldstormen 27 juli,
vilket betyder att det under en enda natt i den staden dräptes fler
än under hela Blitzen mot England. En stor del av arbetet att
samla ihop och begrava liken sköttes, ironiskt nog, av fångar från
det närliggande koncentrationslägret Neuengamme. Lämningar-
na samlades upp på lastbilar som körde ut till den stora Ohlsdorf-
kyrkogården.

Vid det här laget hade det utvecklats rutiner vid omhänderta-
gandet av de stora mängderna döda efter bombräder. De som tog
hand om kropparna rekommenderades att bära overaller, gummi-
handskar och skyddsglasögon. Man borde bland annat vara nog-
grann med att inte blanda ihop avsprängda kroppsdelar från flera
personer, då detta lätt ledde till felräkning av antalet döda. Alla lik
skulle helst föras till en central uppsamlingsplats, dit man samlade
anhöriga och vittnen och där det också väntade folk utrustade
med förberedda dödsattester, signalementsblanketter, små papp-
kort att fästa vid de enskilda kropparna, blyertspennor – bläck
rann i regn – samt kraftiga avbitartänger att använda för att vränga
smycken och ringar av de döda; vigselringar var ibland det enda
sättet att identifiera illa brända kroppar, och senare kom de att
samlas ihop hinkvis.

Dessa ordentliga och genomtänkta regler bröt dock samman i
Hamburg av den enkla orsaken att antalet döda var så kopiöst
stort. Några försök till identifiering av enskilda döda var det där-
för aldrig tal om. När lastbilarna med kroppar nådde Ohlsdorfkyr-
kogården fick föraren helt enkelt uppge ungefär hur många döda

han hade på flaket. Summan antecknades av en protokollförare. Därpå tippades kropparna utan vidare ceremonier ned i någon av de fyra avlånga jättegravar som skottats upp där.

Den lummiga kyrkogården som rymmer massgravarna från 1943 ligger i stadens norra utkant. De finns ännu kvar, nu i form av fyra upphöjda gräsmattor, 130 meter långa och 16 meter breda, kantade med begonior och prydda av grova timmerbjälkar med namn på stadsdelar som de döda hämtats från.

Ännu en grav.

3.

När nyheten om Hamburgs öde nådde ut i Tyskland orsakade den både vrede och skräck bland vanligt folk, och även många i rikets ledning var skakade. Hitler är en av 1900-talets allra mest arketypiska bunkergeneraler, som med stor noggrannhet undvek kontakt med sina händers verk. (Vid ett tillfälle året innan hade hans luxuöst utrustade tåg kommit in på en station samtidigt som en transport från öst anlände fullastad med utmattade och sårade soldater; diktatorn undvek varje gest i riktning mot de förbluffade männen på andra sidan fönsterglaset, utan beordrade bara att gardinerna skulle dras för, varefter han fortsatte att äta sin strikt vegetariska middag.) När nu flera personer föreslog Hitler att han borde besöka Hamburg nekade han bara surt och vägrade till och med att träffa en delegation av folk från staden som rest till Berlin. Rustningsministern Speer kunde dock inte låta honom förbli i sin självvalda okunnighet. Han meddelade Hitler att om Tyskland drabbades av sex anfall till av det här slaget så skulle man nog inte kunna fortsätta kriget.

I Storbritannien gnuggade Harris händerna. Han hade fått rätt. Eller nästan rätt i alla fall.

Ganska snart efter 1918 hade det framträtt tänkare i Europa som förkunnat att nästa krig skulle bli ett bombkrig. Den känsla av katastrof som första världskriget mynnat i fick även vissa militärer

att säga »aldrig mer«, åtminstone till skyttegravarna. De förut-
spådde istället konflikter som skulle kunna vinnas snabbt och
smärtfritt med hjälp av fiffig teknik. Det hela skulle avgöras ge-
nom ett antal dagars massiva attacker med flyg, riktade mot mot-
ståndarens försvarslösa städer och dito industrier, sedan skulle allt
vara över. Denna idé, särskilt när den länkades till ett tänkt frikos-
tigt bruk av giftgas, stod för en besynnerlig blandning av blåögd
tekniktro och svart apokalyptik som var lockande för vissa militä-
rer och oemotståndlig för media: resultatet blev en rad helvetesvi-
sioner, som spreds bland annat i form av filmer och böcker, som
till exempel *Invasion from the air* och *The shape of things to come*.
(Om man vill förstå 30-talets eftergiftspolitik visavi Hitler måste
man faktiskt ta hänsyn till de här vitt spridda undergångsvisio-
nerna, som skrämde alla och fick det mesta att framstå som bättre
än krig.)

Så började kriget. Dystopikerna verkade få fel. Den massbomb-
ning alla fruktade blev inte av. Orsaken var tvåfaldig. För det förs-
ta fanns det faktiskt något som liknade en verklig vilja att undvika
ett dylikt barbari; styrande i Frankrike och Storbritannien hoppa-
des på ett kort, rent krig och sade offentligt att de skulle avstå från
ovärdigheten att bekriga motståndarens civilbefolkning från luf-
ten, och Hitler lovade i ett svagt ögonblick att »inte föra krig mot
kvinnor och barn«. För det andra hade flygteoretikerna gravt
överskattat bombflygets möjligheter. De stora och långsamma
planen hade problem att alls överleva i dagsljus, och de sköts ned
en masse. Dessutom visade det sig snart att flygarna hade utomor-
dentligt svårt att hitta fram till mer avlägsna mål. Det gick snett
med en gång. RAF:s allra första bombanfall ägde rum den 4 sep-
tember 1939, en regnig måndagseftermiddag, nästan exakt 24
timmar efter det att Chamberlains sorgsna gammelmansröst över
radion förkunnat att tyskarna inte svarat på Englands ultimatum
och att »detta land följaktligen är i krig med Tyskland«. Trots att
det var fullt dagsljus hittade knappt hälften av de 29 planen målet,

den tyska hamnen Wilhelmshafen, ett tiotal vände om direkt, tre vilseflygare irrade runt och var en hårsmån från att angripa några brittiska krigsfartyg, och ett plan nådde efter viss möda en stad som besättningen prompt bombarderade – det visade sig vara Esbjerg i det neutrala Danmark. I augusti 1940 pågick slaget om Storbritannien. Chamberlain hade då ersatts av Churchill, som i motsats till sin föregångare trodde på bombkrigets möjligheter. Dessutom hade alla de där löftena om undvikande av attacker mot civila nötts farligt tunna av de senaste årets händelser. Det tabu som funnits mot sådana anfall hade brutits redan under det spanska inbördeskriget av tyska och italienska luftstridskrafter. Det var dock japanska militärer som »uppfann« terrorbombningen: redan 1932 hade deras flyg utsatt Shanghai för urskillningslösa bombningar, och samma år som det spanska Guernica krossades härjades en rad kinesiska storstäder från luften.

När världskriget tog sin början i och med Hitlers överfall på Polen uppträdde hans flyg mycket skrupelfritt, och i maj påföljande år hade Rotterdam utsatts för ett kraftigt tyskt bombanfall. Visserligen var anfallet ett försök att pressa de holländska militärerna i staden att ge upp, och visserligen var de verkliga dödssiffrorna en trettiondel av vad som angivits i pressen, men faktum kvarstod: en stor stad hade anfallits med betydande civila offer som följd. När tyskarna inledde sin flygoffensiv mot Storbritannien var målen klart militära; tanken var att slå ut det brittiska luftförsvaret inför en möjlig invasion över Engelska kanalen. (Hitler hade också uttryckligen förbjudit anfall mot London och andra städer.) Stigande förluster under dagtid fick det tyska flygvapnet att utföra allt fler anfall under dygnets mörka timmar.

De tyska flygarna gjorde då samma pinsamma upptäckt som deras brittiska motpart redan gjort, nämligen att när planen flög nattetid var precisionen i navigationen låg och i bombfällningen nästan obefintlig. Mindre mål som fabriker och kaserner var hart när omöjliga att träffa. De brittiska flygare som mot alla odds nådde fram till närheten av målet fick oftast nöja sig med att fälla sina bomber i riktning mot strålkastarljusen och luftvärnselden. Inte sällan föll det mesta på åker och äng:»Vi utförde ett storartat angrepp på det tyska jordbruket«, som en bombflygare senare uttryckte det.

På kvällen den 24 augusti 1940 flög ett dussintal tyska bombplan in över London. Deras uppdrag var att attackera ett antal stora oljecisterner vid stadens utkant, men de navigerade givetvis fel och råkade fälla sina bomber över centrum. Som svar beordrade Churchill för första gången sitt bombflyg att anfalla Berlin. Målet var några industrier och de påföljande skadorna små, men Hitler blev ursinnig och lovade vid ett massmöte att»om de attackerar våra städer, skall vi helt enkelt utplåna deras«. Führern gav därför flygvapenchefen Göring order om att hålla upp med offensiven mot motståndarens luftförsvar och istället gå löst på hans städer.

Detta var en vändpunkt, och det på flera sätt. För det var här någonstans som resan till Hiroshima och Nagasaki började.

Militärt var bomboffensiven mot de brittiska städerna,»Blitzen«, ett rent och skärt vansinne, då det gav de hårt pressade brittiska jaktstyrkorna andrum. Även för britterna själva var detta något av en vändpunkt. Efteråt var det hela enkelt. På sensommaren 1940 hade de stått ensamma mot Hitler, men de tvekade aldrig, utan förstod att härda ut genom en kombination av aldrig vacklande enighet, kalla nerver, gott humör och tro på det rättfärdiga i sin sak. Sas det. I verkligheten fanns det i Storbritannien fram till denna punkt en icke obetydlig opposition mot kriget. Ännu året innan kunde de brittiska fascisterna samla tiotusentals personer till sina massmöten, och stödet till olika pacifistiska och kommunistiska grupperingar växte. Runt 60 000 män vapenvägrade. Vissa av de mer privilegierade övergav helt enkelt den hotade ön och packade sig istället till mer nyttiga klimat, som till exempel Christopher Isherwood – som bland annat skrev boken *Farväl till Berlin* vilken sedermera blev underlaget till musikalen *Cabaret* – samt den kände vänsterpoeten W.H. Auden, som båda 1939 slank iväg till den garanterat bombfria luften i USA. Kvar blev, som den engelske litteratören Peter Vansittart påpekat, bland annat dessa som Auden länge förlöjligat, »överstar, efterblivna privatskolegossar, förortsgolfare, struntpratande medelmåttor, romantiska men korkade snobbar«, och många av dem gav snart sitt liv för något som Auden gärna talade om i teorin men fann en smula för krävande i praktiken: hejdandet av nazismen.

Senare när kriget började på allvar förekom det en hel del antisemitiskt klotter i London, och affärer som ägdes av utlänningar blev plundrade. När Churchill och kungafamiljen gjorde besök i svårt bombade områden hände det att de blev utbuade. Under flygkriget på sensommaren 1940 kunde man se mängder av verkliga hjältedåd och obegripligt självuppoffrande handlingar, men samtidigt förekom det en hel del uppgivenhet, panik och feghet. På vissa flygbaser vägrade personalen trots officerarnas högljudda order att lämna skyddsrummen för att skjuta tillbaka, det hände att jaktförband vände om inför hotet att möta annat än tyska bombare, och vissa civila aktade ibland inte för rov att plundra sprängda RAF-byggnader på illa eftertraktade verktyg och reservdelar.

Toryregeringen hade sedan krigsutbrottet förlorat sig i retoriska broderier om människors ödesgemenskap etc., men många som levde i det brittiska klassamhällets skugga och som mindes första världskrigets förljugna och uppstyltade patriotism hade valt att tvivla. De urskillningslöst fallande bomberna drev dock hem denna poäng bättre än de statliga propagandisterna någonsin kunnat göra själva. (Både från höger och vänster välkomnade man också den nyvunna gemenskapen över klassgränserna och spann, medan glaskrosset ännu gnisslade i rännstenarna, sina egna myter om det skedda. För tories handlade det om att uppamma stöd för ett krig som skulle bevara imperiet, men som paradoxalt nog ledde till dess fullständiga ruin. För den engelska vänstern var Blitzen och uppluckringen av klassgränserna tvärtom början till något nytt, till en god förändring av samhället. Det har senare blivit vanligt bland labourpolitiker att spåra den brittiska välfärdsstatens ursprung till händelserna år 1940.)

Det allra intressantaste med bombningarna av de brittiska städerna – som pågick periodvis ända till i mitten av maj 1941 – var att resultatet inte på något vis liknade det förutspådda. Visserligen hade runt 40 000 människor mist livet, men den grälla kollaps av stat och samhälle som 20- och 30-talets bombkrigsteoretiker förutspått hade uteblivit. Folks vilja att slåss hade inte brutits av hammarslagen från skyn. Den hade blivit stärkt.

Slutsatsen av dessa tekniska och faktiska tillkortakommanden hade kunnat bli att strategisk bombning var något ogörligt. Efter Frankrikes fall var det dock det enda riktigt verksamma medel som det tilltufsade Storbritannien hade om man ville fortsätta att bekriga Tyskland. Och då återstod bara stora mål, helst så stora att de var lätta att finna och svåra att missa. Och framåt slutet av 1941 insåg man att då kunde egentligen bara en enda kategori av mål komma i fråga. Städer. Stora städer. Storstäder.

4.

Vad som sedan hänt fram till sensommaren 1943 var att tekniken stadigt hade förbättrats. Väl hjälpta av det flöde av finansiella medel som alltid väller fram under krigstillstånd hade brittiska vetenskapsmän och ingenjörer kläckt fram hjälpmedel som blivit allt fiffigare – som de smala remsor av aluminiumfolie, kodbenämnda *Window*, som släpptes i miljontal under räderna och störde den tyska radarn –, instrument som var allt bättre – som radiosystemet *Oboe* som medgav en noggrannare navigering –, flygplan som var allt större – som den fyrmotoriga Lancastern som kunde bära en last på 3 000 kilo 400 mil – samt bomber som var alltmer destruktiva – som de jättelika brutaliteter som öknämndes kvartersbomber, stålcylindrar på 2 ton fullpackade med sprängämnen. Minst lika viktigt var dock att kriget helt förutsägbart följt sin inneboende idiotlogik och fortsatt att eskalera. Borta var de dagar då rädsla för att skada privat egendom avhöll RAF från att fälla annat än flygblad över Tyskland, flygblad där tyskarna med viss didaktisk iver upplystes om att krig inte var något vidare bra och att de nog borde överväga att sluta med det. Däremellan hade kommit de hänsynslösa tyska bombningarna av Rotterdam och London och Coventry samt en klar och kall rädsla för att nazisterna rentav var på väg att vinna kriget, en rädsla som dessutom var genomskuren med stråk av hämndlystnad.

Som alltid i dessa situationer hade hämningarna visat sig vara förbluffande lätta att bryta ned. Människan där borta, den andre, hade försvunnit ur sikte och i hans eller hennes ställe hade kommit ansiktslösa nidbilder och monster som nu fick skylla sig själva. Tyskarna hade, som Harris själv sade, »sått vind och nu skulle de få skörda storm«.

Den här eskaleringen hade dessutom gått hand i hand med en industrialisering av krigets processer. Den viktigaste aktören var inte längre den enskilde stridspiloten, luftens romantiske riddare som vann segern tack vare mod och skicklighet; inte så att mod och skicklighet inte krävdes, tvärtom, det var bara det att den individuella insatsen blev alltmer betydelselös. Istället var det sådana banaliteter som råstyrka och ren industriell tyngd som ytterst avgjorde.

En rapport från flygstaben från 1944 visar hur långt det här ekonomiska tänkandet trängt in i medvetandet på dem som styrde bombkriget:

> Om man uttrycker dessa [de tyska] förlusterna på ett annat sätt, så har 2 400 000 000 mantimmar gått förlorade efter en utgift av 116 500 ton fällda bomber, och detta belöper till en genomsnittlig avkastning för varje fällt ton bomber på 20 500

förlorade mantimmar, eller något mer än en fjärdedel av den tid som krävs för att bygga ett Lancasterplan [...] Detta betyder att en Lancaster bara behöver ta sig till en tysk stad en enda gång för att skriva av den egna kapitalkostnaden, och resultatet av samtliga påföljande uppdrag kommer att vara ren vinst.

Att kriget på så vis hade urartat till en tävling mellan ett antal stora industriekonomier bidrog starkt till att gränsen mellan militärer och civila kom att suddas ut under andra världskriget. Detta var något nytt. Inte så att civila varit fredade före 1939. Massdöd, massakrer och övergrepp har förekommit i alla krig. De civila förlusterna under de föregående århundradena har dock i regel uppstått då vanligt folk på olika sätt kommit i vägen för arméerna. Emellertid var de sällan eller aldrig mål för de krigförande. Det blev de nu. Under detta låg till stor del en kall men enkel sanning: skulle Hitler-Tyskland besegras måste dess industriella bas knäckas. Denna uppgift var svår, inte minst på grund av flygets svårigheter att sprida sin last med något mått av precision. Men om man inte klarade av att spränga herr Schmidt i luften medan han stod och monterade stridsvagnar på Alkett, så varför kunde man då inte lika gärna spränga herr Schmidt i luften där han låg i sin säng? Harris och de andra bombstrategerna – inklusive deras påhejare Churchill – började använda ett nytt ord, en av 1900-talets många fasansfulla eufemismer: *de-housing*, kallade man det. Som om man bara attackerade husen.

I och med att kriget industrialiserades kom det också, som vi förstår av det nyss nämnda citatet, att alltmer styras av ekonomer, räknenissar och statistiker. För dem var seger något som gick att uttrycka i ekvationer, där människorna omärkligt glidit över från att vara maskinernas herrar till att bli blott deras råvara. Som när Harris närmaste chef sir Charles Portal i början av november 1942 skrev en förfärlig PM där han på ett torrt byråkratiskt vis lade upp planerna för de kommande två åren. Han ansåg att Harris och hans män borde klara av att fälla 1,5 miljoner ton bomber över Tyskland, vilket skulle leda till att 6 miljoner hus förstördes, varefter »25 miljoner tyskar skulle bli hemlösa, 900 000 skulle bli dödade och en miljon svårt skadade«.

Det inte minst skrämmande med detta aktstycke – förutom att det faktiskt höll streck rätt bra – är just situationen: en liten grå man sitter tyst på ett litet grått kontor någonstans och räknar och plussar och lyfter papper och går på lunch och svarar i telefon och tar sin lilla portfölj och åker hem till lilla frugan och återvänder lugnt nästa dag och räknar lite till och så vidare, som om siffrorna i hans papper var en beräkning av en fabriks produktion av kokosbollar och inte en formel för massakrerandet av hundratusentals män, kvinnor och barn. Den adrenalinstinna aggressivitet som vi kommit att förknippa med kriget är här borta; istället anar vi det uttryckslösa ansiktet på en kamrer, som på det tjugonde seklets vis dräper med hjälp av pärmar och räknesnurror.

En betydande del av de unga män som var natt sändes iväg mot Tyskland för att »avhysa« folk och få var remarkabla krigare i ordets äldsta och mest ursprungliga bemärkelse, som frivilligt sökt sig till en av de farligaste och mest krävande sysslor som stod att finna. De som ställde upp planerna och gav de här flygarna deras order var dock i de flesta fall stämpelfläckade byråkrater, och det är slående hur tråkiga och, ja, just vanliga de var. Som den timide Portal, som flugfiskade på helgerna, eller som ställföreträdaren Saundby, mannen som Harris uppmanat att försöka med vesslor. Saundby var teknikern, den kylige hantverkaren som förvandlade den kedjerökande Harris framgrymtade beslut (»OK, då skickar vi 800 tunga mot Köln i kväll«) till användbara planer i form av anflygningsvägar, diversionsföretag och riktpunkter; på sin fritid däremot förlorade sig denne man, som var känd för sitt milda sätt, i bygget på en jättelik modelljärnväg, som han ställt upp i ett vindsrum ovanför mässen.

Harris var också en byråkrat. Flera filmer visar honom bakom hans belamrade skrivbord i High Wycombe, fyrkantig som tingen runtomkring honom, med huvudet neddraget och små läsglasögon balanserande på näsroten, lite stel och tillknäppt, talande med en märkligt entonig men ändå klar stämma, där poänger markeras mer med myndigt neddragna munvinklar eller små vridningar på axlarna än med skiftningar på rösten. Han var själv son till en byråkrat, fadern var tjänsteman i den indiska kolonialförvaltningen.

Efter privatskola i England hade dock Harris blivit osams med föräldrarna, varefter han som så många andra missnöjda unga gentlemän i det edwardianska England rest sin kos för att söka lyckan i kolonierna. Blott 16 år gammal och fem pund förmögen anlände han till Rhodesia, och där saxade han sig fram från jobb till jobb. Han hann pröva både guldvaskning, jordbruk och arbete med hästar innan krigsutbrottet 1914 landade honom som trumpetare i ett av de förband som invaderade tyska Sydvästafrika.

Redan året därpå återvände Harris till England. Han var nämligen av naturen lat, och tiden som infanterist hade snabbt gjort honom mätt på marscherande, varför han sökte in i flygvapnet – en högt uppsatt farbror hjälpte honom förbi den långa kön av bättre kvalificerade. Efter krigsslutet 1918 fick han, till sin egen stora förvåning, stanna kvar i flygvapnet. Bara långsamt klättrade Harris uppåt i graderna, han gavs kommenderingar i imperiets dammiga utkanter, där hans bortglömda och uselt utrustade skvadroner sattes att släppa tiokilosbomber på upproriska emirer och bångstyriga bergsstammar. Någon framtidsman var han inte. Därtill var hans maner för osmidigt och hans intellekt för fotgängaraktigt. Kriget blev dock hans räddning. Egenskaper som varit lyten i fredstid förvandlades nu till dygder. Sedan han vunnit namn som en kraftfull, pålitlig och, inte minst, hänsynslöst pådrivande chef hade han, knappt femtio år gammal, i februari 1942 utnämnts till chef för det brittiska bombflyget.

Harris rykte som en skrupelfri och vresig buffel var välförtjänt, men inte heller han var något monster privat. Han var lyckligt omgift – hans nya hustru var ung, snygg, skygg och längre än han – och tyckte om att själv stöka runt i köket. Däremot fanns det hos honom en mulen hängivenhet som ingav respekt bland underlydande och förtroende bland chefer. Han trodde på sin uppgift. Han var övertygad om att »hans« bombplan kunde vinna kriget.

Problemet var bara att Harris, som alla sanna byråkrater, var så upptagen med att försvara och bygga ut den egna organisationen att han ofta förlorade det överordnade målet ur sikte. Den enorma bomboffensiven mot de tyska städerna var planerad in i minsta detalj, men den byggde på ett antal lösa antaganden, som de styrande nått efter ett tämligen förstrött tankearbete. Harris och de andra som fattade besluten hade läst 20-talets bombflygsteoretiker, de var bekanta med förkrigstidens skräckbilder om det som väntade. Men mer var det inte. Av detta hade de dragit slutsatsen att om bara nog mycket bomber vräktes ned över Tyskland så måste något brista där till slut. Men hur många bomber som skulle krävas för att nå denna punkt eller ens vad det var som egentligen förväntades ge vika, ja, om det fanns det bara vaga föreställningar.

Men detta faktum var dolt bakom högar av extrapolerade grafer som talade om de stora framgångar som väntade. Det gällde ju att klå åt sig så stora resurser som någonsin möjligt från de andra vapenslagen. Harris hyste nämligen inte vidare höga tankar om arméns förmåga och han föraktade marinen – han brukade säga att det är tre saker man aldrig skall ta med sig ombord på en yacht, »en skottkärra, ett paraply och en marinofficer«. Nej, fick han bara vad han krävde så skulle allt ordna sig till slut. Han visste. Han kunde. Därför kunde han ibland vifta undan rop om hjälp från armén och flottan, därför kunde han inte sällan stillsamt strunta i direktiv uppifrån, därför kunde han brummande avfärda alla dem som ville pröva andra strategier, som till exempel att försöka slå ut vissa nyckelsektorer i den tyska ekonomin.

Och Hamburg var triumfen. Det var beviset på att han hade rätt.

Och Hamburg var tänkt att just vara ett bevis, något att slå i huvudet på tvivlarna. Ofta fattades besluten om vilket mål som skulle angripas härnäst med en anmärkningsvärd sorglöshet. Det skulle nog inte vara någon tröst för de drabbade, snarare tvärtom, om de vetat att det inte låg någon större tankeverksamhet bakom den katastrof som drabbat dem, utan att det mest bara var en slump som fått Harris att just den dagen rikta sitt högra pekfinger mot deras stad. Med Hamburg var det dock annorlunda. I sina memoarer skrev Harris efteråt att han länge velat attackera den staden:»Jag ville ställa till med en sjutusans föreställning«*. Och redan i slutet av våren 1943 hade Harris själv dragit upp de första planerna inför vad han kallade»slaget om Hamburg«.

Användandet av ordet»slag« för det urskillningslösa sönderbombandet av en modern storstad är ännu ett exempel på de förskönande omskrivningar som dessa byråkrater så gärna ägnade sig åt. Det handlade om att skapa avstånd. Detta avstånd visade sig inte bara i språkbruket utan också i deras handlingar. Harris utkämpade sitt krig bakom ett skrivbord, förlorad i högar av statistik. Bombförbanden besökte han aldrig. Han arbetade vanlig kontorstid, gick hem regelbundet klockan sex varje dag och sov för det mesta när nattens operationer inleddes. Det är, som Max Hastings påpekat, en av bomboffensivens många ironier, att medan Harris slitna flygbesättningar kämpade sig fram genom nattmörkret över Tyskland, och medan vakande miljonstäder oroligt varsnade ljudet av sirener, luftvärnseld och detonationer, så låg den som ställt till det hela hemma i sin varma säng, förlorad i drömlös glömska.

Vi står inför en paradox. För det är inte trots utan *tack vare* att hopens vilda men blinda aggressivitet ersatts av den moderne byråkratens kyliga blick som dödandet kan nå en sådan omfatt-

* De exakta orden är »I wanted to make a tremendous show«.

ning. I den byråkratiska processen blir nämligen objekten lätt förvandlade till teknikaliteter, vilket gör att byråkraten utvecklar en distans till sina gärningar och deras effekter. I det här fallet blir det förödande. Ingen enskild skulle personligen kunna döda 10 000 människor, detta oavsett hur förblindat hatisk han eller hon var; förutom att det skulle vara praktiskt omöjligt skulle aggressiviteten snart klinga ut och ersättas av äckel. Däremot är det lätt att döda 100 000 med ett penndrag. Harris, Saundby och Portal var sannerligen dödsbyråkrater som aldrig någonsin såg ett enda av sina offer. Unikt är dock att inte heller de som gavs uppdraget att utföra själva dödandet såg dem som de dräpte, av den självklara anledningen att de som bombflygare befann sig ett antal kilometer upp i luften. Eller som Randall Jarrell skriver i sin dikt »Losses«:

In bombers named for girls, we burned
The cities we had learned about in school –
Till our lives wore out; our bodies lay among
The people we had killed and never seen.

Den moderna byråkratin och den moderna teknologin förenades så för att ge en dubbel distansering till offren – förutan den hade dödande i den här skalan varit en omöjlighet.

Det finns alltså, otäckt nog, något som förenar de döda i Vagankovskoeravinen, de döda i Belzecs sandjord och de döda i massgravarna på Ohlsdorfkyrkogården – och, för den delen, även de bombdräpta som vilar nedmyllade i Shanghai, Guernica, Warszawa, Coventry eller Tokyo. Det handlar i alla tre fallen om en från högsta ort sanktionerad masslakt på oskyldiga människor, utförd i strid mot internationell lag – i sanning »brott mot mänskligheten«.

Samtidigt skedde vandringen ned i avgrunden i alla tre fallen på ett sätt som var både smygande och nyckfullt, för även om händelserna drevs på uppifrån så var de lika mycket formade av en egen inre logik som av en överordnad plan. I alla tre fallen byggde själva gärningen också på ett avhumaniserande avstånd till offren, ett avstånd som givetvis var störst i fallet Belzec, men som även fanns med när eldstormen släpptes lös över Tyskland. I alla tre fallen kunde deltagarna gömma sig bakom idén om den skapande förstörelsen; vi står inför ett Oerhört Hot, och om vi skall Överleva, måste vi ta till Starkast Tänkbara Medel: så Förstörelsen är till slut ett Uppbyggande, Förintandet egentligen ett Skapande och Vägen till Framtiden går över ett Slagfält. I alla tre fallen var det, som antytts ovan, den moderna byråkratin som gjorde massdödandet möjligt. Och fallen var moderna till sin karaktär: de skulle omöjligt ha kunnat ske i något annat sekel än det tjugonde, det mest brutala av århundraden.

Men samtidigt finns det viktiga, för att inte säga avgörande skillnader mellan dessa tre händelser. Detta blir som allra tydligast vid en fortsatt jämförelse mellan Förintelsen och bomboffensiven mot Tyskland. De män som sköt spädbarn med mausergevär eller dräpte obotligt sjuka med hjälp av giftgas gjorde det utan att själva vara utsatta för någon risk; deras offer var eländigt försvarslösa. De män som fällde brandbomber över Hamburg, Darmstadt eller Dresden tog stora personliga risker; deras offer var allt annat än försvarslösa, vilket visas av en beräkning det amerikanska flygvapnet gjorde 1944, där man kom fram till att av 1 000 man som gjorde tjänst i bombstyrkorna kunde endast drygt 200 förväntas slutföra den ålagda kvoten av 25 stridsuppdrag, vilket också framgår av de 56 000 gravar med dödade brittiska bombflygare som nu återfinns utspridda i alla europeiska länder. Förintelsens offer hade heller aldrig utgjort något som helst hot mot Tyskland eller de tyska nationella intressena, medan bomboffensiven mot de tyska städerna trots allt var ett svar, om än aningen långsökt, på en alltför verklig militär aggression.

Sedan fanns där också en betydande skillnad vad gällde mål och medel. Efter 1941 syftade nazisterna till att mörda alla handikappade, alla zigenare, alla judar, oavsett vad dessa gjorde, oavsett omständigheterna, oavsett om projektet var ett militärt vansinne och en ekonomisk idioti. Alla var dömda. Alla skulle bort. I motsats till detta såg de som styrde över den allierade flygoffensiven det urskillningslösa bombandet som ett medel att tvinga de tyska makthavarna att ge striden tappt; aldrig någonsin var syftet att döda alla tyskar. Och medan mördandet av judarna inleddes på allvar först när människorna i Östeuropas getton i praktiken gav upp och med en skräckslagen lydighet inordnade sig under ockupationsmakten, så upphörde bombanfallen mot Tyskland omedelbart när de tyska stridskrafterna kapitulerade i maj 1945.

5.

Halv åtta på kvällen den 23 augusti 1943 lättade de första planen från sina baser. Allt som allt skickade Harris iväg 719 tunga bombare för det här första anfallet mot »Den stora staden«, det namn som flygarna med en viss ängslig respekt givit Berlin; de bar med sig en sammanlagd bomblast av 1 812 ton. Det var en imponerande öppning. Man bör hålla i minnet att förintandet av Hamburg krävt blott fyra nätter och runt 8 000 ton bomber. Harris optimism var alltså inte ogrundad. Och under de månader som följde gjorde RAF ytterligare arton jätteräder, som i både kapacitet och syfte var mer eller mindre kopior av den första.* Berlin skulle ödeläggas.

Människan som art är extremt anpassningsbar. Den här förmågan till anpassning är dock på både gott och ont. Den hjälper nämligen till att öppna för färden ned i katastrofen. Anpassnings-

---

* Vid åtminstone ett tillfälle tog de brittiska bombflottorna helt planmässigt sin väg över Skåne. Detta gjordes uppenbarligen med de svenska myndigheternas goda minne, för redan före räden fick de engelska flygarna reda på att det svenska luftvärnet inte skulle skjuta över 1 500 meter. Senare när planen lämnade luften över vårt fastland, lyste svenska strålkastare vägen ut till havs. De brittiska flygarna blev förtjusta över denna »vänliga gest«.

förmågan lockar människan att svälja sitt »nej«, den får dem att långsamt vänja sig, så att till slut även det outhärdliga blir uthärdligt och det absurda vardag. Men paradoxalt nog är det också den här anpassningsförmågan som öppnar vägen upp ur nollpunktens aska och slagg, för den får dem att överväga möjligheten av ett fortsatt liv även sedan det omöjliga skett. Och 1900-talets historia handlar i mycket om hur hundratals miljoner vanliga människor lyckades vänja sig, lyckades överleva, ja, rätt ofta till och med lyckades leva. Det som skedde i Berlin på hösten 1943 var alltså ingen ovanlighet, utan tvärtom rätt typiskt för just vår tid. Alla som levde i miljonstaden gjorde nämligen vad de kunde för att fortsätta sitt vanliga liv, bomboffensiven till trots. Och runt attackerna uppstod så småningom något som liknade rutin.

Mönstret var det samma natt efter natt efter natt. Upplevelserna likaså.

En första antydan om att en attack var att vänta fick berlinarna genom radion, där en kvinnlig röst i saklig ton läste upp aktuell luftförsvarsinformation: om huruvida fientliga luftförband fanns i luften, var de i så fall befann sig för tillfället och i vilken riktning de flög. En titt upp mot himlen kunde också ge en vink; bombflyget kunde inte flyga i hur uselt väder som helst, och de undvek dessutom regelmässigt perioder av fullmåne – då ansågs himlen vara en smula för upplyst. Beredskapen var hög. Varje familj hade en skyddsrumsväska: när folk förstod att Berlin än en gång var målet samlade de ihop sina värdesaker och stoppade ned dem tillsammans med mat, dryck, filtar, samt böcker, stickningar och andra tidsfördriv. Sedan kom en period av väntan. När så ylandet från sirenerna ljöd ut över taken stängde man noga av gasen, låste upp eventuella nödutgångar och gick därefter ned till sitt skyddsrum eller till källaren, där folk ofta hade sina egna platser.

Väl nere under jord var det möjligt att följa med i räden genom att lyssna på de lokala luftvärnsförbandens radiosamband på kortvågsbandet. Där ropades det ut numret på den kvadrant av Berlin som täcktes av luftvärnseld, och de som hade de speciella luft-värnskartorna kunde med hjälp av dem se över vilken del av staden som bombarna befann sig. I bästa fall anades attacken bara i form av skakningar i marken och dova dunsar från bombnedslagen. Om det egna området blev attackerat begrep människorna det på en gång: detonationerna kröp då närmre och närmre, blev allt skarpare; skakningarna övergick till slut i rena gungningar samtidigt som bombernas tryckvågor pressade in damm och sand i skyddsrummen.

De som trotsade både luftskyddsbestämmelserna och klokskapen och dröjde kvar ovan jord kunde följa räden steg för steg. Efter flyglarmet kom i regel en period av stillhet. Sedan hördes det skrämmande ljudet från hundratals anflygande bombplan. Ett ögonvittne beskriver det som »ett utdraget, långsamt, dystert, pulserande ljud, som liknade orgelcrescendon«.

Sedan kom målindikatorerna. De var ett slags ljusbomber, fällda av den första vågen plan, och de sprack upp i fyrverkeriliknande klasar av fräsande, långsamt fallande små röda, gula eller gröna ljus, som färgade molnen och dränkte gator och hus i ett kallt sken. Tyskarna kallade dem för *Christbäume*, julgranar, och de bådade illa, för alla efterföljande plan tog nämligen sikte på dem.

Bomberna hade alla sina egna ljud. De vanliga sprängbomberna föll mot marken med en vissling. De jättelika kvartersbomberna gav ifrån sig ett dovt klagande ljud. RAF:s viktigaste vapen lät dock litet: det var de små brandbomberna på knappt 2 kilo som fälldes i hundratusental under varje räd. (Under bomboffensiven kom britterna att fälla minst 5 miljoner av dem.) Ingen stad gick att spränga ned. De måste brännas ut. Sprängbombernas främsta syfte var också att blåsa bort taken, så att de ymnigt nedregnande små miniatyrbomberna kunde leta sig in i husens innandöme. När de kom ned hörde man ett klapprande ljud varefter något som såg ut som gnistrande, rödlysande kulor studsade förbi. Det som den tyska civilbefolkningen avskydde mest var dock de större 15-kilos fosforbomberna, som trängde djupt in i husen, varefter den brinnande, intensivt vitlysande fosforn kunde ses hänga i trädgrenar och rinna nedför tak och väggar; fosforn gick inte att släcka med vatten och den orsakade dessutom brännskador som var nästan omöjliga att behandla. Räderna pågick ofta under en rätt kort tid, sällan mer än en halvtimme. Sedan kunde människorna i skyddsrummen klättra upp i den svidande röken, gå ut på gator färgade av skenet från bränder, där underliga, plötsliga vindar av het, gnistfylld luft rev i deras kläder. Kanske låg där några döda, med lungorna krossade av den oerhörda tryckvågen från kvartersbomberna. Bränder överallt: lågornas dån blandades med det oupphörliga klirrandet från glasrutor som sprängdes av hettan. Med räddningsarbetet var det ibland lite si och så. Brandbilarna ingrep i första hand för att rädda industrier samt byggnader som tillhörde staten och partiet. Huvuddelen av ansvaret för brandsläckningen föll därför på människorna själva, men beredvilligheten att hjälpa grannar och andra var stor. Därför klarade sig arbetarklassdistrikten ofta bättre än överklassområdena: i de förstnämnda fanns det så många fler som kunde delta i släckandet.

Så småningom kom gryningen med den allt genomträngande doften av brandrök. Gatorna röjdes upp. Människorna gick till arbetet.

En räd skådad från bombflygarnas perspektiv var inte mindre skrämmande. Snarare tvärtom. Flygningen fram till Berlin var kall, lång och monoton. Planen flög inte i formation utan ett och ett, ensamma i mörkret. Den stora staden gick dock att se på rätt långt håll. Ingen annan stad i Tyskland var så väl utrustad med strålkastare och luftvärn, och luften surrade alltid av nattjaktplan. En av bombflygarna, sergeant Ferris Newton, beskrev scenen i sin dagbok:

Det första vi måste göra är att flyga genom en mur av strålkastarljus; det finns hundratals – konformade och i knippen. Det är en vägg av ljus med endast få luckor, och bakom denna mur ser man ett ännu skarpare ljus, som glöder i rött och grönt och blått. [...] Det finns en tröst, och det har hjälpt mig var gång vi har flugit över, och det är att det är helt ljudlöst; dånet från motorerna dränker allt annat. Det är som att köra rakt in i världens största, ljudlösa, fyrverkeriföreställning.

Genom denna kakofoni av ljus och explosioner och blixtar och förbiilande skuggor till moln, flög så hela den uttänjda strömmen av bombare och fällde sin last, allt i en takt av runt trettio plan i minuten. För flygarna var detta det allra mest kritiska ögonblicket. För att kunna släppa bomberna så träffsäkert som möjligt var det viktigt att man då upphörde med alla undanmanövrar. En av bombfällarna, löjtnanten R.B. Leigh, beskrev det senare så här:

> Att ligga i nosen på en Lancaster under en direktbombning av Berlin är nog mitt livs mest skrämmande upplevelse. [...] Inflygningen verkade ändlös, minuterna då vi flög »plant och rakt« kändes som timmar och varje sekund trodde jag att jag skulle sprängas i bitar. Skräcken fick mig att svettas, och dropparna verkade frysa till is på min kropp.

Sedan gällde det att ta sig hela långa vägen tillbaka. Inte sällan fick man göra detta i trasiga, sneda plan samtidigt som tungt bestyckade tyska jaktplan drog runt ute i mörkret och besköt allt de såg. Även om ens flygplan inte exploderade direkt när det blev attackerat, var det ändå svårt att ta sig ur det när det tumlade ned mot marken; Lancastern ansågs vara säkrare än andra typer då den kunde flyga både högre och snabbare än de, men blev planet väl nedskjutet var chanserna att överleva sämre; man räknade med en chans på fem: evakueringsluckorna var nämligen illa placerade.

Och till yttermera visso var faran inte över bara man lyckats hoppa i sin fallskärm. Det förekom nämligen att nedskjutna brittiska piloter lynchades av upprörda tyskar, som icke utan anledning öknämnde dem *Terrorflieger*.* Allt det här visste de brittiska bombpiloterna; sådana var spelets regler. De var alla unga, genomsnittsåldern låg på 20 år. I en ljudinspelning gjord i en Lancasterbombare ovanför Berlin, någon gång mellan kvart över elva och halv tolv på kvällen den 3 september 1943, framträder, mot en bakgrund av grått motorbrus, en räcka märkligt ungdomliga röster; dialekterna är vårdade och bär en antydan om Oxbridgeskolad medelklass, tonen besynnerligt lugn – piloten tackar artigt när navigatören upplyser om att »det är en halv minut kvar«; det är först när akterskytten upptäcker spårljus bakom flygplanet och kulsprutorna börjar rassla som upphetsningen bryter igenom och några av dem ropar i falsett; dock lugnar piloten dem snart, som vore han en skollärare ställd inför en skock slagsmålsyra gossar: »Skrik inte i mun på varandra!« (Lyssnar man på upptagningar av den tyska radions luftförsvarsinformation från ungefär samma tid slås man faktiskt av vissa likheter: kvinnan som läser upp den monotona raden av onda förebud – »ein kleiner Bomberpulk in Raum von Reydt« – låter också ung och utför, även hon, sin syssla med en märkligt lugn rutin.) De unga männen i bombplanen hade ofta dragits till RAF på grund av den ej obetydliga tjuskraft som häftade vid detta vapenslag. Dessutom fanns där en övertygelse. De allra flesta delade sin chef Harris höga uppskattning av flyget: de var eliten, den yttersta spetsen på det svärd som skulle slå Nazi-Tyskland till marken. De var beredda på offer.

Framåt början av december, efter nio jätteräder mot Berlin, började dock alla, inte minst de unga männen i bombplanen, inse att något höll på att gå fel.

---

* Detta var inget nytt. Tidigare, under Blitzen 1940, hände det att nedskjutna tyska piloter slogs ihjäl av förbittrade civilister.

6.

Visst, Den stora staden var illa skadad. Ibland syntes eldskenet från bränderna över 300 mil bort, och Berlin utnämndes i pressen till världens mest bombade ort. Sotiga fasader syntes också överallt, det luktade ständigt brandrök, och trötta, böjda människor med näsdukar svepta för munnen trampade fram genom gatornas glassplitter och underliga rödbruna slask av tegeldamm och aska, förbi drivor av utbombat, utburet möblemang. Staden fungerade dock alltjämt.

Berlin hade inte blivit något nytt Hamburg. En del av förklaringen var att Berlin var en mer modern stad. I motsats till Hamburg var gatorna i den tyska huvudstaden bredare, de öppna platserna fler och byggnaderna ofta stadigare byggda, vilket allt som allt gjorde det svårt för elden att snabbt sprida sig kors och tvärs mellan husen. Dessutom var det så att bombflygarna hade haft sin stora chans i början av flygoffensiven, då staden ännu var relativt oskadd. Sedan dess hade ett snart tvåsiffrigt antal räder slagits ut. Revor av sotig förstörelse skar kors och tvärs genom staden, revor som fungerade som brandgator. Allt detta sammantaget gjorde det alltmer otroligt att bombflyget skulle kunna starta någon verklig eldstorm.

Problemen kom sig också av att RAF förlorat mycket av det tekniska övertag som de njutit på sensommaren 1943. Då hade man kunnat navigera fram till målområdena i Hamburg med hjälp av det exakta *Oboe*-systemet. (Staden var också på grund av sitt läge vid kusten lätt att finna för flyget.) På grund av jordytans krökning nådde dock systemets radiovågor inte fram till Berlin, och britterna var istället tvingade att finna målen där med hjälp av den flygburna H S2-radarn, som dock hade stora begränsningar jämfört med *Oboe*. Detta gjorde att de som attackerade Berlin hade stora besvär att finna sina målområden, och bomberna spreds inte sällan över hela staden. Till det hela hör också ett märkligt fenomen som britterna benämnde *bomb creep*. Det var som nämnts nervpåfrestande för besättningen att ligga i planflykt över målet. Av förklarliga skäl ville bombfällarna fälla sin last så fort som möjligt, ofta ett par sekunder innan »julgranen« kom i sikte. Efterföljande vågor fällde i riktning mot de senast fällda bomberna, återigen så fort som möjligt, det vill säga strax innan. Deras efterföljare gjorde samma sak, och så vidare, så för var våg kröp bomberna längre och längre bakåt från det ursprungliga målet, ibland tvärs genom förorterna, ända ut på landsbygden.

Under anfallen mot Hamburg hade den tyska luftförsvarsradarn som sagt helt slagits ut av det regn av aluminiumfolieremsor som RAF där använde för första gången. Under hösten lärde sig tyskarna att hantera problemet någorlunda, både tekniskt och taktiskt. Dessutom satte de in stora styrkor för att värja Berlin, som var betydligt bättre försvarat än Hamburg. Det sistnämnda blev plågsamt tydligt för de brittiska bombflygarna.

Deras förluster steg stadigt. Bara under den tidiga hösten förlorade Bomber Command på knappt 20 dagar en tredjedel av sina plan och en fjärdedel av sina besättningar.* Flygare förbrukades i en rasande takt. Vid vissa särskilt misslyckade räder dödades det fler britter i luften än tyskar på marken. Personer som varit borta från sina förband under en tid upptäckte ofta vid återkomsten att nästan alla de gamla var borta och att mässen fyllts av idel nya ansikten. Chanserna att överleva såg ut att minska alltmer. En flygare frågade sitt befäl, en gift trebarnsfar, vad denne skulle göra under julen. »Å«, svarade han tankfullt, »då kommer jag inte vara i livet.« En vecka senare var han död.

Den psykiska pressen var givetvis oerhörd. En kanadensare vid namn Bob Lloyd berättar:

---

* Det bör dock nämnas att de förlusterna inte enbart uppstod i samband med attackerna mot Berlin.

»Han motarbetade alla dem som ville ändra inriktning på luftkriget,
och han aktade inte för rov att sabotera direkta order.
Detta hade möjligen tålts om bara bombmattorna över
de tyska storstäderna fått det resultat han så generöst utlovat.
Men så var det inte.«

Arthur Harris – med handen på kartan – och underlydande
överväger bombkrigets effekter.

»Alla lik skulle helst föras till en central uppsamlingsplats,
dit man samlade anhöriga och vittnen och där det också
väntade folk utrustade med förberedda dödsattester,
signalementsblanketter, små pappkort att fästa vid
de enskilda kropparna, blyertspennor samt kraftiga avbitartänger
att använda för att vränga smycken och ringar av de döda.«

Dödade Berlinbor upplagda för identifiering, december 1943.

»Sotiga fasader syntes överallt, det luktade ständigt brandrök,
och trötta, böjda människor med näsdukar svepta för munnen
trampade fram genom gatornas glassplitter och underliga rödbruna
slask av tegeldamm och aska, förbi drivor av utbombat,
utburet möblemang. Staden fungerade dock alltjämt.«

Dagen efter i en tysk storstad.

»Studenter och andra blev inte mindre imponerade av att hans
begåvning var så uppenbart polymorf: den briljante vetenskaparen
var också en utmärkt pianist – senare under fångenskapen
i England underhöll han sina kolleger med att spela sig rakt igenom
Beethovens pianosonater, som han kunde utantill – och dessutom
var han svårslagen i pingpong.«
Werner Heisenberg efter kriget.

Nollpunkten i Nagasaki den 10 augusti 1945.

»Yamahata kom fram till något som för mindre än ett dygn sedan
varit en hållplats. En spårvagn hade just varit på väg in
när bomben exploderat. Själva vagnen var slagen i bitar
och dess trätak hängde uppe i en ledningsstolpe.
Två döda låg inne i vagnen.«
Nagasaki den 10 augusti 1945.

»Intill spårvagnen låg de som väntat på själva hållplatsen:
ett stensatt dike var packat med svartbrända kroppar –
det rök fortfarande om en av dem – och den eld som svept över dem hade
helt eller delvis bränt bort deras kläder och dessutom
tatuerat in underliga fläckmönster på deras kroppar.«
Nagasaki den 10 augusti 1945.

»Alldeles invid ett utplattat något som en gång varit ett hem
fotograferade han en ung kvinna i mörkrutig byxdress
och oklanderligt vit skjorta. Kvinnan grät inte, utan bara stod där,
tyst och apatisk, som om hon närde ett vilt hopp om
att någon av familjemedlemmarna snart skulle dyka upp.«

Nagasaki den 10 augusti 1945.

Min navigatör förlorade sitt förstånd under vår resa till Berlin den 26 november. En av mina skyttar träffades i ankeln av en 20 mm granat; han flög aldrig mer. Min bombfällare blev fullständigt vild och galen när vi befann oss över målområdet under en senare räd, och detta till den milda grad att vi inte kunde låta honom behålla sin internradio; navigatören blev tvungen att fälla bomberna.

Missmod bredde ut sig bland flygarna. Deras krig hade alltid burit smått absurda drag: ena dagen i extrem dödsfara, nästa dag ute på krogen, så iväg igen. De förstod också att roa sig. Det var vanligt att man arrangerade danser ute på förbanden och mycket riktigt hade också bombflygarna den högsta frekvensen av veneriska sjukdomar i hela RAF. Framåt jultid 1943 nådde dock stämningen en ny bottenpunkt. Bombplansbesättningarna började att uppträda ovårdat, festerna blev färre, flygarna blev inåtvända, retliga, tysta och använde alltmer av sin fritid till att sova.

I var och varannan besättning förekom det någon som inte orkade längre, vägrade lyda order och straffades ut under beteckningen LMF, *Lacking Moral Fibre* – brist på moralisk styrka. Även bland dem som fortsatte flyga gick det att se tecken på att stridsmoralen börjat svikta. Flyggeneralerna hade alltid problem med besättningar som återvände efter bara någon timme och skyllde på tekniska problem: under attackerna mot Berlin hände det att uppåt 14 procent av alla plan avbröt sitt uppdrag. Dessutom förekom det rätt ofta att besättningar fällde delar av sin last till havs för att göra planet mer manövrerbart; andra undvek målområdet och släppte sina laddningar över täta moln så att bombkameran inte skulle avslöja att de inte ens varit i närheten av riktpunkten.

Bombkriget, som av dess profeter framställts som ett sätt att undvika första världskrigets massakrer, hade ironiskt nog resulterat i en nästan lika grotesk masslakt, men nu på oskyldiga civila och på unga flygare; och de sistnämnda ställdes inför odds som stundtals var sämre än vad deras fäder haft som infanterister på västfronten.

Natten till den 25 mars 1944 kom det nittonde och sista storanfallet mot Berlin. Det var en katastrof för britterna. Under de timmar som räden varade förlorade RAF lika mycket folk som man tappat under hela slaget om Storbritannien 1940. Efter detta beslöt Harris att avbryta bomboffensiven mot Den stora staden. Allt som allt hade 2 690 flygare dödats medan 987 hade tagits till fånga. Man hade fällt över 33 000 ton bomber över Berlin och 10 305 av dess innevånare hade dödats. Bland dessa var två kategorier överrepresenterade. Den första var de utländska tvångsarbetarna: i sin rasistiska arrogans försåg tyskarna ofta dessa med usla ursäkter till skydd. Den andra var åldringarna: under räderna stannade många av dem kvar i sina små lägenheter för att de inte orkade eller ville gå ned i skyddsrummen.

Bomboffensiven mot Berlin hade misslyckats. Drömmen om att kriget stod att vinna på något smart, snabbt och – för den egna sidan – någorlunda smärtfritt vis hade brustit. Harris ville dock inte erkänna detta, inte ens för sig själv. Och han räddades undan insikt och i någon mån förödmjukelse när hans bombflyg i april 1944 styrdes över till att understödja den planerade invasionen av Frankrike – åter något som Harris motsatt sig. Frågan är om det var den här tjurskalligheten som fällde honom. För efter Berlin var hans stjärna stadd i dalande. Bombflyget hade ju utvecklats till Harris eget lilla kungarike och låg bortom flygministeriets och Portals grepp. Mannen i sportbilen utkämpade kriget efter eget skön: han motarbetade som sagt alla dem som ville ändra inriktning på luftkriget, och han aktade inte för rov att sabotera direkta order. Detta hade möjligen tålts om bara bombmattorna över de tyska storstäderna fått det resultat han så generöst utlovat. Men så var det inte.

Efter kriget kunde experter se att bombkriget mot de tyska städerna inte alls hade varit utan effekter, att anloppet från luften ibland fått civilbefolkningens moral att svikta, men att den aldrig knäckts. En av de få operationer som däremot nått stor, för att inte säga avgörande effekt var de lyckade amerikanska försöken att slå ut den tyska produktionen av olja och drivmedel, något som Harris typiskt nog inte velat befatta sig med.* Nu kollapsade denna nyckelsektor aldrig, och orsaken var bland annat Harris tjuriga vägran att sätta in hela det brittiska bombflyget i dessa attacker. Inte förvånande fanns det tankar på att helt enkelt avskeda honom, men det var när allt kom omkring ogörligt. Den brittiska pressen och den allierade propagandan hade sedan år tillbaka eleverat honom till status av Stor Krigsledare. Myten gjorde honom onåbar. In i det sista fortsatte han att fäkta för sin linje, om än inför alltmer döva öron. Och in i det sista fortsatte attackerna mot den tyska civilbefolkningen, om än med allt grumligare motiv.

I februari 1945, när kriget nått sin elfte timme, lät Harris höra sitt sista hurra. Ironiskt nog hade han då, när allt redan var för sent, för första gången amerikanerna på sin sida. Förenta staternas flygvapen inledde då den grymma och från högsta ort sanktionerade »Operation Clarion«. På papperet var syftet att slå ut massiva anfall mot de tyska kommunikationerna. I verkligheten var målet civilbefolkningen: den skulle få lära sig en svårförglömlig läxa och dess moral skulle brytas. Det var, som en kritisk flygvapenofficer sade, »samma babydödarplan, gjord av det snabba psykologiska klippets grabbar, men nu klädd i en ny kimono«.

Så den 3 februari anföll mer än 900 amerikanska bombplan ett nu illa försvarat Berlin och lämnade 25 000 döda efter sig. Tio dagar senare inledde en armada med brittiska och amerikanska bombplan en serie angrepp mot Dresden. Denna gamla kulturort

---

* Så till exempel lyckades den tyska oljeindustrin i september 1944 bara få fram futtiga 10 000 ton flygbränsle – i april samma år var det tyska flygvapnets månadsförbrukning 165 000 ton. Den akuta och kroniska bristen på motorbränsle är också en av de allra viktigaste förklaringarna till att den desperata tyska Ardenneroffensiven misslyckades.

saknade militärt värde och hade dessutom blivit förklarad för öppen stad, men det hjälpte föga. En oerhörd eldstorm släpptes lös redan den första natten, och under loppet av 14 timmar förlorade runt 70 000 personer sina liv.* Bränderna var så intensiva att flygarna på över 6 000 meters höjd kunde urskilja varje enskild gata nere på marken: förbluffade blickade de ned på ett gigantiskt kapillärnät ristat i eld.

7.

»Den som kämpar mot vidunder, måste se till att han inte själv blir ett vidunder«, säger Nietzsche, »och när du länge blickar ned i en avgrund, blickar också avgrunden in i dig.« Ja, när 1933 års vidunder väl var fällt till marken, så var det inte så få av de segrande som vaknade till med ett ryck, därtill drivna antingen av åsynen av blod på de egna händerna eller helt enkelt av den banala rädslan för att bli ertappade.

Det här dåliga samvetet underblåstes av alla dem som i samband med krigsslutet kunde skåda det massakrerade Tyskland. Och först kom där givetvis soldaterna, sedan civilisterna, journalisterna, författarna. Många gånger verkar de ditresande först ha drabbats av en respektfylld bävan inför de moderna vapnens oerhörda förstörelsekraft, en känsla som dock snart vändes i äckel över det urskillningslösa massdödande som ruinerna bar vittne om. Som vår egen Stig Dagerman, ett häpet vittne till dödens fält i Hamburg, där inget levde och inget hördes, förutom ljudet av vindens slammer med dinglande skrot:

---

* Släckningsarbetet, evakueringen och omhändertagandet av de skadade försvårades under dygnets ljusa timmar också av lågsniffande amerikanska jaktflygplan som helt avsiktligt besköt civilbefolkningen med kulsprutor och automatkanoner. När det gäller förlustsiffrorna är det omöjligt att nå någon högre grad av precision, då staden vid tidpunkten för anfallen var fullpackad med oräkneliga flyktingar på väg västerut undan Röda arméns framryckning.

Rostiga bjälkar sticker upp ur grushögarna som stävarna på för länge sedan sjunkna båtar. Metersmala pelare som ett konstnärligt öde skurit ut ur störtade husblock reser sig ur vita högar av krossade badkar eller gråa högar av sten, söndersmulat tegel och sönderstekta värmeelement. Varsamt behandlade fasader utan någonting att vara fasader för står där som scenbilder till teatrar som aldrig blev av.

Eller som journalisten Malcolm Muggeridge, besökare i ett Berlin där hela stadsdelar förvandlats till spökparader av tomma, urblåsta hus, där träden längs Unter den Linden sedan länge huggits ned till ved och där doften av förruttnelse steg ur de oröjda ruinfälten, och som inte kunde avhålla sig från att fråga sig om det godas seger över det onda verkligen skulle se ut så här? De ansvariga ville helst inte veta svaret. Churchill, som den fullblodspolitiker han var, började redan före krigets slut sopa igen spåren efter sig. I detta åtföljdes han av Portal, Saundby, flera av de amerikanska flyggeneralerna samt ett antal brittiska bombarbaroner, som nu, när allt var för sent och bästsäljande memoarer började planeras, lät höra ljud om att flygoffensiven mot Tyskland kanske ändå rymde en del tveksamheter, att man kanske inte borde ha etc. Det var bara en av beslutsfattarna som vägrade att ändra åsikt, vägrade att erkänna fel, vägrade att mima ånger. Harris.

Redan kritiken mot bombningen av Dresden hade gjort honom rasande. »Jag anser att Tysklands återstående städer inte är värda en enda brittisk grenadjärs ben«, frustade han; allt bråk över bombningen av just den orten ansåg han »vara lätt förklarad av en psykiatriker«; det berodde helt enkelt på att staden »förknippas med tyska orkestrar och Dresdenherdinnor«, och tillade, med en överdrift så grov att den bara går att läsa som en lögn, att »i själva verket var Dresden en enda massa av ammunitionsfabriker«.

Churchill lät sig dock inte störas av Harris morrningar utan fullbordade istället sin eleganta helomvändning i frågan. Brittiska flygvapnet ville, likt amerikanerna, utföra en noggrann utvärdering av bombkriget, men den brittiske premiärministern stoppade i praktiken detta. Sedan vägrade Churchill att instifta en särskild så kallad kampanjmedalj för bombflygets folk, som trots allt förlorat över 50 000 döda i luftkriget mot Tyskland – armén, flottan samt även jaktflyget hade dock fått sina kampanjmedaljer utan prut. Till råga på allt stod det snart klart att Harris själv inte kunde vänta någon större premie för sin insats, i motsats till alla de andra vapenslagscheferna samt de mer framstående befälhavarna, som exempelvis fältmarskalken Bernard Law Montgomery, upphöjd till Viscount of Alamein. Harris var ute i kylan.

Besviken och förbittrad lämnade han redan mot slutet av 1945 Storbritannien för Sydafrika. Där lade han av sin uniform och blev verkställande direktör för ett stort privatföretag, The South African Marine Corporation. År 1953 utnämndes han till baronet, men uppenbarligen såg han även detta som en snubba, eftersom det är en av de lägsta adelsvärdigheterna.

Harris dog i början av april 1986 men visade aldrig några tecken på att han tänkt om. Istället försvarade han in i det sista med stor envishet och ringa variation bombningarna av de tyska städerna. Detta gör honom till medlem i ett stort sällskap av 1900-talspersoner som har det gemensamt att de likt Harris blivit fångade i en fantasi, och de kan omöjligtvis bryta sig ur detta fängelse, omöjligtvis erkänna sina misstag och än mindre sina förbrytelser, dels för att de i sin upphöjdhet varit så avskilda från det verkliga skeendet att allt lidande förtunnats till statistik, dels för att ett sådant erkännande vore detsamma som att erkänna att deras liv förfelats. En filminspelning från 70-talet visar Harris i kravatt och bifokalglasögon, med det vita gammelmanshåret som en aura över en godmodig Lille-Fridolfsmask: i hans huvud snurrar den gamla, trötta grammofonskivan, och ut ur hans mun raspar orden från High Wycombe den heta sensommaren 1943.

Mycken möda har genom åren lagts ned på att förklara varför

amerikanerna beslutade sig för att anfalla Hiroshima och Naga-saki med kärnvapen. Ofta glömmer man bort hur de makthavan-de själva då såg på bomben. För alla oss som levat under kärnva-penhotet står händelserna i början av augusti 1945 givetvis för ett oerhört språng i historien: för första gången kunde mänskligheten utplåna sig själv. För de personer i Washington som fattade beslu-ten var atombomberna dock inte så mycket något kvalitativt nytt som en kvantitativ utveckling av något redan väl prövat: direkta anfall riktade mot motståndarens städer och civilbefolkning. De tabun som möjligtvis kunnat hindra fällningen av de två bomber-na var då sedan länge borta, förlorade i brandröken från Shanghai, Rotterdam och Coventry, Hamburg, Berlin och Dresden. Atom-bomben var bara en logisk förlängning av den strategiska bomb-ningens idé.

I den bok Harris skrev om sitt arbete i RAF kom han avslut-ningsvis in på den här frågan. Harris erkänner det nya vapnets oer-hörda kraft:»Jag tvivlar inte på att om det kommer ett krig inom det nästa kvartsseklet så kommer det säkerligen att förstöra en mycket stor del av den civiliserade världen.« Han lägger dock till att om någon del av mänskligheten föreställer sig att dess överlev-nad är »nödvändig eller utomordentligt önskvärd« så är det bara »högfärd«; så atomkriget är, skriver Harris eftertänksamt, »kanske när allt kommer omkring den bästa lösningen«.

En dag med tre färger

I.

DOKTOR Akizuki kände sig trygg igen, för sirenerna hade blåst »faran över«.

Frukosten hade försenats av larmet, så han och sköterskorna var hungriga, men innan de kunde äta något måste de avsluta behandlingen av patienterna. Akizuki hade just stuckit in en nål i sidan på en av dem när han hörde det dova brummandet från avlägsna flygplansmotorer. För någon sekund blev han osäker och vände sig till sköterskan som stod bredvid honom och frågade: »Visst har 'faran över' gått?« I samma ögonblick började motorljudet att stegras, det växte raskt i styrka och till slut lät det som om flygplanet flög rakt över sjukhusbyggnaden. Ett anfall. Samtidigt som Akizuki drog ut nålen skrek han att alla skulle ta skydd. Sedan kastade han sig raklång ned vid sängen.

Först hördes där ingen knall.

Istället fylldes rummet under en bråkdels sekund av ljus.

Ett vitt ljus.

Ett bländande ljus. Ett blixtljus. Inget vanligt ljus. Det är frågan om det ens var något vi i vardagslag kallar för ljus. Det var ljus blott i en fysikalisk mening. Ett abnormt ljus, ett ljus så starkt att dess sken gjorde det omöjligt att se, vilket innebar att det vänts i sin motsats och blivit till ett mörker, ogenomträngligt vitt.

Ljus, ljus, ljus.

Så en dunkel paus, några sekunder bara, medan hans ögon kämpade för att åter bli förnimmande.

Därefter en dånande smäll.

Så ännu en.

Något träffade byggnaden med en oerhörd kraft, pressade honom platt mot golvet och skickade skurar av skräp och lösa föremål genom rummet. Akizuki låg kvar några minuter innan han reste sig, yr, osäker och med ett vinande ljud i öronen. Han var övertygad om att sjukhuset träffats av en bomb. Rummet var fyllt av gul rök och svävande vita sotflagor. Det var underligt mörkt, som om den där blixten sugit kraft ur själva solen. Akizuki stapplade runt, hjälpte folk på fötter, såg sig kisande omkring. Hela tiden mumlade han gång på gång för sig själv: »Vi har blivit bombade, vi har blivit bombade, vi har blivit bombade«, som om han behövde höra de självklara orden för att alls kunna handla. Men det var något som inte stämde. Och det var inte bara ljuset. Han var övertygad om att sjukhuset fått en direktträff och att de två våningsplanen ovanför hans huvud följaktligen måste vara bortsprängda. När han chockad vinglat fram till trapphuset fann han att det visserligen var fyllt av nedfallna bjälkar, takdelar och sjok av gips, men att våningarna däruppe ändå stod kvar. Han stötte ihop med klungor av kvidande, gråtande människor som försökte ta sig ut ur byggnaden. Många av dem var täckta av stoft och genom deras clownmasker av vitt damm letade sig snabba rännilar av färskt, ljusrött blod, men underligt nog verkade ingen av dem vara vidare svårt sårad. Och om en bomb exploderat inne i sjukhuset borde han se illa skadade. Och döda, många döda.

Ingen förstod vad det var som hade hänt.

Så småningom vände han om och vacklade som bedövad tillbaka in i behandlingsrummet. Golvet var täckt med bråte och bara skrivbordet stod fortfarande upprätt, men Akizuki noterade i förbigående att det mikroskop han haft stående på det var försvunnet. Några stolar fanns inte heller kvar, så han satte sig på bordet.

Det var då som hans blick för första gången föll ut genom det utblåsta fönstret.

Röken låg tät ute på gården, men ännu medan han tittade gles-
nade skyarna och en yttervärld tonade långsamt fram, likt ett foto-
grafi nedsänkt i framkallningsbad. Först skymtade han bara suddi-
ga figurer som sprang runt i dammet och dunsten. Sedan klarnade
vyn vidare, ned mot staden, och det han såg då gjorde honom stel
av fasa. Svart, gult och purpur. Så lyste det. För världen hade plötsligt
blivit trefärgad, och färgerna var inte de rätta och inte ens de
naturliga. Himlen var svart. Jorden var purpur. Och mellan him-
mel och jord steg moln av gul rök. Det måste ha sett ut som en av
de där apokalyptiska undergångsvisionerna som undergångslängtande
modernister målade före det första världskriget: det var
samma bjärta kolorit, samma grova drag. Enda skillnaden bestod
i att detta var verklighet.

Purpurfärgen kom av eldarna. Längre bort i dalen skymtade
han stadens norra delar. I sydväst anade han den sammanstörtade
katedralen. Den brann. I nordväst såg han konturerna av Mitsu-
bishis stora ammunitionsfabrik. Den brann. Alla byggnader, så
långt han kunde se, brann: stora och små, höga och låga. Men det
var inte bara husen som brann. Eldslågor slog ut från elektricitets-
stolparna av trä. Träden på kullarna intill hade också fattat eld.
Och rök steg till och med upp från bladen på det näraliggande fäl-
tet med sötpotatis. Allt brann. Men »det räcker inte att säga att all-
ting brann«, skrev Akizuki efteråt, »det verkade som om jorden
själv spydde eld, rök och flammor«. Han kunde inte förstå vad det
var som hade hänt. Sjukhuset hade inte alls drabbats av ett olyck-
ligt bombnedslag; det hade tvärtom haft tur och undgått detta
något som drabbat staden därnere. Men varur kom »denna ocean
av eld, denna himmel av rök«?

Hans omtöcknade hjärna kunde bara finna ett enda svar: att jor-
dens undergång var kommen.

2.

När atombomben klockan 11.02 detonerade ovanför Urakami-
katedralen gav den inom mindre än en tusendels sekund ifrån sig
en sådan mängd röntgenstrålning att den närmast liggande luften
hettades upp till en sfär av eld, vars innersta kärna hade en tempe-
ratur av flera miljoner plusgrader. Bombens delar förvandlades till
joniserad gas, och sfären växte ögonblickligen till ett intensivt
lysande eldklot. Det var blixtljuset som doktor Akizuki såg. Ljuset
följdes av en våg av hetta utstrålad från eldklotet: temperaturen
på platsen rakt nedanför detonationen var mellan +3 000 och
+4 000 grader Celsius – mer än nog för att smälta stål – vilket
betyder att de som stod där på ett ögonblick brändes till aska,
medan oskyddade människor ända upp till fyra kilometer bort fick
brännskador; det slog upp bubblor på tegelpannor inom en kilo-
meters radie – något som kräver en temperatur på uppåt +1 800
grader Celsius – medan elektricitetsstolpar av trä som stod över
tre kilometer från detonationen fattade eld.

Först ljuset och sedan värmevågen var över på någon tiondels
sekund, innan de fåglar som antänts i flykten ens hunnit slå i mar-
ken.

Explosionen skapade också ett oerhört övertryck. En stötvåg
uppstod, men medan eldklotet snabbt svalnade, steg uppåt och
förklingade, fortplantades denna våg utåt. På nollpunkten rörde
sig luften med en hastighet av över 400 meter i sekunden. Där
krossades allt av trycket. Det mesta inom en kilometers radie väl-
tes omkull eller slogs i bitar: trä smulades sönder, tegelmurar föll
ihop, betongbjälkar knäcktes; även välbyggda hus som stod runt
ett par kilometer från detonationen – som det sjukhus där doktor
Akizuki arbetade – fick svåra skador och förvreds till formen; på
byggnader fyra kilometer från nollpunkten spräcktes golv, tak
och väggar; glasrutor två mil bort krossades. Detta var de två
smällarna Akizuki hörde: först ljudet från själva detonationen,

sedan braket då tryckvågen träffade sjukhuset.

Elden spred sig snabbt i all kringslängd bråte. Vinden var stark.

Det var den 9 augusti 1945 och i Nagasaki uppstod en eldstorm.

Till allt detta lades strålningen. Men det var inget som någon såg, och än mindre kände till.

3.

På kvällen den 5 augusti hade Yousuke Yamahata passerat genom Hiroshima, en stad märkligt orörd av kriget. Orten var en välkommen kontrast i ett Japan där armador av amerikanska B-29:or bränt ned en fjärdedel av alla bostäder, dräpt hundratusentals, gjort 22 miljoner hemlösa samt ruinerat så många orter att bombstrategerna börjat få svårt att finna mål värda anfall och uppmärksamhet.

Den 28-årige Yamahata var fotograf. Ända sedan krigsutbrottet 1941 hade han färdats hack i häl på den japanska krigsmakten och med sin Leica – en gåva av fadern – dokumenterat dess imponerande men flyktiga triumfer i Malaysia och dess brutala kampanjer i Kina. (Foton av honom från den här tiden visar en lång, smal, glasögonprydd ung man som bär både Tintins uppsyn och hans golfbyxor.) Nu var segertågens tid förbi och Yamahata var tillbaka i hemlandet. I någon månad hade han varit knuten till armén på Kyushu, den sydligaste av de japanska huvudöarna och det givna förstahandsmålet för den väntade amerikanska invasionen.

När han på morgonen den 6 augusti nådde sitt resmål, militärhögkvarteret i Hakata, fick han reda på att staden han just passerat blivit utsatt för ett anfall med »en bomb av ny typ«: detaljerna var vaga, men rykten sade att kraften i detta nya vapen var tio gånger större än något känt sprängämne. Nyheten om attacken fick dock få synliga effekter, förutom ett papper där soldaterna beordrades att bära en filt över huvudet när de vistades utomhus.

I tre dagar gick Yamahata och de andra omkring på det här viset. Så kom det ett plötsligt meddelande om att även Nagasaki,

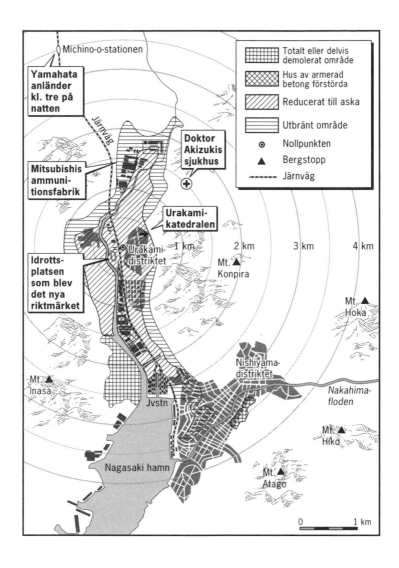

Nagasaki, 9 augusti 1945.

en hamnstad 16 mil söder om Hakata, attackerats med »en bomb av ny typ«. Militärerna ville ha detta dokumenterat, i första hand i propagandasyfte, och Yamahata samt en tecknare och en skribent fick order att genast ta sig till platsen. I normala fall torde tågresan gå på en sex timmar, men sönderfallets oreda samt de ständigt kringsvärmande amerikanska hangarfartygsplanen gjorde att den tog tolv. Vid pass tre på natten nådde sällskapet fram till Michinoo-stationen i stadens norra utkant. Längre gick det av någon anledning inte att komma.

Natten var kall och stjärnklar, men en underlig, varm vind blåste. De gick söderut, nedför en sluttning, mot staden. I fjärran skymtade Yamahata rader av ljuspunkter som glödde likt trolleldar. När de kom närmre märkte de att där det rimligtvis borde finnas hus och vägar fanns blott bråte, varm aska samt oformliga hål som en gång varit källare eller skyddsrum. Annars såg de litet eller inget i natten. Men ur mörkret bröt det fram klagande röster som bad om hjälp eller vatten, och då och då trampade de på mjukt svampiga ting som de förstod var kroppar. Vid ett tillfälle kände en av dem hur något eller någon grep tag i hans ben.

De hade instruktioner att anmäla sig vid militärpolisens högkvarter, som låg nere i hamnen. Det tog dem två timmar att nå dit, och då hade solen redan börjat gå upp. Så i väntan på att det skulle bli ljust nog för att ta fotografier lade sig Yamahata ned på marken och rökte, med blicken fäst på den molnfri himlen. Han tänkte på uppdraget, men samtidigt var han rädd: tänk om ännu en sådan där bomb skulle falla?

Så reste han sig och började att gå tillbaka, mot norr och Michino-o. Hela tiden fotograferade han. Han kände sig märkligt lugn och samlad, trots att det landskap som bredde ut sig för hans ögon inte liknade något han tidigare skådat. Det han anat under nattimmarna blev bekräftat.

Nagasaki var slaget i bitar.

Det låg en grym ironi i att just den här orten skulle attackeras med en amerikansk atombomb, för Nagasaki var sannolikt den mest västinriktade staden i hela Japan. Den hade grundats på 1500-talet av en kristen feodalherre som ville använda den som bas för sin handel med européerna. Ett tag ägdes hamnen av jesuitorden, som bedrev ett framgångsrikt missionsarbete i området.

De kristna japanerna kom sedan att utsättas för sekler av förföljelse och utstötning, men många höll ändå fast vid sin tro, och Nagasaki blev deras enklav i ett fientligt omland. Kristendomen hade blivit tillåten igen på 1870-talet, och 1925, efter 40 år av mödosamt arbete, invigdes en katedral i trä och rött tegel på en höjd i stadsdelen Urakami; att denna, Ostasiens största katolska helgedom, fått en sådan placering var ingen tillfällighet: det var där som huvuddelen av stadens katoliker bodde tillsammans med andra fattiga och utstötta. Följaktligen hade Urakami ett dåligt rykte. Och det var över den stadsdelen som bomben detonerat, samtidigt som några utskjutande bergskammar fångat upp en del av sprängkraften och på så vis begränsat förödelsen nere i hamnen och i centrum. Efteråt gick det faktiskt att höra Nagasakibor som i förtroende viskade att anfallet inte bara var något ont, för det hade faktiskt »rensat upp« Urakami. Mer än hälften av stadens 14 000 katoliker hade också dödats. Ian Buruma har skrivit att »det var som om en bomb fallit på Harlem och lämnat resten av Manhattan relativt orört«.

Somt lockade ovetande att tänka att staden råkat ut för en naturkatastrof. Yamahata tyckte att det såg ut som om något slags vind svept fram. Kraften måste ha varit ofantlig, för husen hade välts och pulveriserats och en näraliggande bergssida hade rasat samman. Och överallt syntes de vridna och rykande resterna av det som en gång varit: ett världshav av skärvor, spillror, flisor, fragment.

Men det var något som inte stämde. Så till exempel visste Yamahata av egen erfarenhet att om en stad blivit bombad så var takpannorna bara borta från de hus som träffats. Här var alla tak och alla takpannor borta. Ja, här var till och med de flesta hus borta. Dessutom var träden enhetligt stympade och telefon- och elektricitetsstolparna knäckta på mitten. Och invid flera av dessa stolpar såg Yamahata något som för ett ögonblick skakade lugnet av honom, nämligen resterna efter människor som snott in sig i de nedfallna trådarna och sedan inte kunnat komma loss, varefter de stekts till döds.

De dräpta syntes förresten ha en egen typologi.

Visserligen verkade alla vara brända, men i utkanterna av staden var det inte värre än att de fortfarande bar kläder och igenkännliga anletsdrag. Yamahata kom fram till något som för mindre än ett dygn sedan varit en hållplats. En spårvagn hade just varit på väg in när bomben exploderat. Själva vagnen var slagen i bitar och dess trätak hängde uppe i en ledningsstolpe. Två döda låg inne i vagnen, liksom lutade mot varandra; den ene en soldat med sotigt ansikte i vilket tänderna lyste vita, den andra en ung kvinna iförd svedda, randiga byxor; bredvid kroppen låg hennes shoppingväska av nät – kanske hade hon just varit och handlat. Det söndersmulade vraket hade liksom spruckit upp vid ena kortsidan, och genom öppningen hade tre andra passagerare kastats ut. Alldeles intill låg de som väntat på själva hållplatsen: ett stensatt dike var packat med svartbrända kroppar – det rök fortfarande om en av dem – och den eld som svept över dem hade helt eller delvis bränt bort deras kläder och dessutom tatuerat in underliga fläckmönster på deras kroppar.

Ju närmare Yamahata kom det som verkade vara mittpunkten för det skedda, desto mer illa åtgångna var kropparna. Många var blott ett slags svartnade streckgubbar som låg där stela och förvridna bland skärvorna: deras armar spretade och deras ryggar var krumböjda, som om de ännu, med oändlig långsamhet, kämpade för att komma upp på fötter. Längre bort var de döda intet annat än ett otydligt kolklotter på marken, svårt att skilja från det övriga skräpet. De hade liksom smält samman med katastrofen – ännu en grav.

En bit bort fanns inga fler lik att se. Där fanns för övrigt ingenting att se. Husen var borta. Gatorna likaså. Allt hade bränts upp, krossats eller slagits i småbitar. Kvar fanns bara en mäld av aska och finfördelad bråte. Han stegade upp på en näraliggande kulle och tog tre bilder av det rykande ödelandet. Det var platsen där bomben hade exploderat. Det var nollpunkten.

Alla gator och vägar var som sagt försvunna, men i denna nakenhet av dunst och spillror hade det redan uppstått en lång, meandrande gångstig, och på den letade sig ett glest flöde av människor fram.

Människorna, ja.

Man skulle förvänta sig en myckenhet gråt och skrik i denna drabbade stad, men Yamahata noterade snart att de överlevande tvärtom var oväntat tysta och kontrollerade. Nagasaki dagen efter bomben var alltså en i alla meningar stillsam plats, där det vanligaste ljudet torde ha varit gnisslet av fötter som halkar runt i skärvor. Människornas ansikten var uttryckslösa, inte uppjagade eller skrämda. Inte ens de skadade – som låg här och var i klungor, med rivna kläder, sotiga ansikten, och rödbrunskorviga lemmar – visade några större känslor, utan betraktade kaoset med samma tomma ögon som de andra betraktade dem. Alldeles invid ett utplattat något som en gång varit ett hem fotograferade han en ung kvinna i mörkrutig byxdress och oklanderligt vit skjorta. Kvinnan grät inte, utan bara stod där, tyst och apatisk, som om hon närde ett vilt hopp om att någon av familjemedlemmarna snart skulle dyka upp, och utan att stort bry sig om den brända och gapande människoskalle som låg alldeles bakom hennes fötter och som mycket väl skulle kunna komma från just den person som hon väntade på.

Yamahata började långsamt begripa att det lugn som kommit över honom inte var något lugn. Istället hade han drabbats av samma överväldigande känsla av overklighet som också övermannat offren. Katastrofens orsak för outgrundlig, dess förlopp för snabbt och dess följder för stora för att den skulle vara möjlig att förstå. Precis samma sak hade förresten gått att se i den andra staden som anfallits med »en bomb av ny typ«; det hade till och med myntats ett namn för det här uttrycket av misstro och apatisk förvirring: Hiroshimamasker.* Det var en känsla som stelnat till en min som blivit ett sinnestillstånd.

Än en gång hade 1900-talshistorien gjort ett av sina oväntade språng, och detta var kanske det största av dem alla. Den här lössläppta kraften hade varit så ofantlig att den på något vis gjort de döda mer än döda, samtidigt som de lämnat de levande med något mindre än liv. Alla skapta katastrofer hade fram till denna tidpunkt i historien varit en fara för civilisationen, men denna var ett hot mot livet självt. Tidigare ägde människan medel som i värsta fall berövade henne nutiden och mål som förintade hennes förflutna. Nu besatt hon ett vapen som också kunde bestjäla henne, inte bara på hoppet om det kommande, utan också på morgondagen själv och den odödlighet som har sin bräckliga men högst verkliga existens i de efterlevandes minnen.

En pojke på en 12–13 år gick förbi, knäande, med svett rinnande i långa streck nedför ansiktet, för han bar sin bror på ryggen och solen var stark den här dagen. Den lille var kanske två år gammal och döende: överdelen av hans huvud var illa bränd, håret hade svetts av, ögonlocken var uppsvällda och stelnat blod hade lagt sig som en spräcklig skugga över hans anletsdrag. Yamahata hejdade pojken med bördan, böjde sig fram och tog två fotografier – på dem ser man hur den döende gossen sticker fram sitt huvud bakom sin storebrors rygg för att se vad det är som händer – därefter vände han utan ett ord till förklaring sin rygg mot de två pojkarna och vandrade bort.

Vid tretiden på eftermiddagen var Yamahata tillbaka vid Michi-

* Vissa japaner använde orden *muga-muchu* om dem, vilket kan översättas till »utan jag« eller »i trans«.

no-o-stationen, lagom för att kliva upp på ett tåg som strax rulla-
de iväg, fullastat med skadade.

Tolv timmar senare var han framme vid militärhögkvarteret i
Hagata, och med sig hade han den mest omfattande bilddoku-
mentation som vi har av ett kärnvapendrabbat stycke mänsklighet,
allt som allt över hundra negativ. Vid framkallningen föll dock fyr-
tio eller fler bort. Några på grund av att den japanska krigs-
tidsfilmen var av så usel kvalitet, andra därför att mekanismen i
hans kamera hakat upp sig, vilket hade orsakat dubbelexponering-
ar. På vissa hade det uppstått ett slags mörk dimma. Yamahata
kunde då inte förstå varför, men förklaringen var enkel. Hela
Nagasaki, och särskilt nollpunkten, kokade av radioaktivitet och
strålningen var så stark att den svärtat filmen.

Några dagar senare tog kriget slut. En dryg månad efter det att
de amerikanska trupperna stigit i land i Japan utfärdade ockupa-
tionsmyndigheterna ett förbud mot att fotografera i Hiroshima
och Nagasaki. (Under de följande sju åren tilläts den japanska
pressen inte ens att nämna atombombningarna av dessa städer.)
Bilder konfiskerades, men av någon anledning lyckades dock
Yamahata behålla sina fotografier. Efter krigsslutet fortsatte han
sin karriär som fotograf, och han gjorde tämligen stor lycka i
reklambranschen. Den 6 augusti 1965, samma dag han fyllde 48
och nästan på dygnet tjugo år efter besöket i Nagasaki, blev han
våldsamt sjuk. Läkare upptäckte att han led av långt framskriden
tarmcancer. Han dog i april året därpå.

4.

Historien känner få verkliga oundvikligheter. Ändå dyker sådana
föreställningar ständigt upp när det förflutna skärskådas. Många
av dessa föreställningar kommer ur ett vilt hopp om att historien
har ett givet mål dit vi alla är på väg, om än på omvägar och inte
sällan en smula ovilligt. Olika varianter av denna tanke går att
finna någonstans i bakgrunden när människor leds ned i ljudisole-

rade rum i Lubjankas källare eller avklädda vallas in i lufttäta kammare i Belzec;»visst, detta är otäckt«, tänker bödlarna eller i alla fall bödlarnas ideologer,»men det är oundvikligt, det måste ske, historien kommer att ge oss rätt« etc. Idén är alls inte ny, men det är under 1900-talet som den blir till vind i totalitarismens väderkvarnar.

Alla tankar om historisk oundviklighet härrör dock inte ur historiemetafysik – svart eller vit, politisk eller religiös. Inte sällan kommer de ur ett enkelt tankefel. Vi tror att det som skedde var det enda som kunde ske just för att historiens tunga och närmast glaciärlika rörelsemönster verkar vara så oemotståndligt. (Och visst, om en man trillat av ett tak så kommer han ofelbart att slå i backen, men vem hade kunnat påstå det förrän hans fot slant?) Joseph Brodsky menade att historien är dömd att upprepa sig, för att den liksom människan inte har så många valmöjligheter. Men då det vi kallar historien inte har någon existens förutom människorna handlar det nog sällan om brist på val, utan om en ovilja eller oförmåga att förnimma dem.

Ändå fanns det ett drag av – ja, just det – oundviklighet i den process som ledde fram till bygget av de första kärnvapen. Det är som om terrorbalansens vridna logik var sammanpressad i atomen själv och vecklades ut i sin helhet den sekund när den första kärnan delades.

Kärnklyvningens princip var alltså ingen uppfinning utan en upptäckt, en upptäckt som den moderna vetenskapen skulle ha gjort förr eller senare: den är på så vis ohjälpligt länkad till moderniteten och dess inneboende drift till framsteg. Och när väl nyheten om att man på detta vis kunde tjuvkoppla skapelsen nådde ut över världen i början av 1939 var det bara en fråga om tid innan världens fysiker skulle dra sina slutsatser; principerna för en atombomb är nämligen skäligen simpla. Det berättas från USA att knappt en vecka efter det att upptäckten tillkännagivits, så knåpade Robert Oppenheimer, den blivande chefen för det amerikanska atomvapenprogrammet, ihop en första grov skiss av en bomb på svarta tavlan inne på sitt tjänsterum. Ungefär samma sak hände i Frankrike, i Japan, i Sovjetunionen, i England, i Tyskland.

Det som gjorde upptäckten så monumentalt olycklig var just tidpunkten: den skedde alltså just när världen stod inför ett världskrig, då resurserna för vapenutveckling växte med samma kolossala takt som de moraliska begränsningarna krympte ihop. Utifrån detta var nästa steg i resonemanget lätt att ta. »De andra bygger säkert en bomb, och då är vi så illa tvungna att göra detsamma.« Och så vidare *ad nauseam*.

Upptäckten av kärnklyvningen var omöjlig att hindra, men detsamma går rimligtvis inte att säga om bygget av bomben. Problemet var bara att när anden väl var ute ur flaskan var det hart när omöjligt att mota honom tillbaka igen – sådan är nu den moderna vetenskapens natur. Och frågan är om någon ens försökte. En man sägs ha gjort det. Hans namn var Werner Heisenberg.

5.

Hans försök skall ha ägt rum på sensommaren 1941. Det andra världskriget var då inne på sitt tredje år, och det hade just börjat att barbariseras på ett vis som inte skådats tidigare i historien. Bara ett år tidigare hade både tyska och brittiska flyganfall mot civila mål varit undantag, nu var de regel. Och i östra Europa hade nazisterna precis börjat att mörda på allvar, och den första experimentella massgasningen av människor skulle just äga rum i det nyupprättade Auschwitz. Ännu låg dock bombkrigets grövsta excesser i framtiden, samtidigt som masslakten på judar ägde rum i det fjärran fördolda.

Det nya vapen som fysikerna tänkt fram bar dock på ett märkligt sätt drag av båda dessa företeelser.

Det skulle på grund av sin ofantliga förstörelsekraft vara oanvändbart rent militärt; arméer låsta i strid skulle inte kunna använda det mot varandra med mindre än att en betydande del av det egna folket molmades i mull. Alltså var det, som de redan befintliga flottorna med tunga bombplan, i första hand ett terrorvapen.

Men det var en uppfinning som skulle kunna göra flygkrig mot motståndarens stora städer oändligt mer verksamt: en enda bombare bestyckad med denna skulle kunna göra tusen flygmaskiners arbete.

Men det var också ett förintelsevapen, en »totalavlivningsmaskin«. Runt platsen där den detonerade, nollpunkten, skulle den utveckla en sådan kraft att inget skydd hjälpte. Hundratusen eller varför inte miljoner människors liv skulle blåsas ut med en handledsknyck. Vid denna tid var folkmord krångliga och kostsamma företag – det var något de dödskalleornerade byråkraterna i Berlin just nu höll på att bli varse –, men i och med den här nya typen av bomb verkade det som om dräpandet av människor för allra första gången skulle berövas alla praktiska begränsningar.

Än så länge hade denna nya bomb varit teori, svarttavelskludd i tankspridda fysikers tjänsterum, men nu hade ordet börjat bli kött. Och det var som sagt världskriget som gjort något sådant möjligt. Heisenberg var med rätta bekymrad över vad som hotade att bli teknikens seger över förnuftet. Det sägs att han hade en plan för att hejda detta, och det var därför som han en söndagskväll i mitten av september 1941 tog nattåget från Hamburg till Köpenhamn.

Vid denna tidpunkt var Heisenberg en av världens främsta fysiker, om inte Den Främste. Född 1901 i Würzburg som son till en professor i grekiska hade han snart fått namn som något av ett underbarn, vilket onekligen bekräftades när han 1932 fick nobelpriset i fysik. Fram till dess att den unge Heisenberg klev in genom dörren hade kvantfysiken beskrivit elektronernas rörelse i en atom med hjälp av den klassiska mekanik som bar Newtons namn. Heisenberg vägde noga dessa teorier, fann dem vara en smula för lätta och formulerade, blott 24 år gammal, grunderna till en helt ny »kvantmekanik«. Hans teorier visade sig fungera mer än väl, då

de tillät förklaringar av många ditintills oförklarliga fenomen.
Denna kvantmekanik slog raskt igenom. Än idag är den den teo-
retiska grund varpå dagens fysiker och kemister bygger sina torn
och utan vilken vi till exempel inte skulle ha någon elektronik att
tala om.*

Studenter som ryktet lockat till hans föreläsningar blev ofta för-
vånade när han trädde in i salen. De hade väntat sig en myndig
karl med embonpoint och en allt genomborrande professorsblick,
men istället uppenbarade sig en spenslig, småleende och otvung-
en ung man, med en rödblond, bakåtkammad hårman och ett
huvud som verkade en aning för stort för hans kropp. Studenter
och andra blev inte mindre imponerade av att hans begåvning var
så uppenbart polymorf: den briljante vetenskaparen var också
en utmärkt pianist – senare under fångenskapen i England under-
höll han sina kolleger med att spela sig rakt igenom Beethovens
pianosonater, som han kunde utantill – och dessutom var han
svårslagen i pingpong. Hans karaktär var färgad av en ungdom-
lig optimism parad med en envis och grundlig intellektuell stil;
dessa goda egenskaper kunde dock – som inte sällan sker hos
karaktärsstarka människor – slå över och bli lyten: den envisa
grundligheten hotade då att förvandlas till tjurighet, optimismen
till naivitet.

En gång var Heisenberg och en kollega på väg hem till fots
genom ett nattligt Berlin som brann efter en brittisk bombräd.
Kollegan var mörk och bitter, talade om förstörda laboratorier
och alla unga löften som dödats, och muttrade över det tyska fol-
ket, dessa drömmare som var så lätta att förföra med stora ord och
vackra gester. Heisenberg lät sig dock inte nedslås. Det var just på
grund av de hotande katastroferna som han stannat kvar i landet,

---

* För eftervärlden är han mest känd för den »obestämdhetsrelation« som bär
hans namn och som, förenklat, säger att det är omöjligt att på samma gång
bestämma en atomelektrons läge *och* hastighet – en iakttagelse som gjorde kål
på den strama determinism som fram till denna tidpunkt härskat inom fysiken.

sade han, för att hålla kvar liv och ande i vetenskapssamhället och för att finnas där när allt var över och det var dags att bygga upp igen, för efter kriget väntade ökat internationellt samarbete, både vetenskapligt och politiskt. Och medan Heisenberg ordrikt talade om den sköna nya värld som låg framför dem stannade han då och då upp vid vattenpölar för att blöta sina skor som gång på gång börjat brinna på grund av att han råkat kliva i den intensivt lysande brandbombsfosfor som stänkt över gatorna. Den här ohejdade optimismen fördunklade hans politiska omdöme, som onekligen var klent. Nazist var han aldrig, och han hade också vissa kontakter med den tyska underjordiska motståndsrörelsen. Sann sin natur närde han dock, precis som många andra konservativt lagda tyskar, fromma förhoppningar om att nazisterna som resultat av någon mirakulös moralisk alkemi så småningom skulle förvandlas till mer anständiga makthavare. Den politiska naiviteten gjorde också att han envist motstod alla dem som inför andra världskrigets utbrott försökte övertala honom att flytta till USA.

Emigration var inget alternativ. Som så många andra 1900-talsmänniskor som såg men inte direkt hotades av den egna totalitära staten sökte han istället skydd i den privata sfären. Folk i dessa stater lät sig ofta – för att använda den tyske historikern Detlev Peukerts term – atomiseras, avskiljas från de andra och det allmänna, och detta i den felaktiga tron att tystnad skulle köpa en osårbarhet. Det är också slående hur fort människorna lärde sig att inte se det obehagliga, och med vilket eftertryck de gladde sig över det egna välståndet, ett välstånd som för sovjetmedborgaren låg i en framtid lika drömd som den sades vara nära, men som faktiskt var verklighet för många tyskar. Och, som Heisenberg, hoppas att stormen snart skulle blåsa över.

Inte med det sagt att Heisenberg ej var utsatt för faror – resan till Köpenhamn innebar att han löpte risk att gripas av Gestapo – eller att han inte hade problem i Tyskland: han var länge motarbe-

tad och attackerad för att han fortsatt att undervisa i relativitets-
teorin, som nazisterna i sin ideologiska självrättfärdighet avfär-
dade som »en judisk vetenskap«. En rad lysande fysiker och kolle-
ger tillika hade också drivits i exil, och flera av dessa var nu på olika
vis inblandade i bygget av den amerikanska atombomben.

Här har vi att göra med ett annat av totalitarismens inbyggda
fel. Trots att både nazismen och kommunismen bejakade den
moderna tekniken så fanns det drag av vetenskaplig sterilitet hos
båda dessa system. Som alla revolutionära rörelser med grandiost
utopiska mål så försvor de sig – och detta kan verka paradoxalt
men är fullständigt logiskt – åt en märkligt stillastående bild av
historien. När makten väl var gripen, det nya samhället byggt och
den nya människan befriad från födelsens blod och slem, då skul-
le intet mer tillåtas att hända: allt det flyktiga skulle bli fast. Ett
sådant besynnerligt tillstånd där sanden smälts till glas förutsätter
givetvis att intet händer, vare sig med världsbild eller teknik, en
ovanligt fördrömd förhoppning om någon, för om det är något
som ständigt förändras så är det just dessa ting.

Motorn i dessa system heter dock ideologi. Det är ideologin
som ger systemet dess kraft och riktning; om en av dess potenta-
ter finner sig stående med en karta som inte råkar överensstämma
med terrängen följer denne självklart kartan. Och det sniffas stän-
digt och överallt efter kätteri. Självfallet gäller detta även vetenska-
pen, där ideologiska renlevnadsmän närsomhelst kan dyka upp
och avlossa bredsidor med välsanktionerat nonsens. I Sovjetunio-
nen ledde det bland annat till att charlatanen Trofim Lysenkos
vansinniga men politiskt korrekta genetiska teorier, som bland
annat gick ut på att förvärvade egenskaper kunde ärvas, blev upp-
höjda till sanningar, att man, liksom nazisterna, fann för gott att
avvisa Einsteins relativitetsteori (om än med en annorlunda moti-
vering: sovjetiska ideologer fann teorin vara »idealistisk«) samt att
man upprört förkastade cybernetiken som en »borgerlig veten-
skap« – en viktig del av förklaringen till att man senare kom att

missa datorrevolutionen. Totalitarismens inneboende drift till vetenskaplig och teknisk förglasning är som allra mest tydlig just i fallet Sovjetunionen. (Detta är en av orsakerna till den stagnation som det systemet råkade in i framåt 1970-talet.) Inte att undra på att Heisenberg hade problem. Bakom attackerna på honom och den nya fysiken låg dock inte bara ideologiska villor. En hel del handlade blott om något så banalt som akademisk avundsjuka, för tillfället draperad i ideologisk *haute couture*. I det märkliga land som är Academia pågår ständiga klanstrider. I dessa bataljer förekommer det visserligen ingen blodspillan och det som dräps är bara gamla forskningslägen och nya hypoteser, men känslorna är inte mindre upprörda för det. Och kanske är det just för att omsättningen på sanningar kan vara så hög i universitetsvärlden som de förfäktas med ett sådant eftertryck. Problemet är bara att karriärer byggs på dessa förvissnande sanningar. Och karriärer måste värjas mot utmanare och nykomlingar.

Typer som Philipp Lenard och nobelpristagaren Johannes Stark är inte alltför sällsynta i den akademiska världen: en gång lovande men nu utbrända karriärister som fått se sin forskning hamna i skuggan och sina karriärer gå i stå och som reagerar på detta med konspirativ bitterhet. Lenard och Stark var båda fysiker av den äldre skolan och de kunde inte tåla Heisenberg. Den karln var inte som de experimentalfysiker, han ... han räknade bara, fick oförskämt mycket uppmärksamhet, var oförskämt ung och till råga på allt hade de uppenbara problem att begripa vad hans teorier egentligen gick ut på. Det sistnämnda kan man kanske förlåta dem – på 30-talet brukade det sägas att bara sex personer i hela världen verkligen förstått relativitetsteorin och att dessa sex alla var oense med varandra. Vad som är svårare att tillge är att dessa personer i sin besvikelse och avundsjuka tog till den värsta sortens antisemitiska kanaljeri.

Relativitetsteorin var enligt Lenard och Stark bara nonsens, förfäktat av sammansvurna judar. (Det ironiska i detta var att under första världskriget hade samma teori pucklats på av fransmän därför att den var så typiskt »tysk«.) I dess plats ville de se något benämnt »tysk fysik« – lättare att förstå för åldriga professorer kan man tänka. Denna *Deutsche Physik** följdes så småningom också av en »arisk matematik«.

Dessa besynnerliga vetenskapspastischer var givetvis lika kunskapsmässigt sterila som Lysenkos genetiska dillerier i Sovjetunionen, och det var detta som blev Heisenbergs räddning.

Här påminns man om kongressen i den amerikanska delstaten Indiana som år 1897 antog en lag som stadgade att pi:s värde hädanefter inte skulle vara 3,14 utan för enkelhetens skull 4. Den så kallade verkligheten tvingade dock de glada reformatörerna i Indiana snabbt på reträtt – inga broar skulle till exempel hålla om man räknade med ett sådant värde, och ett vanligt pendelur skulle dra sig cirka en kvart varje hel timme. Något liknande hände ibland i Nazi-Tyskland och i Sovjetunionen. Dessa systems drift mot vetenskaplig och teknisk förglasning var nämligen ej absolut. Förr eller senare tvingades både Hitler och Stalin att inse att dessa politiskt korrekta vetenskapare tyvärr var tämligen värdelösa om man ville bygga ballistiska raketer, atombomber och andra moderna välsignelser.

Vetenskapshistorikern David Holloway har visat att när männen i Kreml på 40-talet väl förstått att deras fysiker faktiskt kunde bygga ett underbart vapen åt dem, så var de beredda att skänka dem allt det armbågsrum som de behövde. NKVD-chefen Berija var som sig bör oroad, men Stalin sade bara salomoniskt: »Lämna dem i fred. Vi kan ju alltid skjuta dem senare.« Och i Tyskland tvingades makthavarna så småningom att utan allt buller lägga

---

* Grundtanken, utvecklad bland annat i Lenards fyrbandsverk *Deutsche Physik* från 1935, var att allt mänskoverk, ävenså vetenskap, var beroende av skaparens ras. Och den tyska fysiken var mer experimentell och hade mer direkt samhällsnytta än den »judiska« dito, som sades vara spekulativ och abstrakt, för där en arier drog slutsatser från naturen nöjde sig en jude med matematiska formler.

tysk fysik och arisk matematik åt sidan och ge Heisenberg och andra möjlighet att verka.

Den tyska fysiken hade dock fullgjort sitt syfte. Stark, Lenard och deras bredmynta anhängare hjälpte till att driva alla judiska vetenskapsmän i exil eller ur yrket. Än viktigare var nog att deras hotfulla uppenbarelse fått rader av i grund politiskt likgiltiga »ariska« fysiker att söka skydd i den nazistiska regimens famn. En av dem var Werner Heisenberg. År 1937 publicerades det flera vildsinta angrepp på denne i ss' tidning *Das Schwarze Korps*, och i ett av dem kallade Stark honom för en »vit jude«.

Heisenberg värjde sig med stor energi och inte obetydlig skicklighet. Han förde upp saken på högsta ministernivå och krävde att få veta om hans överordnade delade åsikterna i *Das Schwarze Korps*. Om svaret var ja måste de entlediga honom från sin tjänst; om svaret var nej måste de skydda honom från vidare attacker. Byråkratin slirade på växlarna och ville inte bestämma sig, så Heisenberg lämnade in sin avskedsansökan. Under tiden slöt dock inflytelserika kolleger upp vid hans sida. En av dem, aerodynamikern Ludwig Prandtl, sökte på sommaren 1938 upp Heinrich Himmler och lyckades övertyga denne om att Tyskland inte hade råd att mista en vetenskapsman av Heisenbergs kaliber. Himmler ingrep mycket riktigt, förbjöd vidare anfall på Heisenberg, samtidigt som han tillhöll fysikern att fortsättningsvis hålla sig till vetenskapen och strunta i politiken. Heisenberg gick med på detta.

Här anar vi hur det gick till när nazismen, som vetenskapshistorikern Mark Walker skriver, »mycket långsamt och försiktigt« kopplade sitt grepp på de tyska vetenskapsmännen och förvandlade dem till sina redskap.

6.

För de fysiker som drogs in i byggandet av den amerikanska atom-
bomben var beslutet styrt av världsläget. År 1941 såg det ut som
om Hitler skulle vinna kriget; det är lätt att glömma så här i efter-
hand. Och denna onda sot såg ut att kräva en stark bot. Den bomb
man byggde i USA var också från början avsedd att sättas in mot
Tyskland. Det som dock slutgiltigt avgjorde frågan var antagandet
att nazisterna höll på att bygga en egen bomb.

Redan innan USA gick med i kriget uppskattade experter där att
Hitlers män låg minst ett halvår före amerikanerna i detta arbete.
Bedömningen var korrekt: två veckor efter krigsutbrottet 1939
hade frågan om byggandet av en bomb för första gången väckts i
möten mellan tyska militärer och fysiker. Länge fruktade många
att en tysk atombomb skulle dyka upp i sista sekunden och rädda
nazisterna undan nederlaget; var det inte detta som den tyska pro-
pagandans eviga tal om undervapen egentligen anspelade på? (Vi
anar här en alternativ världshistoria, där andra världskriget slutar i
en kompromissfred och där Hitler, svårt förfallen av ålder, piller
och Parkinsons sjukdom, fullbordar Förintelsen i skuggan av ett
kärnvapenparaply.) Spelteoretiskt talade allt för att bygga en
bomb. För om Hitler ensam skaffade sig en bomb skulle allt vara
förlorat och förbi. Men om de fick en bomb i skick före tyskarna
skulle allt vara förlorat och förbi för Hitler.

Så mycket hade också Heisenberg begripit. Det han också
begripit var att det ännu på sensommaren 1941 fanns en liten
chans att hindra kärnvapnen från att bli till. Frågan är om det var
därför han reste till det tyskockuperade Köpenhamn för att träffa
Niels Bohr.

De två vetenskapsmännens möte har varit omdebatterat bland
fysiker och historiker. Som ofta är fallet med mytologiserade hän-
delser beror det på att den verkliga sanningen blivit höljd i en sky
av antaganden. Rent källkritiskt står vi inför ett svårt problem.

Bohrs version av konversationen – som vi känner den via vänner och framför allt via hans son Aage – stämmer inte överens med Heisenbergs, bland annat som den återberättas i hans bok *Physics and Beyond*. Vi vet inte ens riktigt var samtalet ägde rum, om det var under en kvällspromenad på Langelinie nere vid frihamnen, eller om det var inomhus i Bohrs hem. Det enda vi vet är att det var natt och att de båda var ensamma.

Sin vetenskapliga genialitet till trots var Heisenberg som nämnts politiskt naiv och absolut ingen psykolog. Det var möjligen ett av de viktigaste samtal som två privatpersoner hållit detta sekel, och det spårade ur nästan från första början.

Bohr var arg över något Heisenberg sagt tidigare i veckan om hur viktigt det var att Tyskland vann kriget i öst då »de där länderna var oförmögna att styra sig själva«. När de började tala i sensommarmörkret vidhöll den tyske fysikern stelbent att så var fallet. Bohrs ansiktsfärg steg. Heisenberg bytte då raskt ämne, började tala om Bohrs utsatta läge i det ockuperade Danmark. Utifrån de bästa avsikter men med en sjökohannes hela känslighet föreslog han därför den redan mulne dansken att de nog skulle kunna ordna honom visst skydd, om Bohr bara tog kontakt med tyska ambassaden i Köpenhamn, Heisenberg hade vissa känningar där. Detta förolämpade Bohr, som tolkade det som något liknande en invit till förräderi. Nu, med dansken upparbetad till något som liknade tillbakahållet raseri, fann Heisenberg det lämpligt att ta upp sitt verkliga ärende. Tysken frågade om Bohr ansåg att det var rätt av fysiker att forska om klyvbara ämnen som uran i krigstid? Bohr hoppade till, kom med en nervös motfråga. »Tror du verkligen att fission i uran kan användas för att konstruera ett vapen?« »Tja«, svarade Heisenberg, »en bomb kan göras av det och vi arbetar på det.«

Detta var ord som nästan fällde Bohr till marken. Hans gode vän och kollega var alltså i färd med att bygga ett massförintelsevapen åt samtidens mest brutale despot. Vad visste Bohr om de allierade, frågade tysken. Höll deras fysiker också på att ta fram en bomb? Heisenberg forsatte att tala, men hans ord blev till ett brus i den chockade Bohrs öron. Dansken lyssnade knappt längre. Så här långt verkar de olika versionerna av mötet stämma någorlunda överens. Det är nu det skiljer sig.

Enligt vissa – Heisenberg själv, författaren Robert Jungk och journalisten Thomas Powers – frågade Heisenberg nu Bohr om denne inte kunde förmedla en kontakt över frontlinjen. Syftet var att få till stånd en hemlig överenskommelse mellan de inblandade fysikerna på båda sidor – tyskar, amerikaner, engelsmän och andra – om att stoppa det nya vapnet. Det skulle kräva en enorm ansträngning att bygga en bomb, sade Heisenberg.»Detta var viktigt just därför att det gav fysikerna möjligheten att avgöra huruvida man borde försöka bygga atombomber eller ej.« Det var bara för de sammansvurna fysikerna att säga till sina respektive regeringar att ett sådant företag skulle kräva alltför stora resurser eller ta alltför lång tid för att vara genomförbart. Och då skulle makthavarna strunta i det. Anden skulle åter förpassas till sin flaska och förhoppningsvis förvandlas till ett dammigt nummer i naturvetenskapens kuriosakabinett.

Enligt andra – Aage Bohr och historikern Mark Walter – finns det inga belägg för att Heisenberg försökte enrollera Bohrs hjälp i att arrangera en sådan världsvid»fysikerstrejk«. Det är fastställt att Heisenberg och några andra tyska fysiker faktiskt var skrämda av tanken på kärnvapen och att de sinsemellan diskuterat möjligheten att få världens fysiker att tillsammans försena eller till och med hindra utvecklingen av kärnvapen. Men i den här andra versionen av deras möte förde tysken aldrig fram detta förslag. Kanske skar samtalet ihop innan Heisenberg fick någon chans att komma så långt?

Bohr ställde sig hursomhelst skeptisk från första början, och när han hörde Heisenberg fråga om den allierade atombomben såg den upprörde dansken den bockfot han tidigare anat. (Till sin familj sade han timmarna efteråt att det var fullt tänkbart att tysken blott var ett redskap för nazisterna.) Heisenberg förstod nog att Bohr inte skulle hjälpa till med en sådan överenskommelse, för dansken menade att »det var oundvikligt att alla fysiker skulle arbeta för sina egna regeringar i krigstid«. Om Heisenberg hyst tankar på ett internationellt samarbete för att hindra kärnvapnens tillblivelse torde han vid det här laget ha förstått att det var ett fåfängt hopp. Så mycket kan vi säga.

Heisenberg tackade för sig. Djupt bedrövad gick han tillbaka till sitt hotell och när han återkom till Tyskland noterade hans fru att hon aldrig sett honom så deprimerad. En vecka efter resan från Köpenhamn skrev Heisenberg ett mörkt brev till en vän och förutspådde där kryptiskt att »vi människor mycket väl kan dra på oss själva den yttersta dagen eller något i närheten av den«.

7.

År 1943 flydde Bohr till Sverige. Därifrån flögs han i hemlighet till England, instoppad i bombrummet på ett obeväpnat Mosquitoplan, för vidare befordran till USA och Manhattanprojektet; med sig hade han en skiss som Heisenberg ritat den där kvällen i Köpenhamn. Experter som fick se den sade att den inte föreställde någon bomb. Det tysken ritat var en kärnreaktor.

Hitler fick aldrig någon atombomb. Trots det tyska försprånget i början av kriget kom aldrig något svart regn att falla över London eller Moskva. Varför?

Under åren som följde hade det nazistiska atombombsprogrammet varit ett högt prioriterat mål för den amerikanska underrättelsetjänsten, OSS. Den hade identifierat Heisenberg som en nyckelperson, och snart hade ansvariga personer hjärnstormat fram ett antal mer eller mindre vilda planer som syftade till att kidnappa eller mörda den berömde fysikern.* Vid ett tillfälle i decem-

---

* Två år efter kriget gick det förresten rykten om att KGB planerade en liknande kidnappningsaktion mot Heisenberg, och den brittiska underrättelsetjänsten

ber 1944 sändes en agent, en språkkunnig före detta basebollstjär-
na vid namn Moe Berg, till Zürich för att följa några gästföreläs-
ningar tysken skulle hålla. Berg lyckades till och med hamna på
samma middag som Heisenberg, och efteråt slog han följe med
fysikern och pepprade honom med underliga frågor; Bergs in-
struktioner var att skjuta tysken om det framkom något som
antydde att denne var sysselsatt med att bygga en atombomb, och
under promenaden hade amerikanen burit en laddad pistol redo i
sin kavajficka; svaren måste dock ha varit de rätta, för de två skil-
des artigt åt när de väl kommit fram till Heisenbergs hotell.

När det tredje riket imploderade på senvåren 1945 inledde oss
en topphemlig och tämligen kaotisk operation med täcknamn
»Harborage«. Den syftade till att fånga eller i värsta fall döda de
tyska atomforskarna, ta eller förstöra deras laboratorier och samla
ihop allt klyvbart material och tungt vatten. (Uppdragsgivarna var
med viss rätt rädda för att ryssarna skulle shanghaja det tyska
atomprogrammet, men dessutom var de noga med att inskärpa att
ingenting fick hamna i händerna på fransmännen.) När de svepte
fram genom ett sönderslaget Tyskland, där till och med vita kal-
songer hängts ut från fönstren för att signalera att man inte längre
ville slåss, stod det klart att tyskarna inte hållit på att bygga någon
bomb.

Forskarna snappades upp och fraktades till England: Heisen-
berg som den siste, i sitt hem i Urfeld – dit han tagit sig per cykel
på dammiga vägar myllrande av flyktingar, förbi skaror av förvir-
rade, gråtande och tungt beväpnade *Hitlerjugend*, genom väg-
spärrar bemannade av vildögda SS-män, som rutinmässigt arke-
buserade vem- och vadsomhelst som bar drag av desertör. De
amerikanska specialförbanden fann helt visst rester av ett kärn-
kraftsprogram, men inte heller det var vidare långt gånget jämfört
med vad som redan gjorts i USA. I byn Haigerloch i södra Tysk-

tog honom i beskydd. Bland annat var han en tid undangömd i Bohrs lanthus
i Tisvilde utanför Köpenhamn.

land hittade de en kärnreaktor inne i en grotta, den åttonde och sista som byggts före sammanbrottet, men den var grov och primitiv: i stort sett en betonggrop i vars mitt ställts en metallcylinder som innehöll grafit, men annars inget uran, inget tungt vatten, ingen instrumentering, inget strålskydd.

Så vad hade skett mellan den kväll i Köpenhamn 1941 då Heisenberg talat om det vapen man börjat arbeta på och de vårdagar fyra år senare då detta vapen visade sig vara ett ingen-ting? Varför blev det ingen tysk atombomb?

Det andra världskriget var ett fabrikernas krig, men på den här punkten var det inte resurserna som fällde avgörandet, vilket fallet Wernher von Braun visar. De tyska beslutsfattarna ställde i princip samma fråga till denne begåvade men skrupelfrie raketingenjör som till Heisenberg, nämligen: Är detta en teknologi som kan påverka krigets utgång? Men där fysikerna hummade, skruvade på sig och sade »å ena sidan, å andra sidan« svarade von Braun rappt att fick han bara nog med pengar så skulle han lyckas. De tyska makthavarna kom också att satsa på dessa raketer som om det inte fanns någon morgondag. De summor som brändes upp var i klass med dem som amerikanerna plöjde ned i Manhattanprojektet, samtidigt som de drev på arbetet med en kall hänsynslöshet som var omöjlig i USA – mängder av koncentrationslägerfångar fick bokstavligen talat arbeta ihjäl sig för att uppfylla von Brauns löften om väntande *wunder*-vapen.

Resultatet blev två raketer, den enkla v-1 och och den ballistiska v-2, som visade sig besitta all den förstörelsekraft som behövdes för att dräpa tusentals civilister och skrämma tiofalt fler, samtidigt som de saknade den träffsäkerhet som krävdes för att höja dem ovan terrorvapnens otäcka men i längden rätt verkningslösa nivå.

Så om det inte var en fråga om resurser, vad var det då?

En del av förklaringen står än en gång att finna i totalitarismen själv. När det kommer till den här typen av materia kunde man förvänta sig att toppstyrda diktaturer skulle vara både snabbare i besluten och mer effektiva i handlandet än segdragna demokratier. Intressant nog var det precis tvärtom. Medan man i USA snabbt samlade alla resurser och experter, inklusive de brittiska, i en enda organisation, fäktades sex olika organisationer och grupper av individer svartsjukt om kontrollen över det tyska programmet. Sitt monolitiska utanverk till trots styrdes inte Nazi-Tyskland av en enda man. Tredje riket var en paradoxalt osäker kartell av maktgrupper: nazistpartiet, krigsmakten, storindustrin, rustningsministeriet, SS, ockupationsförvaltningarna, med flera. Bakom den allsmäktige men lynnige Führerns rygg var det därför ett ständigt svall av byråkrater, nepotister, partiboksbestyckade imperiebyggare, prestigekåta förståsigpåare och medaljerade charlataner som flaxade och piafferade. Resultatet blev ett system skakat av rivaliteter och härjat av revirstrider. Detta kom också att prägla det tyska bombprogrammet, med allt vad det innebar av fördröjningar, frustrationer och fånerier.

Sedan har vi ju det där med den lyckliga slumpen. Det tyska programmet skadades av ett antal förbluffande tillfälligheter. En rapport som påpekade att man kunde använda plutonium som klyvbart material låstes in i ett kassaskåp och glömdes bort; möjligheten att som moderator i kärnreaktorer bruka lättåtkomlig grafit istället för svåråtkomligt tungt vatten – snart oåtkomligt tack vare norska motståndsmän och brittiska bombplan – uteslöts på grund av ett banalt mätfel; och när en aktivistisk grupp försökte sätta snurr på hela projektet genom att demonstrera kärnklyvningens potential inför en ovanligt glittrande samling av orörda rörare – Göring, Himmler, Bormann, Speer, med flera – råkade en sekreterare lägga fel inbjudningskort i kuverten och ingen kom.

Till detta måste läggas de tyska fysikernas inställning till projektet. Studerar man Heisenbergs beteende efter 1941 visar det sig att han faktiskt handlade så som han och hans kolleger menat att all världens fysiker borde göra. Han satt vid det ena sammanträdesbordet efter det andra och spelade sin gamla grammofonskiva: ja, det var nog möjligt att bygga en bomb, men nej, kostnaden skulle vara alltför stor, arbetet alltför tidsödande och chansen till avgörande framgång alltför osäker. Ibland var han direkt missledande, som när han i ett tal mot eget bättre vetande antydde att det krävdes ett *ton* uran-235 för en bomb, och detta vid en tidpunkt då tyskarna inte ens lyckats få fram mikroskopiska mängder av ämnet – den verkliga mängden är runt 10 kilo. Minst lika viktigt var att han och ett antal betydande tyska fysiker uppvisade en sådan brist på entusiasm inför uppgiften. Skillnaden mellan honom och hans kolleger på andra sidan Atlanten – Szilard, Einstein, Oppenheimer, Bethe, Fermi, Teller etc. – var himmelsvid. I motsats till dem varnade Heisenberg aldrig för någon allierad bomb, bad aldrig om att man skulle satsa allt och lite därtill på ett vapenprogram, talade aldrig om att detta var en uppfinning som kunde avgöra kriget.*

Men trots att de handlade på så olika sätt kunde både Heisenberg och hans kolleger på andra sidan Atlanten motivera vad de gjorde med snarlika resonemang. Heisenberg sade det senare rakt ut:»Idén att sätta en atombomb i händerna på Hitler var fruktansvärd.« Det var också bilden av en kärnvapensbestyckad Führer som skrämt Bohr att säga nej till både verkliga och tänkta inviter från Heisenberg och istället tubbat honom, Oppenheimer och alla de andra att rusa iväg i riktning mot bombbyggarlaboratorierna i Los Alamos. Detta att Heisenberg gjorde rätt innebär alltså inte med nödvändighet att de andra gjorde fel. Deras val är nämligen förståeligt utifrån vad de hoppades veta och ansåg sig tro. (Och hade det trots allt varit så att nazisterna byggt sig en egen bomb

---

* Inte med detta sagt att Heisenberg visste exakt hur man skulle gå till väga. Detta bevisas om inte annat av de nu frisläppta avlyssningsprotokollen från den tid då han och de andra toppfysikerna från programmet satt insperrade i England. För lika säker som han var på att det gick att bygga en atombomb, lika övertygad var han om att arbetet var svårt. En rad viktiga problem blev heller aldrig lösta av dem, och deras kärnkraftsprogram var därför ett misslyckande.

hade vi sannolikt förbannat Oppenheimer och de andra om de inte gjort sammaledes.) Men möjligen fälldes avgörandet till sist varken av slumpen, den totalitära statens lyten eller Werner Heisenbergs dygder. Kanske var det istället något så ostadigt som bilden av framtiden som styrde? Många av de avgörande besluten om det nazistiska bombprogrammets vara eller icke vara fattades nämligen framåt slutet av 1941 och i början av 1942, en tid då en tysk seger verkade vara mer än trolig, ja nästan oundviklig. Och då mogulerna i Berlin var övertygade om att kriget snart var vunnet ansåg de att en atombomb bara var en vördnadsbjudande men kostsam lyx. Beslutsfattarna i Washington hade dock en betydligt mer realistisk bild av vad som väntade. De hade tidigt förstått att konflikten skulle avgöras genom en rå materiell utnötning av Tredje riket, och de kalkylerade – med en förvånansvärd noggrannhet – att detta skulle ta mellan fyra och fem år. Och utifrån det tidsperspektivet verkade det vettigt att försöka ta fram en bomb.

Ända fram till slutet av 1941 löpte de två atombombsprogrammen jämsides: de tyska och amerikanska vetenskapsmännen undersökte samma problem, gjorde samma upptäckter, ställde samma frågor och vann samma svar. Men sedan, någon gång framåt försommaren 1942, skedde det paradoxala att vid nästan exakt samma tidpunkt som amerikanerna inledde sitt bombprojekt på allvar så skrotade tyskarna sitt.

8.

Atombomben är en styggelse, inte bara för att den hotar våra kroppar utan kanske än mer för att den ifrågasätter vårt förnuft. För den byggdes inte av oförnuftiga, ociviliserade människor, tvärtom. För att förstå dessa personer räcker det dock inte med att bara hänvisa till – det onekligen helt centrala – hotet från Hitler. Det är faktiskt slående hur lätt många av dessa intelligenta, kultiverade, Bhagavadgita-citerande, Dante-läsande vetenskapsmän sveptes med av krigets massmordskultur och lät sig brutaliseras.

Enrico Fermi undrade i april 1943 om man månne inte borde använda en del av det radioaktiva material man kommit över till att förgifta tyskarnas livsmedel. Robert Oppenheimer var intresserad, förde vidare detta infall till beslutsfattare i Washington och menade att det »förefaller mest lovande« att använda strontium, sannolikt strontium 90. Därefter tillade han med rödkindad entusiasm att »jag tycker inte vi ska sätta en sådan plan i verket förrän vi kan effektivt förgifta livsmedel som räcker till att döda en halv miljon människor«.

Den här beredvilligheten att yla med vargarna grep både hög och låg.

På kvällen den 6 augusti 1945 samlades forskare i den stora samlingssalen i Los Alamos. Nyheten om bombningen av Hiroshima hade trumpetats ut över högtalarsystemet och stämningen var euforisk. Så trädde Oppenheimer in i salen, inte som han brukade från scenflygeln, utan via publikingången. Jubel, visslingar och fotstamp steg mot taket medan han arbetade sig förbi alla leende ansikten. Väl uppe på scen skakade han sina sammanflätade händer över huvudet i den klassiska boxargesten. När det glada bullret tystnat någorlunda började Oppenheimer tala. Han sade att det var för tidigt att veta vilka exakta effekter bomben haft, men tillade att han var »säker på att japanerna inte gillat den«. Jubel. Han var stolt över det som uträttats. Mer jubel. Det enda han beklagade var att »vi inte hann utveckla bomben i tid till att få den använd mot tyskarna«. Jubel, gränslöst jubel.

I rättvisans namn bör det sägas att många av de här personerna senare storknade på sina glädjeskrin. Vissa, som Oppenheimer själv, nyktrade till tämligen fort och plågades resten av livet av tvivel och självförebråelser. Och det som punkterade den här tunna bubblan av jubel var faktiskt Nagasaki. En forskare som anlände till Los Alamos dagen efter bombningen – alltså samtidigt som Yousuke Yamahata gick runt och tog sina fotografier av den ännu rykande staden – fann att stämningen vänt som en hand. Kollegerna var nu »trötta, skuldmedvetna och bedrövade«. Oppenheimer själv undrade mulen om inte de levande hädanefter skulle avundas de döda, och kort efteråt avgick han som chef för laboratorierna i Los Alamos.

Bland många av vetenskapsmännen hade det nämligen funnits en föreställning om att man höll på att ta fram ett slags engångsvapen. Kraften i bomben skulle vara så kolossal och effekterna så oerhörda att det skulle räcka med ett enda anfall så skulle den envisaste motståndare böja nacke för dess nukleära majestät. Och sedan skulle mardrömsminnena från detta enda tillfälle räcka. De flesta ansåg därför att Hiroshima var en beklaglig nödvändighet: »mänskligheten måste få se«. Och en gång är ingen gång. Nagasaki visade dock att litet hindrade en upprepning, att anden verkligen *var* ute ur flaskan och att domedagen, från och med nu, skulle räknas in under politikens domäner istället för som tidigare under teologins.

Den här sömnyra baksmällan visade inga tecken på att skingras med tiden. Skälet var en ärlig och djupt naiv besvikelse. Många hade faktiskt trott att bomben skulle vara nyckeln till en ny, fredlig världsordning. Bohrs första fråga till Oppenheimer sedan han i december 1943 anlänt till Los Alamos var »är den verkligen stor nog?«. Vad den fridsamme dansken menat var, är den stor nog för att göra framtida krig omöjliga? För Bohr och andra hade suttit där med sina logiska vetenskaparhjärnor och fört logiska resonemang kring detta med kärnvapnens effekter och kommit fram till den fullkomligt logiska slutsatsen att krig hädanefter var en logisk omöjlighet, varefter de chockats djupt av den fullständigt ologiska kapprustningen. De hade i sin oskuld och naivitet inte räknat med att både beslutsfattare och de system som de byggt eller satt fånga i kan fungera djupt, grundligt och orubbligt ologiskt.

Men där fanns också något mer.

9.

De vetenskapsmän som gick med i bombprojekten i USA och i
Sovjetunionen gjorde det utifrån en blandning av engagemang,
troskyldighet och hybris. De levde mitt i ett sekel som sett kolos-
sala vetenskapliga och tekniska framsteg. De delade omvärldens
förtröstan på vetenskapen som den store befriaren, och de såg sig
själva som denna befrielses bringare, en högre sannings överste-
präster. När Heisenberg och ett antal av hans närmaste medarbe-
tare satt fångna i England strax efter krigsslutet dök den gamla
tanken om en internationell »fysikerstrejk« upp bland dem. En av
dem sade, en smula senkommet, att antingen måste all världens
fysiker förvägra de styrande kunskapen om kärnklyvningen, eller
så måste regeringsmakten överlämnas åt vetenskapsmännen. Den
framstående sovjetiske fysikern och atombombsbyggaren Petr
Kapitsa sade: »Det fanns en tid ... då kyrkans patriarker stod jäm-
sides med kejsaren ... Nu håller kyrkan på att bli föråldrad och
patriarkernas tid är förbi, men landet kan ej klara sig utan idémäs-
siga ledare ... Förr eller senare blir vi tvungna att höja vetenskaps-
män och lärda till patriarkernas rang.«

Sådan var drömmen, storslagen och arrogant. Byggandet av
atombomben var på sätt och vis den handling som skulle fullbor-
da denna dröm, men den kom istället bara att avslöja dess ihålig-
het. Senare kom Bohr och Oppenheimer att använda mycken tid
och energi på att försöka hejda kapprustningen, och bland dem
som tidigt protesterade mot kärnvapenvansinnet gick det även att
finna Werner Heisenberg. Men allt tappert lobbyarbete till trots så
återvann de aldrig makten över sin skapelse.

Frågan är dock om de någonsin besuttit den. När kärnklyvning-
ens principer blivit kända och förstådda av världens fysiker hade
de alla, nästan utan undantag, skenat iväg till sitt eget lands mili-
tärer och med andan i halsen berättat att man här hade något som
skulle kunna bli till ett massförstörelsevapen av oerhörda propor-

tioner. Från den punkten fattades alla de viktiga avgörandena – från beslutet att påbörja forskningen ända till beslutet om hur det nya vapnet skulle brukas – av andra än vetenskapsmännen själva. Så även om Heisenberg lyckats få sin fysikerstrejk till stånd, så är det tveksamt om den skulle ha haft någon större effekt. För att styra anden måste du nämligen äga flaskan.

1900-talet har lämnat oss med en känsla av osäkerhet, inte minst för det har lärt oss att även sådant som vi funnit gott kan ha en mörk frånsida. Det som hotar oss föds alltså inte bara av de styggaste lyten, utan ironiskt nog också ur firade dygder. Så var Werner Heisenbergs strid med »den tyska fysiken« en i allra högsta grad hedervärd kamp mot nazismens intrång i laboratorier och föreläsningssalar. Han och andra värjde med framgång sitt oberoende genom att hävda att vetenskapen var opolitisk.

Problemet är bara att just den attityden gör det lätt för vetenskapsmän att blunda för vilka herrar de lyder och vilka syften de tjänar. Istället drivs de framåt i blindo av den moderna vetenskapens järnlag: vad man *kan* veta *skall* man veta, vad man *kan* göra *skall* man göra. Och vetenskapen själv blir då mer ett hot än ett löfte, och dess utövare framtonar inte längre som kejsarens nya patriarker, utan istället som, för att låna Brechts ord, »en ras uppfinningsrika dvärgar som kan hyras för vilket syfte som helst«.

Det är viktigt att förstå att det skedda alltså inte var irrationellt, utan alltför rationellt, en rationalitet utan förnuft. Katastrofen kom alltså inte ur en brist på framsteg, utan snarare tvärtom. Olika stora och med rätta hyllade vetenskapliga och tekniska landvinningar var katastrofens förutsättning. Framstegets stora maskin har alltså två ändar: ur den ena spottas vaccin och hygieniska lägenheter, ur den andra kärnvapen och silverglänsande bombare.

10.

»Detta är det största som har hänt i historien«, sade Harry Truman efter bombningen av Hiroshima. Både tekniskt och taktiskt var anfallet en triumf, och många var, liksom den amerikanske presidenten, fyllda av skräckfylld vördnad inför detta teknologiska underverk som nu stigit ned från vetenskapens himmel. När det tre dagar senare var dags igen visade det sig dock att även den nya gudomen var felbar: då gick det mesta snett. Piloten som ledde anfallet mot Hiroshima, den 29-årige överstelöjtnanten Paul Tibbets, kallade senare attacken mot Nagasaki för ett fiasko.

I förstone var det tänkt att Tibbets skulle sitta vid spakarna även vid detta andra anfall, men han avböjde. »Jag har fått alldeles nog med publicitet redan«, förklarade han, »och de andra har jobbat både hårt och länge och kan klara ett sådant uppdrag precis lika bra som jag.«* Tanken var alltså att även de andra skulle få njuta uppmärksamhetens nöjen – och med all sannolikhet också

* Detta kan låta underligt men skall ses mot bakgrund av den tämligen ogenerade jakt på rubriker som då bedrevs av många amerikanska beslutsfattare. Radion och filmen hade gjort andra världskriget till det första riktiga mediakriget, och då man i USA nästan helt saknade den känsla av överhängande hot som motiverade så många enkla soldater i Europa, försökte man högst medvetet att uppväga genom att locka krigsdeltagarna med det erkännande som finns i uppmärksamheten: visst, de vågade livet, men de kunde alltid hoppas på femton sekunder i strålkastarljuset. Den här uppsvällda mediaapparaten skapade ett alldeles eget kraftfält, och många av de generaler vi nu känner från historieböckerna hamnade där, inte för att de var så särdeles skickliga att bekämpa fienden utan snarare för att de var duktiga att manipulera journalister. Höga befälhavare som Patton och Eisenhower var erkänt behagsjuka, och generalen Mark Clark, den poseringsvillige chefen för de amerikanska styrkorna i Italien, hetsade på offensiven mot Rom enbart för att han ville inta staden innan den stora invasionen i Normandie skulle stjäla pressens uppmärksamhet. Den store Douglas MacArthur var i mycket en myt, fabricerad å ena sidan av hans personliga stab av PR-experter – som skrev om hans uttalanden så att de blev mer snärtiga och gärna arrangerade dramatiska fotograferingar –, å andra sidan av en ohelig allians av press och beslutsfattare som behövde en hjälte under motgångarnas år 1942 och som gjorde en av det skrutt som fanns tillgängligt.

dela ansvarets bördor. Så uppgiften gavs till en major vid namn Charles Sweeney, som flugit ett av följeplanen vid attacken mot Hiroshima.

Bomben som skulle fällas var av en annan och betydligt mer sammansatt typ än den som använts den 6 augusti. Hiroshima-bomben – kallad *Little Boy* på grund av att den var rätt smal och av en besättningsmedlem liknad vid en »förlängd soptunna med fenor« – kan enklast liknas vid ett slags kanon, som sköt iväg en kula av uran 235 in i en klump av samma material, varvid överkritisk massa uppnåddes och hela härligheten brann av. I den bomb som skulle användas vid anfall nummer två – kallad *Fat Man* på grund av dess storlek – hade den dyrbara urankanonen ersatts av ett litet plutoniumklot; idén var att låta ett omslutande hölje med vanligt sprängämne detonera och pressa samman den apelsinstora sfären till överkritisk massa. Teknikerna visste att det hela fungerade i praktiken, det hade bevisats i och med provsprängningen vid Alamogordo, men konstruktionen var komplicerad och känslig.

Den som utförde den sista kontrollen av *Fat Man* var en ung officer, Bernard O'Keefe, som före kriget studerat fysik och som varit med på en senare omtalad föreläsning i januari 1939 då Bohr berättat om upptäckten av kärnklyvningen. O'Keefe upptäckte till sin fasa att en tekniker råkat sätta fel kontaktdon på en av avfyringsenhetens kablar, men i suveränt trots mot alla säkerhetsföreskrifter lödde han om den felande detaljen medan den fortfarande satt fast i bomben – något annat fanns det inte tid till, för ett oväder var på ingående. Därefter kunde den vinschas ombord på det väntande bombplanet, en särskilt ombyggd B-29:a som besättningen döpt till *Bockscar*.* En särskild gudstjänst hölls, där en präst välsignade besättningen och deras uppdrag. Gud måste dock ha slumrat på det där örat, för strax innan det var dags att starta

---

* Namnet var en ordlek: godsvagn på amerikansk engelska kallas för *boxcar*, och den ordinarie pilotens namn var Frederick Bock. Maskinen saknade bland annat all beväpning, förutom kulsprutorna i stjärtpartiet.

upptäckte man ännu ett fel, denna gång på planet: en av reservtankarna visade sig ha en krånglande anslutning, så det var osäkert om man skulle kunna göra bruk av bensinen i den. Det var dock för sent att byta till en annan B-29:a, och Sweeney, som hyste överdrivet stor respekt för Tibbets och som dessutom var rädd för att missa den här chansen, beslöt att gå vidare.

Flygplanet lättade från basen på Tinian klockan 3.49 lokal tid. Målet var Kokura, på Kyushus nordöstra hörn, en av dessa städer som avsiktligt besparats bombningar för att förenkla utvärderingen av ett framtida anfall med kärnvapen. Besättningen hade försetts med två andrahandsmål, Nagasaki och Niigata, men de skulle om möjligt undvikas. Den förstnämnda staden hade nämligen utsatts för flyganfall några veckor tidigare och befanns därför brista i »jungfrulighet«, medan den sistnämnda ansågs ligga aningen långt bort.

Tio minuter efter starten apterades bomben. Arbetet bestod av elva enkla moment, noga förtecknade på en minneslista:

1. Kontrollera att gröna proppar är isatta.
2. Avlägsna bakplåten.
3. Avlägsna skyddsplåten.
4. För in bakstycksnyckeln i bakstycksproppen.
5. Skruva loss bakstycksproppen, lägg den på gummimatta.
6. För in sprängladdning, 4 sektioner, röda ändan mot bakstycket.
7. För in bakstycksproppen och dra åt den.
8. Koppla till avfyringstråden.
9. Återfäst skyddsplåten.
10. Återfäst bakplåten.
11. Avlägsna och surra gångbordet och verktygen.

Bomben var redo.

Tanken var att flyga via Iwo Jima, men en stormfront rörde sig snabbare än beräknat, varför Sweeney tvingades att ändra kurs.

Den silverblänkande luftfarkosten kämpade sig fram genom regn och blixtar som, enligt en av männen ombord, »obehagligt ofta skar genom mörkret«. Runt de fyra propellrarna sprakade den blekvioletta sanktelmselden.

När *Bockscar* nådde fram till mötespunkten var bara ett av följeplanen, *The Great Artiste*, där. Det andra, *Full House*, stod ej att se. Sweeney blev nervös. För många av de militära bombteoretikerna på Tinian och i USA var detta anfall bara ännu ett slags storskaleförsök, och det var följeplanen med deras last av kameror och högkänslig mätutrustning som skulle förse dem med de data det fortsatta arbetet krävde; bara ett noga uppmätt anfall var ett riktigt lyckat anfall. Sweeney kunde inte anropa det felande planet på grund av den anbefallna radiotystnaden, så han valde att flyga runt och runt och vänta. Visserligen befann sig *Full House* bara någon halvmil bort, men de tropiska regnbyarna gjorde det omöjligt för dem att se varandra. Till slut hördes den frustrerade piloten ropa över radion: »Var i helvete är ni?« men Sweeney vågade inte svara. Enligt överenskommelse skulle man vänta i en kvart, men *Bockscar* fortsatte att cirkla i 45 minuter. Då bestämde sig Sweeney för att de varken kunde slösa mer bensin eller öda mer tid och satte tillsammans med det andra följeplanet kurs mot Kokura.

Under tiden hade något igen gått på tok med bomben. På den satt en liten svart låda med en röd lampa som signalerade med en regelbunden puls att *Fat Man* var apterad. Problemet var bara att det gjorde den inte. En av de två vapenteknikerna upptäckte istället att den börjat blinka vilt. Det var obehagligt nog att flyga med ett apterat kärnvapen i oväder, för om en blixt träffade planet kunde den utlösa bomben. Det här ryckiga röda skenet var etter värre, för i värsta fall kunde det betyda att tidsinställningen faktiskt råkat snurra igång. I så fall hade de en knapp minut på sig innan den fete mannen brann av.

Med fumlig iver öppnade de båda teknikerna den svarta lådan och lät sina fingrar löpa längs virrvarret av kablar. De fann felet.

Två små omkopplare hade råkat bli felvända. Snabbt ställde de dem rätt igen. Lampan återtog sitt lugna pulserande.

Väderspaningsflygplan hade glatt meddelat att himlen över Kokura höll på att klarna upp, men när *Bockscar* nådde fram, kvart i elva lokal tid, fann besättningen att staden tvärtom var försvunnen under moln och rök – det var det näraliggande Yawata som brann efter att ha bombats under natten. Detta var ännu ett streck i räkningen, för bombsiktaren kunde inte få korn på riktpunkten, ja han kunde inte ens se marken. Sweeney svängde runt och upprepade inflygningen först en gång och sedan en gång till, men Kokura förblev dolt. Det var här ovanför den molntäckta staden som flygteknikern nu också upptäckte att han inte kunde pumpa över bensin från en av reservtankarna – den anslutning som tidigare kärvat hade nu skurit ihop –, vilket var synnerligen ovälkomna nyheter, för de hade redan förbrukat mer bränsle än som var tänkt. Dessutom hade Kokuras luftvärn vaknat till liv, nyfikna på de två bombplan som förnött 50 minuter med att cirkla runt ovanför deras huvuden, och av det upphetsade radiopratet på den japanska stridsledningens våglängd att döma var också jaktplan på väg upp för att attackera dem.

Efter ett kort samtal med sin närmaste man beslöt Sweeney att avbryta anfallsförsöket. Niigata var inte ens att tänka på. Därtill fanns inte nog bensin. Det enda alternativ som återstod var Nagasaki. Ja, knappt det, för bränslet räckte bara till en enda anflygning mot den staden, och efter det skulle man hursomhelst vara piskad att nödlanda på Okinawa.

Så flög man till Nagasaki. Men det var som förgjort. Även den staden visade sig vara höljd i moln.

Sweeney tvingades fatta ett snabbt beslut. Antingen flyga hem igen eller fälla bomben blint med hjälp av radar. Skräcken för ett misslyckande, oro för Tibbets vrede och inte minst rädsla för att nödlanda med en apterad atombomb avgjorde det hela. Det skulle bli en blindbombning. Navigatören skruvade på sin radarskärm och kunde bekräfta att det som låg alldeles under dem var en stad och med all sannolikhet också rätt stad.

Nedräkningen började.

Bara 20 sekunder återstod till den automatiska fällningen när bombriktaren, en ung kapten från Texas vid namn Kermit Beahan, plötsligt skrek till i internradion: »Jag har ett hål här! Jag kan se det! Jag kan se målet!« Det var långt bort från den egentliga riktpunkten, som låg i centrum nere vid hamnen, men det fick duga. Inne i bombaren drog männen på sig mörka specialglasögon.

Genom en reva i gråheten skymtade de en bergssluttning, gator, hus – och någonstans där nere böjde sig en läkare över en patient. Där ett vattendrag, ett järnvägsspår – och någonstans där nere, i en liten spårvagn på väg in mot en hållplats, satt en ung kvinna iförd randiga byxor, och i handen höll hon en shoppingväska av nät. Där en idrottsplats.

En idrottsplats.

Korshåret fastnade på en idrottsplats. Beahan gav order om några mindre kursändringar. Och sedan ... tryckte han på knappen. Planet, plötsligt lättat från sin tunga börda, tog liksom ett glädjeskutt uppåt. »Bomben fälld«, skrällde det över internradion. *Fat Man* försvann ned mot marken, först helt sakta, men sedan fortare och fortare. Motorerna rusade när *Bockscar* lades i skarp, sextiogradig sväng bort. Sekunderna gick. 10, 20, 30, 40. »Å herregud«, utbrast den nervige Sweeney, »klantade vi till det?«, 50 – så fylldes flygplanet av ett skarpt ljus, för någonstans där nere, 500 meter ovanför Urakamikatedralens kors, hade framstegets fallna ängel än en gång brett ut sina skinande vingar.

Litteratur

Då detta blott är en samling essäer och ej ett akademiskt specimen finner jag det försvarligt att inte bifoga en förteckning över samtliga verk som någon gång befunnit sig i närheten av mitt skrivbord. Istället har jag valt att främst lista dem som betytt mycket för mitt arbete samt sådana som jag av olika skäl vill rekommendera till den som vill läsa vidare; för om dessa stycken väcker en vilja att veta hos någon har en viktig del av syftet med dem uppnåtts.

VI GÖR EN NY VÄRLD. Nashs aldrig fullständigade självbiografi gavs ut 1949, under titeln *Outline – an autobiography and other writings*; den rymmer även hans brev från Flandern och ett antal essäer skrivna efter kriget; mycket i den är dock fragment, och den som vill ha en mer hel bild tvingas att gå till Andrew Causeys *Paul Nash*, som publicerades 1980. Den som är särskilt intresserad av de tyska målarna rekommenderas Matthias Eberles *World War I and the Weimar artists* (1985) och Eva Karchers kärleksfulla *Otto Dix* från 1992. Vad gäller den stora frågan om avantgardet och det första världskriget har det på senaste tid dykt upp flera värdefulla verk. Richard Corks *A Bitter Truth – Avant-garde art and the Great War* från 1994 har sina svagheter, bland annat så tillåts de formella bildanalyserna ibland skymma både konstnärerna och den omgivande verkligheten, men det breda greppet och det prakt-fulla utförandet gör att man som läsare gärna förlåter detta. Cork åter-finns förresten som en av medförfattarna i Rainer Rothers *Die letzten Tage der Menschheit – Bilder des ersten Weltkrieges*, en bok som publi-cerades samma år som *A Bitter Truth*, och vilken liksom den gavs ut med anledning av en utställning med förstavärldskrigskonst. För den som vill vidga blicken än mer är Torsten Ekboms *Bildstorm* från 1995 en välsignelse.

Litteraturen om det första världskriget är närmast oöverskådlig. Litteraturvetaren Paul Fussells med rätta hyllade *The Great War and Modern Memory* från 1975 är dock oundgänglig för alla som vill söka insteg i epokens mysterier. En som faktiskt försökt sig på att täcka konfliktens alla sidor är Trevor Wilson (*The Myriad Faces of War*, 1988) och ingen har kommit närmare det ouppnåeliga målet än han. Om det tredje slaget vid Ypres skrev Leon Wolf 1958 i *In Flanders Fields*, en bok som dock har åldrats, om än med behag. Den kan läsas parallellt med Lyn Macdonalds starka *They called it Passchendaele* (1978): basen för den boken är intervjuer med deltagare, och hennes säkra hand och inkännande blick gör den till en bestående läsupplevelse. Edwin Campion Vaughans minnesanteckningar gavs 1991 ut på nytt under namnet *Some Desperate Glory – The Diary of a Young Officer*, 1917 och är nog vid sidan av Edmund Blundens *Undertones of War* den bästa enskilda ögonvittnesskildringen från det tredje slaget vid Ypres. (Med reservationen att Blunden skriver nästan *för* bra, hans poetiska språk kan skänka även horrörer en viss oavsiktlig skönhet.) Slutligen bör nämnas John Ellis *A Social History of the Machine Gun* från 1976, ett litet mästerverk, som visar hur mycket som kan vinnas ur teknikhistorien om den inte överlämnas åt knappologer och kråkvinkelforskare utan sätts in ett socialt och ideologiskt sammanhang.

INVID RAVINEN. Anna Larina Bucharinas egen berättelse från de här åren, *I minnets labyrinter – Ett liv i skuggan av Stalin*, kom ut på svenska 1991 och bör läsas av alla som vill försöka förstå de besynnerliga stämningarna i Sovjetunionen under 20- och 30-talet. Jelena Bonners *Mödrar och döttrar* från 1994 är litterärt betydligt mer slipad än Larinas bok, men saknar av förklarliga skäl den förstnämndas färgrika bilder från bolsjevikernas innersta kretsar.

Samma öppenhet som givit oss verk som Bucharinas och Bonners har också skänkt oss ett välkommet flöde med nystudier av Sovjetunionens historia. Det är först på sistone som akademikerna börjat hinna ikapp författare som Arkadij Vaksberg, vars böcker *Skjut de galna hundarna –*

Berättelsen om Stalins åklagare Vysjinskij och hans tid (1990) och
*Lubjanka – Sanningen om Stalins skräckvälde: dess torterare, bödlar och
miljontals offer* (1993) rymmer mängder av förbluffande interiörer
från terrorns tid, och Dmitri Volkogonov, som använt hittills gömda
källor för att skriva sin aningen konventionella men mycket informativa
biografi *Stalin – Triumph and Tragedy* (1991). Yrkeshistorikernas efter-
släpning beror nog till en del på de annorlunda krav som ställs på akade-
miska arbeten, men somt måste nog ses som en variant av det »nederlag
för de interpreterande klasserna« (uttrycket myntat av den tyske sociolo-
gen Wolf Lepenies) som var en av de mer oväntade följderna av murens
fall 1989. Trots att forskning om de realsocialistiska samhällena länge
varit en akademisk tillväxtindustri i väst, överraskade kedjan av revolu-
tioner i öst förståsigpåarna, och lämnade dem bakom sig, förlorade i en
attityd av förbryllad hjälplöshet. Och det har tagit dem ett tag att hinna
ikapp igen.

Nu går det knappt en månad utan att ett nytt viktigt arbete om den
sovjetiska förflutenheten publiceras i Europa; den intresserade läsarens
oskrymtade glädje över detta grumlas bara av insikten att hon eller han
aldrig kommer att kunna läsa ikapp. Richard Stites *Russian Popular
Culture – Entertainment and society since* 1900 (1992) och Michael
Jakobsons *Origins of the* GULAG *– The Soviet Prison Camp System*
1917–1934 (1993) är exempel på nyutkomna verk som visserligen
behandlar två diametralt olika fält men som båda, på sitt sätt, berikar
vårt vetande och skärper vår förståelse. Amy Knights balanserade *Beria
– Stalin's First Lieutenant* från 1993 visar att det biografiska greppet väl
låter sig förenas med de akademiska minimikraven. J. Arch Getty och
Roberta Manning har ställt samman boken *Stalinist Terror – New
Perspectives* (1993), och läsaren står nog ut med att redaktörernas bak-
grund som så kallade revisionister ibland lyser igenom, för man bjuds
på en myckenhet ny kunskap. En av deras trätobröder – förutom den i
essän nämnde Robert Conquest – är Berkeleyprofessorn Martin Malia,
och har man bara tid för ett enda verk om Sovjetunionens korta historia
kan man med fördel läsa hans stora *The Soviet Tragedy – A History of
Socialism in Russia*, 1917–1991 (1994), inte minst för den begåvade ana-
lysen av systemets alla inre motsägelser. För den svenske läsaren finns
givetvis Staffan Skotts *Sovjet från början till slutet* (1992).

276

DET STORA HUSET I VÄRLDENS MITT. Den passionerade och alltid intressanta Gitta Serenys nya *Albert Speer – His Battle with Truth* (1995) skulle möjligen ha vunnit på en ökad koncentration, men den är ändå oundgänglig för den insiktsfulla bild den skänker av det totalitära systemet, dess skapare och, inte minst, dess tjänare. Att parallellt med denna läsa ett par av Speers egna opus, i synnerhet då *Tredje riket inifrån* (1971) och *Der Sklavenstaat – Meine Auseinandersetzungen mit der SS* (1981), är både upplysande och avslöjande.

Ingemar Karlssons och Arne Ruths *Samhället som teater – Estetik och politik i Tredje riket* gavs ut bara för dryga tretton år sedan, men måste nog redan betraktas som en modern klassiker; den är hursomhelst oundgänglig läsning för den som är det minsta intresserad av Nazityskland och dess kulturpolitik. De många och paradoxala likheterna mellan nazistisk och stalinistisk konst diskuteras både i Igor Golomstocks *Totalitarian Art in The Soviet Union, the Third Reich, Fascist Italy and the People's Republic of China* från 1990, och i *Art and Power – Europe under the dictators* 1930–45, som gavs ut 1995 i samband med den stora utställningen med samma namn på Hayward Gallery i London. Golomstock sysselsätter sig främst med hur det gick till när dessa konstriktningar blev allenarådande och hur systemet gjorde för att hålla dem vid liv; *Art and Power* handlar mer om konsten som sådan och rymmer texter av en rad olika experter, många bra, vissa lysande. De politiska och ideologiska kopplingarna mellan de två totalitära rörelserna behandlas bland annat i Aryeh L. Ungers *The Totalitarian Party* (1974), Peter H. Merkls *The making of a Stormtrooper* (1980), Conan Fischers *The German Communists and the Rise of Nazism* (1991) och John Wesleys *Totalitarian Language* (1991).

För den med intresse för den nazistiska byggnadskonsten finns Alex Scobies *Hitler's State Architecture* som särskilt undersöker dess ständiga åberopande av antika förebilder. Alexei Tarkhanovs och Sergei Kavtaradzes *Stalinist Architecture* från 1992 måste nog betraktas som något av ett standardverk i sitt ämne, och den är dessutom ovanligt vackert illustrerad. Hugh D. Hudson Jr. är en av dessa forskare som fått tillgång till hittills stängda arkiv, och hans *Blueprints and Blood – The Stalinization of Soviet Architecture*, 1917–1937 (1994) är en på många vis föredömlig

detaljstudie av anpasslighetens trista mekanik, som inte blivit sämre av
författarens uppenbara engagemang i sitt ämne.

PÅ RUNDTUR I LABBET. Pierre Joffroys *A Spy for God – The Ordeal of
Kurt Gerstein* (1971) står sig än, även om den lämnar en vag känsla hos
läsaren att något fortfarande återstår att förklara. (Den har nu också
kommit ut i en fransk nyutgåva, som kompletterats med en del uppgif-
ter från nyöppnade östarkiv.) Ett verk som liksom Joffroys närmar sig
Förintelsens oerhörda materia via en person på bödlarnas sida är Gitta
Sereneys *Into that Darkness* (1974), en minst sagt skakande skildring
som bygger på hennes egna intervjuer med den före detta kommendan-
ten i Treblinka. En forskare som intresserat sig för gärningsmännen i de
något lägre graderna är Christopher Browning: hans viktiga *Ordinary
Men – Reserve Police Battalion* 101 *and the Final Solution in Poland*
(1992) reser en rad obehagliga frågor om vem som kan förmås att begå
den här typen av massmord. Just i den här frågan rekommenderas dessa
två böcker långt före Daniel Goldhagens överreklamerade *Hitler's
Willing Executioners – Ordinary Germans and the Holocaust* (1996)
som vunnit genomslag mer på grund av polemiskt bett än tankemässig
skärpa. Den som har mage att bese brottstycken av källmaterialet kan
göra det i »*Schöne Zeiten*«: *Judenmord aus der Sicht der Täter und
Gaffer* (1988), en sammanställning av dokument och bilder gjord av
Ernst Klee, Willi Dressen och Volker Riess. Karl Schleunes epokgörande
verk heter *The Twisted Road to Auschwitz*, och kom ut 1970.

I takt med att överlevarna blir allt äldre och allt färre lämnar många
av dem ifrån sig minnesteckningar och samtidigt går forskningen vidare,
varför litteraturen om Förintelsen raskt håller på att tjockna till en bred
och svåröverskådlig flod. För den som kanske inte orkar med mer än ett
par böcker finns det dock tre som jag vill ta mig friheten att framhålla
före andra. Den första är Zygmunt Baumans geniala *Auschwitz och det
moderna samhället* (1989). Många gånger är jag glad om jag finner en
handfull goda och originella tankar i en bok: den här rymmer en uppsjö,
och bidrar, enligt min åsikt, som inget annat verk till vår förståelse av
vad det var som egentligen hände: en ovärderlig text. Enda problemet
med den är möjligen att den förutsätter att läsaren har hyfsat goda för-

kunskaper i Förintelsens historia, men de kan man få i Martin Gilberts tusensidiga *The Holocaust – The Jewish Tragedy* (1986), ett slags variant av en medeltida historiekrönika, där författaren börjar med nazisternas makttillträde och sedan långsamt och metodiskt tuggar sig framåt år efter år och beskriver exakt vad som hände. Analysen är lite svag och prosan kantig, men det är den sakliga tonen och berättelsens monotoni som fäller avgörandet. Namn, datum och platser följer på varandra i ett aldrig sinande flöde, där de månatliga gasningssiffrorna från Sobibór ställs invid en redogörelse för hur den 19-åriga Bluma Rozenfeld den 31 juli 1942 tar sitt liv i Lodz getto genom att hoppa ut från femte våningen i ett hus.

Historiekrönikor och analyser till trots kommer det att finnas något i Förintelsen som för alltid skall undgå alla oss som kom efteråt. Men vissa överlevandes minnen låter en i alla fall ana, och *primus inter pares* är italienaren Primo Levi. Den mest förnämliga av hans olika skildringar är enligt mitt sinne den essäsamling han slutförde strax före sitt plötsliga självmord 1987, *I Sommersi e i salvati*, på engelska *The drowned and the saved*. I den boken förtydligar han den ohyggliga bilden av lägret med en klarhet och tyngd som bara ett ögonvittne är kapabel till.

NÄR MAN KÄMPAR MOT VIDUNDER. Att läsa Arthur Harris egna krigsmemoarer, *Bomber Offensive* (1947) ger goda inblickar i hans tankesätt, psyke och person, men den som verkligen vill förstå honom behöver gå till böcker som Max Hastings *Bomber Command* (1979), som är en prestation, inte minst därför att författarens prosa är minst lika god som hans tankeförmåga. Flera av de enskilda momenten i denna sorgliga historia har återberättats av Martin Middlebrook, en av Englands många barfotahistoriker. Denne väckte 1971 stor uppmärksamhet med sitt debutverk, *The First Day on the Somme*, som gav läsaren en drabbande närkontakt med skyttegravarnas verklighet. Tyvärr har hans författarskap med åren blivit till något av ett självspelande piano; första boken erbjöd nämligen en tacksam formel som han sedan nyttjat i verk efter verk, som *The Nuremberg Raid, 30–31 March 1944* (1973), *The Battle of Hamburg* (1980), *The Schweinfurt-Regensburg Mission* (1983) och *The Berlin Raids* (1988). Samtliga bygger på insamlade ögonvittnesskildringar, både från dem som fällde bomberna och dem

som bomberna landade på. Boken om anfallen mot Hamburg är den
bästa av de fyra; den som beskriver bombningarna av Berlin känns ofull-
bordad och trött, men är ändock en nyttig påminnelse om en ofta bort-
städad del av andra världskrigets historia. En spänstig om än kontrover-
siell diskussion av den allierade bomboffensiven utförs i *The Holocaust
and Strategic Bombing* av Eric Markhusen och David Kopf.

Mängder har skrivits om den tyska bomboffensiven mot de brittiska
öarna 1940, det som populärt brukar kallas Slaget om Storbritannien.
En av de mer oumbärliga är Angus Calders *The Myth of the Blitz* från
1991. Han använder där ett intressant begrepp, nämligen det »omytvär-
diga«. Han påminner oss om att de moderna myterna ofta handlar om
att göra berättelser, stora och små, av den oreda vi möter, något som i
hög grad görs genom ett nogsamt och ofta omedvetet siktande av fakta,
där allt som inte stämmer blir »omytvärdigt« och tenderar att glömmas
bort. I sin bok visar han bland annat hur genommytologiserad bilden av
slaget om Storbritannien är, och hans verk rymmer mängder av exempel
på »omytbara« fakta som försvunnit. Calder är dock ingen skitnödig
revisionist som söker påstå att »Blitzen« aldrig har inträffat, etc. Förfat-
tarens största intresse är att ta reda på hur och varför denna myt växte
fram. Huvuddelen av boken består också av analyser av journalistik,
filmer, rapporter, dagböcker och skönlitterära verk av både sam- och
sentida märke. I det påminner den inte så lite om Paul Fussels utmärkta
Wartime – Understanding and Behavior in the Second World War
(1989) – ett slags pendang till hans ovan nämnda bok om första världs-
kriget –, ett verk där både det personliga greppet och den aningen bittra
tonen bär vittnesbörd om författarens egna erfarenheter som veteran.
Jag tycker mycket om dessa två böcker. De visar väl att en lärds viktigas-
te uppgift i första hand inte består i att dra de rakaste strecken och spetsa
de rätaste vinklarna. Hans eller hennes förbannade skyldighet är istället
att söka alla dolda komplikationer och skänka världen dess djup åter.

EN DAG MED TRE FÄRGER. Tatsuichiro Akizukis berättelse gavs ut
på engelska 1981 under titeln *Nagasaki 1945*. Yosuke Yamahatas foto-
grafier, pietetsfullt restaurerade med modern digital teknik, återfinns
samlade i det förtjänstfulla verket *Nagasaki Journey* (1995); förutom

detta unika bildmaterial rymmer boken också en rad texter om, av och
kring Yamahata och atombombsanfallet den 9 augusti. Ögonvittnes-
skildringar från Hiroshima och Nagasaki är nästan utan undantag hårre-
sande läsning, men för den som anser sig behöva en mer vetenskaplig
dokumentation av gräsligheterna finns verk som den tjocka *Hiroshima
and Nagasaki – The Physical, Medical, and Social Effects of the Atomic
Bomb* (1981), resultatet av ett imponerade lagarbete utfört av japanska
forskare i »The Committee for the Compilation of Materials on damage
caused by the Atomic Bombs in Hiroshima and Nagasaki«.

En lättillgänglig skildring på svenska av atombombens tillblivelse är
Richard Rhodes encyclopediska *Det sista vapnet* (1986), men märk väl
att den som av någon anledning vill ha den fullständiga texten måste gå
till den amerikanska originalutgåvan. Thomas Gordons och Max Mor-
gan Witts *Döden över Hiroshima* (1981) koncentrerar sig på den minst
intressanta delen av historien, alltså själva bombuppdragen, men är ändå
bättre än den melodramatiska titeln vill ge vid handen. Just det andra
atombombsanfallet finns skildrat i Frank W. Chinnocks *Nagasaki: The
Forgotten Bomb* (1970).

Werner Heisenberg och det tyska atombombsprojektet behandlas
i *Heisenbergs War: The Secret History of the German Bomb* (1993), av
Thomas Powers, ett både lättläst och imponerande arbete om än ej vat-
tentätt rent källkritiskt. Mark Walters *Nazi Scence – Myth, Truth, and
the German Atomic Bomb* (1995) avrundas med ett tämligen välunder-
byggt ifrågasättande av Powers teser – inte minst klarläggande är Wal-
kers historiografiska undersökning av hur det han kallar för »den tyska
atombombsmyten« växte fram i olika skrifter –, men har nog sitt största
värde i utforskandet hur det gick till när det tyska forskarsamhället för-
vandlades till ett nazistiskt dito. Den som vill ta del av de hemliga avlyss-
ningarna av Heisenberg och hans inspärrade kolleger kan göra det
antingen i boken *Hitlers Uranium Club – The Secret Recordings at
Farm Hall* (1996) eller i *Operation Epsilon: The Farm Hall Transcripts*
(1993). Av dessa två verk rekommenderas lekmannen det förstnämnda;
redaktören Jeremy Bernstein har där lagt ned ett stort arbete på noter
och kommentarer, som flikats in i den löpande texten och där dunkla
punkter och tekniska-naturvetenskapliga specialfrågor förklaras för oss
fåkunniga.

ILLUSTRATIONSFÖRTECKNING

s. XVII Arthur Kampf
Venus och Adonis, 1939
Tillhör tyska staten

s. XVIII T.G. Gaponenko
Till mamma för amning, 1935
Tretiakovgalleriet, Moskva
Rufo-press, Moskva

s. XIX A. Samokvalov
Kirov vid sportparaden, 1935
Ryska museet, S:t Petersburg

s. XX Kurt Gerstein, 1941
Ullstein, Berlin

s. XXI En *Einsatzgruppe* i aktion, 1941
National Archives,
courtesy of the USHMM
Photo Archives, Washington

s. XXII–XXIII Auschwitz
Yad Vashem, Jerusalem

s. XXIV Massgrav vid Lvov
Rex, London

s. XXV Arthur Harris
The Photograph Archive
Imperial War Museum, London

s. XXVI Dödade Berlinbor, 1943
The Photograph Archive
Imperial War Museum, London

s. XXVII Efter bombanfall i en tysk
storstad
IBL, Ljungbyhed

s. XXVIII Werner Heisenberg
Pressens Bild, Stockholm

s. XXIX–XXXII Yosuke Yamahata
Nagasaki den 10 augusti 1945
© Shogo Yamahata